U0730368

$1M^2$

硬派健身

TOUGH
WORKOUT

一 平 米 健 身

斌卡 ——作品

CNS
PUBLISHING & MEDIA
中南出版传媒

湖南文艺出版社
HUNAN LITERATURE AND ART PUBLISHING HOUSE

博集天卷
CS-BOOKY

目录

TOUGH
WORKOUT

与更好的
自己，
在未来重逢。

[自序]

Introduction

与更好的
自己，
在未来
重逢。

几乎所有的人，都想运动健身。然而，并不是所有的人，都在健身。

套用一句名著的开头：健身的人，理由都是相似的，而不健身的人，理由却多有不同。

根据ACSM美国运动医学会引用的一项大规模运动心理学调查研究表明，69%的人说，不去运动是因为没时间；37%的人说，不去运动是因为花销太大；30%的人说，不去运动是因为没有地方。

这些客观上的障碍，可以总结为时间、空间、花销上的障碍。

同时，还存在一些主观上的困难。有29%的人说，不去运动是因为不知该怎么做才好；29%的人说，运动时有外人，会让他很尴尬。

我们为了能打破这些障碍、克服这些困难，做过太多的尝试，结果却不一定令人满意。常常是我们无力地发现，为了梦想，你真的抽不出每天2小时时间，因为现实，你也真的节省不出成千上万的健身费用。

最后，我们放弃健身运动，倒在肥胖和疾病面前，皱着眉头叹道："健身，真是太难了。"

其实并不是健身太难了，而是你从一开始就错了。

是谁说运动一定要持续40分钟以上才减脂？本书告诉你，即使1分钟的正确运动，也足够有效。

1M²
硬派健身
TOUGH
WORKOUT

是谁说塑形一定要去健身房？在家里1平米空间搭配合理的道具，加上合理的计划，依旧能起到良好的运动效果。

是谁说健身一定要请私教？凭借本书，并搭配二维码的真人教学动图，你照样做得出一个完美的深蹲、引体向上和俯卧撑！

从此开始，你的一切阻碍，全部被打破。从此开始，你的一切困难，通通被克服。

你不再需要花几千元办一张只去洗澡的健身卡，你不再需要买下一台只能晾衣服的跑步机，你不再需要每天花费1小时出去吸着雾霾跑步，你也不再需要因为节食而损害自己的生活质量和身体健康。

这本书，教会你如何在只有1平米的空间内塑造出大胸、细腰、翘臀、长腿，教会你在最短只有1分钟的运动时间里，打造坐着消耗脂肪的"躺瘦"好身材，教会你花费百余元，在家里建立属于你自己的健身房。

从此开始，与更好的自己，在未来重逢。

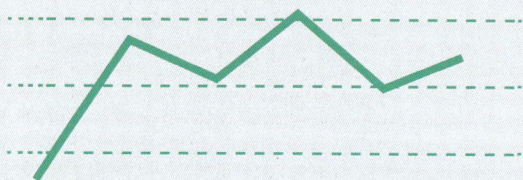

靠意志力憋气，你能坚持1分钟，但你能坚持10分钟吗？

靠节食减肥，你能坚持1~2年，但你能坚持1辈子吗？

不能持续、有效的减肥方式，都不是靠谱的减肥方式！

节食，一不持续，二没有效果……

还会导致暴食、变身易胖体质，以及注定反弹等恶果哦！

减肥，
从何开始？

1

Chapter

一、减肥靠饿？越饿越胖！

说到减肥，大家都听说过所谓的"管住嘴，迈开腿"。大家普遍也都承认，控制饮食和运动都是必需的。然而，大多数同学一开始想要减肥的时候，都想着少吃点，却不会想到运动。

为什么？运动太累、太枯燥了。不少人都跟我说过："我上学的时候，最讨厌上体育课了，跑一圈就觉得要死。上班后，跟着同事、朋友办了张健身卡，不过也就练了两三次，现在已经好久没去了……"

"而节食就不一样了啊，我看网上那么多教程，什么只要每天吃苹果，一周就能瘦7斤，只要每天喝果蔬汁，10天就能瘦15斤！我准备好苹果、果蔬汁，下班后往沙发上面一躺，吃着苹果，喝着果蔬汁，轻轻松松不就减下去了嘛!"

减肥方法

过午不食减肥法　蜂蜜水减肥法　水煮蛋减肥法　世界上最有效的减肥方法　科学减肥

减肥

21天减肥法　七日瘦身汤　睡觉减肥法　28天懒人减肥计划　鸡蛋减肥法

网上各种所谓的"轻松节食减肥法"

且慢，如果减肥真的这么容易，那世界上还有胖人吗？要是躺着吃着节食着就能轻松变瘦，那大家为什么还要争相追求健康窈窕的身材？为什么每年还能出现那么多靠减肥健身生存的企业呢？

节食，真的能瘦吗？

为了了解节食减肥到底有没有效果，曾有不少学者和学术机构，都追踪过节食减肥者的长期身体数据。其中有一项研究，跟踪调查了节食者5年内的体重变化[1]。

调查一开始，所有被试者都进行了节食。每天摄入的热量基本也就比你只吃苹果或只喝果蔬汁高一点点而已。

经过了一段时间这种低热量的饮食调节。被试者的体重确实轻了很多。被试者在节食结束后，体重平均降低了21.1公斤（受试者体重基数较大）。

这是一个非常牛的数字了，估计很多喊着要减肥的同学要是能一下子减掉10公斤，早就乐开花了！听到这里，恐怕好多人已经迫不及待地准备要开始自己的节食计划了吧！

且慢，我们说了，该实验是一个长达5年的跟踪计划。毕竟大家减肥并不是为了拥有短暂的瘦，长久的好身材和健康，才是我们追求的目标。

那么大家猜得出，5年后所有受试者的体重是如何变化的吗？

令人惊讶的是，受试者的平均体重居然比节食之前还要高3.6公斤。也就是说，长久来看，节食根本没有帮助他们成功控制体重，相比节食时减掉的体重，他们平均反弹了24.7公斤之多！

调查结果还表明，其中有50%，也就是一半的人，在5年后，体重比节食前还

节食后，所有人的体重都反弹了！

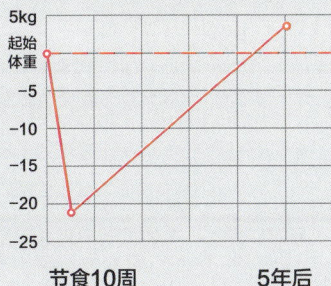

5kg 起始体重		我们比节食前还重了5公斤多	我们也没好到哪儿去
−5			
−10			
−15			
−20			
−25			
节食10周	5年后	50%	50%

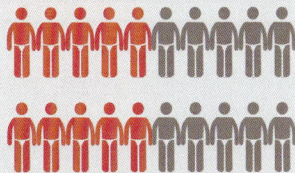

节食减重后，所有人的体重都反弹了，其中一半人比节食前还重了5公斤。

增加了5公斤。

举个例子，假如这个实验是你和你的朋友准备一起尝试的超严苛节食减肥，并且，你俩还很有毅力地节食减肥成功了。那么很可能，在几年的时间内，你俩都会反弹。而且其中一人会比节食前要重上5公斤！

可怕吗？其实基本上在所有这类实验里面，都有类似的发现。大量数据[2]表明，所有节食减肥的人，最终长时间内（大于等于4年）的体重都会恢复到接近节食前。并且至少有40%以上的人，体重比节食前的更高！

为什么会这样？不是说好了躺在沙发上的人，轻轻松松就能瘦的吗？怎么一开始瘦下来，还会复胖？而且复胖后，甚至比起节食前还要重呢？

Tips ▶

我们此处所说的节食，是特指摄入明显低于个体基础代谢的情况。比如你的基础代谢＋日常支出是1500千卡，你只吃1000千卡。

而在日常饮食热量超标的情况下，回归正常饮食的行为不算节食。比如你的基础代谢＋日常支出是1500千卡，你平时吃3000千卡，导致自己过胖，而现在为健康少吃点，改吃1500千卡。

如何计算自己日常应该摄入多少热量？可以扫描右面的二维码进行测试。

减重＝支出＞摄入？没错，但是毫无意义。

实际上，虽然你很努力地想让自己瘦下来，并且试图通过节食的方式强行降低体重。但其实你亲爱的大脑对你的体重和体脂有着自己的一套想法。

在它的规划里，你"就应该"是现在的体重。无论你做出什么样的饮食改变尝试，它都试图采取一切手段把你的体重稳定在这个点（Set point）上。比如强迫你抛开理智去吃高热量食物，或者降低你的基础代谢，都是非常好的调节方法。

很多人之所以进行节食，就是因为他们相信一个逻辑：减重＝支出＞摄入。

这粗略想来很好，然而却毫无意义。这句话的意思就像是：足球必胜原则＝不让别人进球＋我们能进球。

但凡你去跟个稍微懂球的人聊天，他们都会因你这句话笑掉大牙。谁不知道足球获胜就是要别人不进球，我们能进球？关键是，你在比赛场上如何能控制别人不进球，你又能进球呢？

回到减重＝支出＞摄入这个真理。我们姑且不说减重是否就等于你想要的好身材（详见第二章），真正的难点在于，我们真的能控制等号后面的支出和摄入吗？

支出：你受损的基础代谢！

先说支出，稍微有一点科学素养的人都知道，人体的热量支出大致等于基础代谢＋日常支出。

> **Tips**
>
> **基础代谢**
> 一般是指人在静息情况下的能量代谢。基础代谢率越高，你消耗的热量越多，身体日常所需的能量也就越多；基础代谢率越低，你所需的能量也就越少。基础代谢占了总支出的大头，另外，基础代谢不由你个人的主观意志来决定哦。
>
> **日常支出**
> 是指你为保证日常的正常生活所消耗的热量，你走路、站立、打豆豆时的热量消耗，都算在这里面，另外，你的运动消耗也可以看作日常支出的一部分。日常支出的热量，相对来说是你主观可控的。

如果你进行节食，麻烦就来了！节食伤害的正好是占支出大头，还不受你主观控制的基础代谢！

大量研究发现，节食会导致基础代谢率降低，这也是节食者容易复胖和反弹的原因之一。

一项研究发现，相同的身高体重及体质的运动者，其中一些人进行节食，另

节食，严重伤害你的基础代谢！

基础代谢率 /kJ · (m² · h)⁻¹

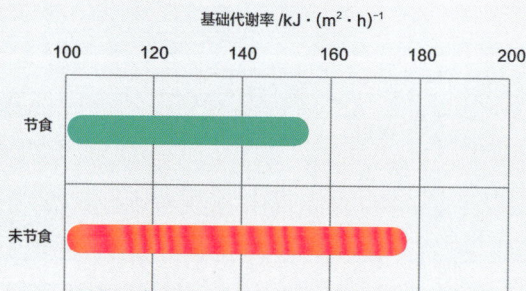

节食者的基础代谢比未节食者有显著下降。

一些人则是正常饮食。对比他们的基础代谢率，其中节食者的基础代谢率明显比正常饮食组低14%[3]。

节食者的基础代谢率更低，这就意味着，可能两组人吃相同的食物，节食者就会胖，而不节食的人体重则不会有变化。很多朋友在节食后，发现自己即使吃的跟以前一样，结果还是反弹和复胖了，也就是这个原因。

而且，这种对基础代谢的伤害不是随着你节食的结束就能结束的。伴随节食的，还有你瘦体重的下降，而瘦体重的下降更是直接决定了你基础代谢的进一步降低！

我们知道，身体里的肌肉是燃脂大户。在日常生活中，我们身体里的脂肪可能只有2%~5%会参与供能，而肌肉每天消耗的热量却高达脂肪的几十倍。也就是说，肌肉含量（瘦体重）越多，你的身体就可以自发燃烧更多的热量，让你吃得更多，也更不容易长胖。

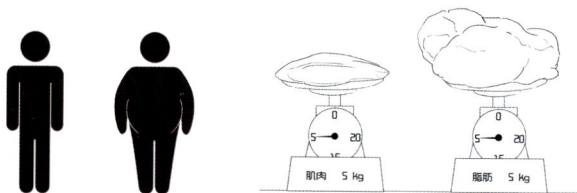

肌肉与脂肪

肌肉每天消耗的热量是脂肪的几十倍之多，也就是说，肌肉多的人不仅看起来更显瘦，身体还可以燃烧更多的热量，让你吃得更多，也更不容易长胖。

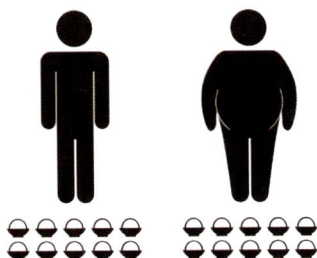

节食前和节食后

而当你通过节食，让身体里的基础代谢率和瘦体重都降低了，虽然你吃得少了，但你的支出也更少了！以前你每天吃10碗饭也许正好，而节食后，你恢复以前的每天10碗饭，结果就妥妥地胖回去了！

摄入：节食最终导致暴食！

摄入，应该算是减肥公式中大家自以为最好调节的部分了。毕竟在大家惯常的思维里，吃多少，至少是我们自己可以决定的事情，不受任何外力的影响。

但据我所知，大多数人放弃自己的节食计划，都是在发誓节食的当天或第二天晚上……

这一天，他们在本应吃顿丰盛晚餐的时段，只吃了数个苹果，喝了几瓶果蔬汁。然后临睡前，他们抱着只想喝杯水的想法进了厨房，等回过神来，胡来的右手已经打开了冰箱门，从里面掏出了各种高脂高糖食物。

而次日清晨，他们带着悔恨的心情，坚定地立下誓言："今天，我一定要按照食谱来吃，早点上床睡觉。"然而，你也可以猜到结局，这不过是又一次循环而已。

每一次，他们都说节食的失败只是因为意志不够坚定。其实，从某种程度上

1M²
硬派健身
TOUGH
WORKOUT

1
Chapter

008

来讲这并不关意志力的事。就像你要憋一口气，单单靠坚定的意志，你或许能比平时多撑10秒钟。但到了某一个时刻，不论你的意志多坚定，身体的生物本能都会迫使你大口大口地呼吸所需的氧气。

你能靠意志力憋气1分钟，但你不可能靠意志力憋气10分钟，你的食欲也是一样。

你可以在某一时间内努力不吃任何东西或者吃得非常少，然而，当身体受不了的时候，你终究会大口大口地吃下所需的高脂高糖高热量食物。同样，这一切都与意志力无关。

有句俗话讲，欲望像弹簧，你强它更强。很多生理上的需求，是你不可能压制得住的。你以为只要有足够的自控力，就可以很好地管住嘴，说不吃就可以不吃。事实上，在很多情况下，你想吃或不想吃，只取决于一块两斤多重的大脂肪——你的大脑！

而更糟的是，你的节食不仅导致你吃下了冰箱里所有的甜品和剩饭，还可能导致更严重的问题——暴食症。

众所周知，苹果公司的logo来源于乔布斯做嬉皮士时代常常工作游玩的一家合作苹果果园农场（而不是都市传奇中所说的为了纪念图灵）。

乔布斯的一生从"嬉皮时代"起，受到来自印度等地禅修思想的影响。乔布斯一辈子都坚持只食用蔬菜、水果（摄入的热量自然低于一个成年男人日常所需），并且经常断食、节食。

我记得在《史蒂夫·乔布斯传》里，霍姆斯描述乔布斯行为的一段话："史蒂夫来的时候总是很饿，于是就猛吃一通。""然后他就要去吐掉。很多年我都以为他有厌食症。这让我们非常苦恼，因为我们费尽周折才弄好一顿饭，但他却留不住食物。"

这就是典型的暴食症，又叫"神经性贪食症"。简单来讲，就是节食期间突然暴食，然后又吐掉，或者服用泻药等排泄出去的一种病症。患有同样病症的还有戴安娜王妃。

乔老爷子的行为——克制进食是为了达到减轻体重或某种其他的目的，习惯性地通过刻意努力，忽视生理需求，减少能量摄入的一种行为[4]。

尽管克制进食者都非常想控制自己的进食行为，但总体而言，克制进食者的努力是失败的。他们经常处于节食与暴食、过食交替出现的状态[5]。很多研究表明，克制进食会显著提高暴食和神经性贪食出现与持续的风险[6]。

Tips

　　暴食和神经性贪食的危害是极大的。在生理方面，食道破裂、牙齿腐蚀、肾脏损害、慢性胰腺炎（还记得乔老爷子是怎么死的吗？胰腺癌。）等都是神经性贪食的常见并发症。

　　在心理损害方面，有研究表明，暴食和神经性贪食会增加人类的冲动，导致情绪不稳定（经常骂人、痛哭的乔老爷子）、焦虑、滥用酒精和药物、偷窃、自杀倾向等后果。

　　节食之所以更容易导致暴食，可能是因为节食导致了身体内血糖的大幅波动和血清素系统的剧烈变动，而血清素系统直接负责调节食欲的变动[7]。

　　另外，有研究显示，节食导致的食欲暴增，还会更倾向于吃高脂肪、高热量等让你长胖的食物，这可能和身体在长期饥饿状态下的补充机制有关。也就是说，节食不但容易让你暴食，而且吃的都是更容易长胖的食物，让你胖得更快！

胖的命，脑注定！

　　人类的傲慢，在于以为自己能够主宰自己。实际上，上帝卖给你的是一部没有越狱、没有root（超级用户）的设备！你对你的身体只拥有很小的一部分权限，很多生理上的需求是不可能由你自己决定的。

　　比如我们前面说的，你想吃与不想吃，你的食欲，事实上都只取决于一块两斤多重的大脂肪——大脑。

　　当你立下誓言，开始节食、少吃时，当你晚上本应吃五谷杂粮、肉蛋蔬果却只吃了几个苹果、几片菜叶时，你的身体就处于能量的负平衡状态了。而为了能活下去，当身体处于这种饥荒危机状态下时，大脑才不管你主观是怎么想的，直接就启动一系列自我保护程序。

如果把我们的身体系统想象成一间有空调的屋子，你的体重和脂肪决定着室内温度，那么你的下丘脑，就可以比喻为空调的温度调节系统，负责维持正常的室温。

当天气特别热时，我们开着空调想要调整室温。现在的空调系统也都特别智能，你可以设置一个舒适的室内温度，如果屋子热了，空调会自动吹冷风把温度降下来。

假设你的空调一直不出问题地开着，即使你打开窗户，引入室外的凉风或热风，也不会使这间屋子的温度产生很大变化，因为空调可以自主把温度调到正常舒适的值。（当然，如果你把这空调玩坏了，那温度也就不能很好地调节了，换言之，你的身体也就垮了。）

身体也是一样的道理，为了维持正常运转，身体会把你的体重设定在一个它认为合适的值，并且通过"调控系统"来分泌激素，以保证你的体重稳定不变。

比如，当你的胃部是空的、能量负平衡时，身体就会分泌一种叫作脑肠肽（Ghrelin）的激素。在促进食欲和胃排空的调节中，脑肠肽起着非常重要的作用。如果在人的身体里注射脑肠肽，无论是胖人、瘦人、健康人还是营养失调的人，饥饿感都会增强，进而增加进食量[8]。

如果你执意不吃，那么还有种更可怕的激素在等着你，它叫食欲素。食欲素（Orexin）顾名思义，同样会非常显著地影响你吃多少，怎么吃。

科学家发现，给大鼠注射食欲素A/B后，大鼠在两小时内吃掉的食物可达平时的10倍[9]！

而食欲素的表达上调，多半是由你空腹时间过长和血糖降低导致的。同样在大鼠实验中，科学家发现，在长时间饥饿后，大鼠下丘脑组织中的食欲素原表达增加了2.4倍[10]！

怎么判断自己是不是饿到低血糖的状态了呢？想一想，你平时有没有过由于没吃东西，最后浑身无力，甚至饿到出冷汗的情况？这种时候，你是不是要大吃特吃才感觉舒心？

没错，如果你是普通的饥饿，那么你的身体会增加脑肠肽的分泌，促使你吃下比平时多得多的食物。如果你还是坚持不吃，死不悔改，那么这极大的能量负平衡，会迫使食欲素来解决！到时候，两小时吃掉10倍的食物，你想哭也来不及！

有人说，就算我饿，那我打死不吃，不就行了？太天真了，少年！脑肠肽不仅会让你吃更多，同时，它还会让你消耗得更少，储存更多脂肪。

> **你以为：减重＝摄入＜支出**
> **实际上：节食→脑肠肽↑→摄入↑支出↓**

科学家发现，如果给大鼠慢性注射脑肠肽，即使在没有改变进食量的情况下，大鼠的体重也会显著增加，并导致肥胖。而且，这些由于脑肠肽而增加的体重，无关肌肉，都是脂肪哦[11]！

此外，如果敲除大鼠脑肠肽与其受体，大鼠的能量消耗和运动量都会增加。这表明，脑肠肽还会抑制你的能量消耗和运动量，让你更懒，更不愿运动[12]。

也就是说，如果你的脑肠肽水平较高，就算你吃得跟以前一样，照样会变胖！

靠时间消除节食带来的副作用？不可能！

有人会说，那我先靠节食减下来，然后再慢慢恢复正常，靠时间来消除节食带来的副作用，是不是能保持体重呢？

科学家也想看看这一想法是否成立。在一项研究里，科学家召集了一群高体重的人来进行节食实验，以观察节食对于身体里两种影响食欲高低的激素的影响。

Tips

两种影响食欲的重要激素

瘦素：促使机体减少摄食，增加能量释放，抑制脂肪细胞的合成，进而使体重减轻。

脑肠肽：刺激饥饿感，促进胃排空及胃酸分泌，导致食物摄入增加，使体重增加。

PS：观察两种激素的绝对值和变化程度才有意义，单独看无意义。

1M²
硬派健身
TOUGH
WORKOUT

1
Chapter

012

　　首先，科学家让这些人节食10周，因为被试者本身的体重就非常重（接近100公斤），所以10周的节食效果也十分喜人，在两个多月的时间里，这些人平均减去了13公斤。

　　同时，科学家也测试了这些人节食后上述两种激素的水平，结果发现这两种激素产生了极大变化。

　　节食10周后，导致食欲增长让你胖的脑肠肽急剧上涨了50%左右。而帮助控制体重，减少摄入的瘦素含量则下降了约三分之二[13]。

　　脑肠肽升高、瘦素降低的变化，代表了身体全面往长胖的方向发展的趋势。受这两种激素的影响，你的身体会开始急剧积聚脂肪，逼迫你多吃食物，吃高热量食物，尽可能快地长胖。

　　也就是说，虽然通过10周的节食，受试者的体重是降低了，但他们的身体却变得更容易饥饿，处于想要吃得更多、更容易长胖的状态。

　　不过，你以为这样就结束了？很多人肯定也在想，刚结束节食都这个样子，因为太久没吃到好吃的，馋了嘛，过两天，等正常饮食后，一切就应该恢复正常了。

　　呵呵，太天真了，少年。

节食对体重调节相关激素的影响

相对水平（%）

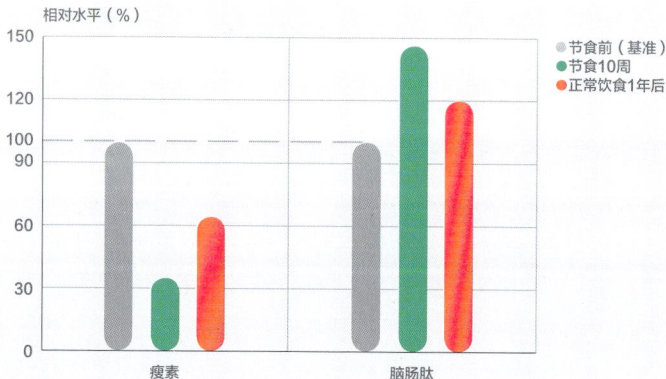

● 节食前（基准）
● 节食10周
● 正常饮食1年后

节食使得瘦素（有助于变瘦）水平降低，即使一年后也不能恢复，而促使你变胖的脑肠肽却上升，一年后也未能降下来。这两者的综合作用使节食者长期处于变胖的趋势。

上述这个实验还进行了一年的跟踪调查，结果表明，一年后，大多数受试者的体重反弹。并且这还不算完，我们再看看前面说的那两项明显影响食欲的激素水平。一年后，这些人的脑肠肽水平比节食前高20%，而瘦素水平更是比节食前低三分之一。

这说明了什么？在你节食减肥一年后，你的身体对你节食减去的肉还耿耿于怀。下丘脑还是在持续调整你的身体状态，敦促你往胖了长。而造成这一切的根本原因，就是要长回这一点点因为节食而丢掉的肉！

害怕了吗？你用节食的方法来降低体重，就如同没钱花就去借高利贷一样！高利贷可没有截止日期！只要你欠他钱，他就追你到天涯海角，追你到海枯石烂！只要你欠它体重，身体就红着眼睛逼你把它还回来！不仅要通通还回来，还要多长几斤肉以防你再犯！

节食更可怕的是——下体一痛！

关于节食的各种危害，有一部分以前我们就曾提到过，比如节食会让身体变成易胖体质，损伤基础代谢，等等。节食还会降低你的抵抗力，甚至严重到影响你的智商（拙作《硬派健身》中讲过）。

不过，节食除了这些显而易见的后果外，还有个很可怕的问题，嗯，那就是损伤性功能，无论男女。

要知道，人体的很多激素水平，本身就依赖正常的饮食摄入和体脂水平。你一旦做出很极端的节食行为，你体内很多相关的内分泌代谢就会出现紊乱。

有一次，我在动感单车上闲着无聊阅读一些论文，本来又累又喘，精力也不集中，不料看到一个关于节食的实验研究，直接让我"虎躯一震"，嗯，下体一痛！

实验大致是这样的，研究人员让一些受试者在节食加体力运动的情况下，强行降低体脂。最后发现，节食使所有受试者的内分泌都紊乱了，甚至使"睾酮降低至阉割水平！！！"[14]。

此外，不少通过节食减肥减得特别快的女同学，应该也都经历过自己的月经乱来或不来的情况。这其实也是节食和快速减重导致内分泌紊乱惹的祸。

正常情况下，女性的月经可以看作下丘脑—垂体—卵巢轴与子宫内膜对性激素周期性反应的结果。

而当你吃得太少，能量摄入严重不足，营养又不均衡时，身体就会启动自身的保护机制，让月经不再来了。

Tips

有数据表明，体重体脂与月经密切相关，当体重低于标准的5%~10%时，月经就可能出现紊乱；而当体重低于标准的15%时，月经可能就不来了[15]。

另外，研究还发现，同样训练强度的运动员，出现闭经者，大多数是因为营养摄入明显过低[16]。而长期营养摄入不足，会明显抑制生殖激素的分泌，使月经失调。

不过，科学家也发现，因为营养摄入不足导致的月经失调，通过补给充足营养，就能得到缓解[17]。所以为了自己的"性福"和性别魅力，千万不要节食啊！

二、久坐不动，如何开始运动？

　　既然节食减肥靠不住，那么，我们就只好依靠运动健身来瘦身塑形了。初次接触运动健身的人，很多都觉得只有跑步、骑自行车等"有氧运动"，才是减肥的最佳途径，什么杠铃、哑铃、力量器械，都不在考虑范围之内。他们觉得这些跟减肥没有关系，只有跑上半小时，才能真正燃烧脂肪。

　　首先我要说，你们都被骗了！所有宣称只有几十分钟以上的有氧运动才开始消耗脂肪的减肥计划，都不靠谱。

　　事实上，人体并不像你以为的那样，先消耗糖原，再消耗脂肪。脂肪和糖原是一起被消耗的，在有氧运动的第一秒，你的脂肪就已经开始燃烧了！[18]

供能百分比随运动时间变化趋势图

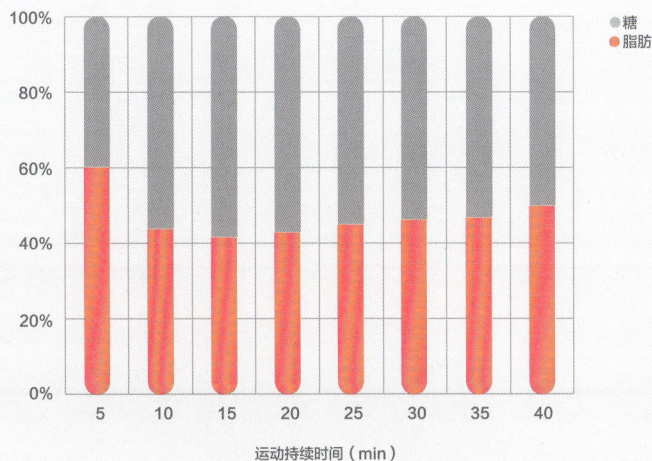

从运动的第一秒开始，身体就在消耗脂肪。

上图是一项女性进行长时间慢跑的供能物质消耗比例图（呼吸商测试）。从图中我们可以看到，在跑步的第一秒，我们就开始消耗脂肪。

另外，虽然在40分钟的跑步期间，脂肪消耗比例渐渐提高，但是总体也没有很大的变化，所以也没太大的指导意义。毕竟受试者是运动专业的学生，一般人很少能一口气跑40分钟以上。即使跑了40分钟，脂肪消耗比例也只提高了不到10%。

PS：由于受试者是女性，血液中的游离脂肪酸比较多，所以最开始的5分钟，脂肪消耗比例还更高。

事实上，从运动时间和脂肪消耗比例来评价一项运动有没有减肥效果，是非常不靠谱并且没有意义的！

要知道，我们身体里的脂肪无时无刻不在消耗，即使你平躺着睡觉、坐着打游戏、趴着看美剧，消耗的热量也有一大半来自脂肪供能。但你能说看美剧的减肥效果，比你跑20个全部是糖原供能的100米冲刺的效果好吗？显然不是这样。

如果说跑步、骑单车并不是最适合久坐不动者的减肥运动，那么，什么才是初学者最好的入门塑身训练呢？

为了解到底什么才是最适合久坐不动的都市人减脂塑身的运动方式，国内的一项研究[19]选取了年龄在28~45岁，静坐少动、体形偏胖、每天静坐时间大于6小时的办公室工作人员，（这个描述是不是特别熟悉，有没有中枪的感觉？）其中男性体脂率至少高于25%，女性高于30%。

研究者把被试者分为两组，分别进行力量训练与有氧训练，运动强度基本相同，每周进行两次，但不限定周儿。持续12周后，再分别对比他们的体脂、瘦体重和基础代谢率等的变化。

Tips

运动处方

力量训练组：10分钟热身+35分钟力量+10分钟拉伸，心率约每分钟120次。

有氧训练组：10分钟热身+35分钟有氧+10分钟拉伸，心率约每分钟130次。

不同训练对体脂百分比的改变

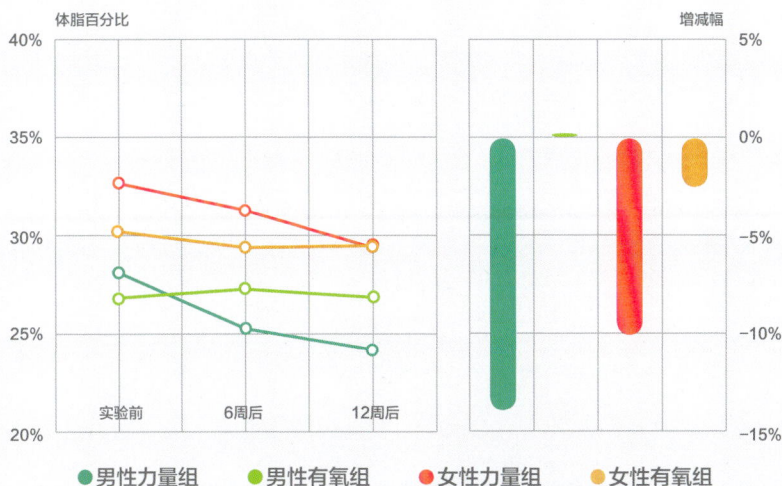

从图中可以看出，男性力量训练和女性力量训练，减脂效果更好。

实验数据显示，在体脂百分比方面，12周的训练后，力量和有氧两组的对比十分明显。其中，男性力量训练的体脂百分比降幅最大，接近14%（降幅百分比在这里是降低的体脂率与初始体脂率的比值）。而男性12周有氧组，体脂百分比几乎没有变化（反而上升了0.07%，不过不具有统计学意义）。

值得一提的是，女性力量训练的体脂百分比在第6周到第12周之间降低最明显。而进行有氧训练的女性，在前6周会有明显的体脂降低，但最终力量训练的减脂效果是优于有氧训练的。

这告诉女同学们，在进行运动时，不要只看短期的效果，也许跑步在一段时间内让你减重了，但是很有可能马上就会进入平台期，没有很好的持续性。而力量训练反而会在中长期让你更瘦！

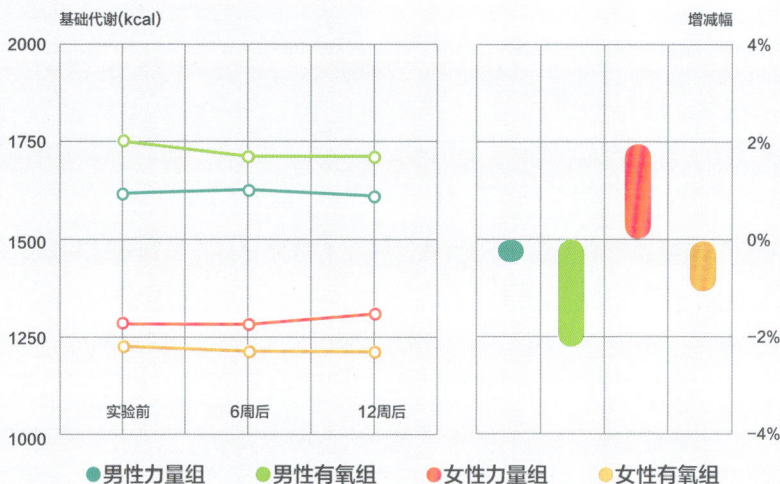

不同训练对基础代谢的改变

短期来看，做力量训练的女性的基础代谢有了比较明显的上升。

从上图中我们可以看到，女性在力量训练中的基础代谢是明显上升的，涨幅接近25千卡/天，而其他组都出现了不同程度的下降。

而男性力量训练组的基础代谢在第6周上升，在第6周到第12周之间出现了大幅下降，这是因为在实验中，男性力量训练组在第6周和第12周，体重、体脂等都大幅降低，这意味着会损失一些基础代谢。

这说明，力量训练对女性提升日常消耗是很有用的，女同胞们平时如果想既能多吃点美食，又能多消耗点脂肪，就一定要加油做力量训练哦！

所以综合来看，力量训练应该是最适合久坐不动者减重减脂提高代谢的运动方式了。

苹果形肥胖   梨形肥胖

另外，对于大多数人来说，表现为腰围粗的内脏肥胖比表现为全身均匀胖的皮脂肥胖更加可怕！

Tips

相比皮下脂肪过多，内脏脂肪过多更容易打乱身体正常的代谢机制，使人患高血压、中风、Ⅱ型糖尿病等一系列慢性疾病的风险变高。瘦子也有可能内脏肥胖。腰围是内脏肥胖的衡量标准之一。

虽然我们说过，局部减脂很难靠人力决定，减肥是要全身瘦的，但是研究发现，力量训练对于减少腹部脂肪的效果要更好哦！（涉及一些激素和脂肪分布）

为研究不同活动方式对腰围变化的影响，哈佛大学进行了一项较大规模的调查实验[20]，分析对比了1996—2008年的12年间，10500名健康美国男性的体力活动与腰围、体重的相关性。在排除了其他潜在的混杂因素后，研究结果表明：相比中度到剧烈的有氧运动，力量训练能更有效地减轻体重，减小腰围。

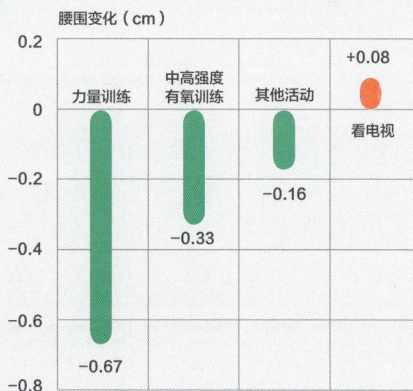

活动方式对男性腰围的影响

腰围变化（cm）

力量训练	中高强度有氧训练	其他活动	看电视
-0.67	-0.33	-0.16	+0.08

相比中度到剧烈的有氧运动，力量训练更能有效减轻体重、减小腰围。

当然，上面的实验是针对男性而言的，机智的小伙伴们可能会说了，男性特有的睾酮本身就能帮助他们增强肌肉质量和强度，帮他们更好地减脂。再加上男性的肌肉含量本来就比女性高，所以力量训练的减脂效果好也是可以理解的。那么女性呢？女性做力量训练也有一样的效果吗？

正好，宾夕法尼亚大学的科学家就专门研究了女性的体重、腰围和力量训练之间的关系[21]。实验结果表明：每周两次的力量训练，对于防止女性体脂率上升和腰围增长也非常有效。

活动方式对女性身材的影响

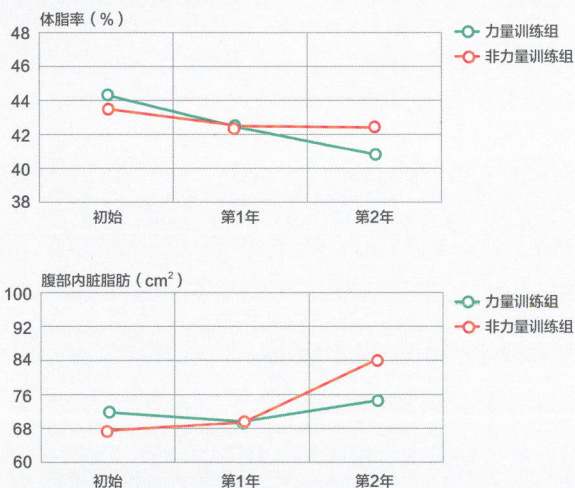

体脂率（%）

	力量训练组
	非力量训练组

48
46
44
42
40
38
初始　第1年　第2年

腹部内脏脂肪（cm²）

	力量训练组
	非力量训练组

100
92
84
76
68
60
初始　第1年　第2年

自然情况下，体脂率和腰围会随着年龄的增长而增长；力量训练比有氧训练更能有效防止女性体脂率上升和腰围增长。

所以无论是减脂减重还是减腰围，力量训练看起来都更有效啊！

有人说了，力量训练难道不是那些肌肉汉子为了增肌而采用的方式吗？为什么减肥也可以靠力量训练呢？

的确，以前我们总以为，增肌就是增肌，减脂就是减脂——我想紧致、塑形就必须去做力量训练，想减脂就必须慢跑、快走、骑单车。

但现在很多研究发现，塑形和减脂其实是可以并行不悖的！如果你想紧致身体并减脂塑形，力量训练（HIIT也是，具体见本书第三章）可以同时满足你的两种要求。我们可以在练出大胸、翘臀、长腿的同时，也让身上的脂肪高速消耗！

那么，力量训练为什么可以消耗脂肪呢？按道理说，力量训练不是无氧运动吗？脂肪不是不能参与燃烧吗？

的确，初高中生物课告诉我们，脂肪只有在有氧状态下才能燃烧。当你进行高强度的力量训练和HIIT（高强度间歇训练法）时，氧分供应不及肌肉内的能源消耗，身体会处于无氧运动状态，你只能通过消耗身体中的糖原来运动，而只有在中低强度的有氧运动时，脂肪才能一起参与到运动消耗中去。这也是很多人认为只有有氧运动才减脂的原因之一。

既然如此，为什么近几年号称减脂效果最好的几种运动，包括健身器械训练，以及Insanity（疯狂60天健身）这种HIIT运动，都是高强度运动呢？

这些都要从一个概念——EPOC（运动后过量氧耗）说起了。

EPOC，简单说，就是指你的身体在高强度运动后仍然处于超强的燃脂状态。

那么，EPOC是怎么产生的呢？举个很简单的例子，这就好比借钱。

假设现在你在健身房中，正准备做一个100公斤的深蹲。这当然是高强度运动，为了把杠铃举起来，你必须使用爆发力，而身体在这种爆发力下处于无氧运动状态，也就是我们前面提到过的脂肪不能参与供能的状态，此时，你只能使用身体里的糖原来实现供能。

但问题是，身体是不喜欢你用它的糖进行运动的，身体总想着："糖这玩意这么好用，老子还想储备着以备不时之需呢！"你只能苦苦哀求："求你了大哥，我都快被100公斤的杠铃压死了，我一口根本不能吸取足够量的氧气。你借我点糖，让我把这杠铃举起来，以后我多还你点！"

于是，身体一拍大腿："也成！运动中欠的这些，你就慢慢拿脂肪还给我吧！"

理论上来说，你在运动中欠的这部分叫作"氧亏"，即单靠有氧运动不能足够供能的部分。在这一部分，你通过借用身体里的糖欠下了债，而运动之后，你要把这些"糖＋氧"，以消耗脂肪的形式还给身体，这就是EPOC，运动后过量氧耗。

研究发现，EPOC可达到运动耗氧总量的90%，而且，这些供能全部来自脂肪的氧化[22]。

EPOC示意图

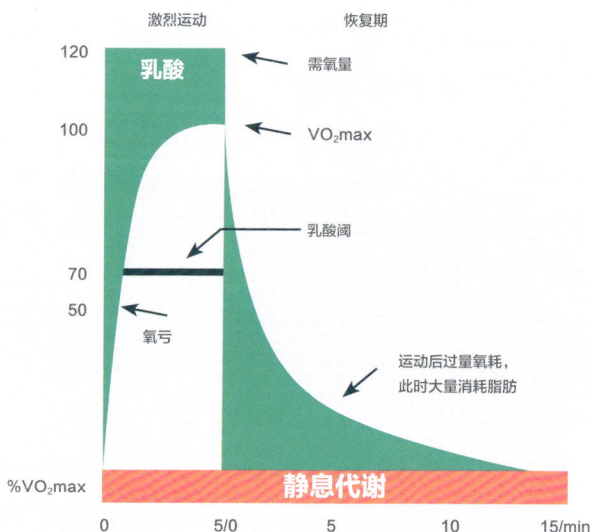

这也就是为什么高强度的运动虽然不是有氧运动，不能消耗脂肪，却仍然减脂能力超群！

可以说，EPOC的发现给了运动一个新的启示。很久以前，我们认为只有中低强度的持续有氧运动才能减肥。原因很简单，初高中生物课都教过我们：有氧运动消耗脂肪和糖原，无氧运动只消耗糖原。我们想要消耗脂肪，必须得进行中低强度的有氧训练。

然而，EPOC的发现推翻了这一切，从这一刻开始，增肌和减脂并行不悖了。一方面，我们可以通过力量训练，比如深蹲、卧推、高位下拉，来实现体能的提升和身体部位的雕塑，另一方面，又能通过这种抗阻训练后的EPOC，来提高人体的能耗和脂肪燃烧，让人们一边增肌，一边减脂！

那么，什么因素可以增加EPOC呢？关键在于高强度，短间歇，多间歇。

高强度是增加EPOC的关键[23]，所以很显然，具备高强度特点的抗阻训练和HIIT训练，都可以明显增加运动后的脂肪消耗，达到超强燃脂和持续燃脂的效果。

另外，研究发现，有间歇的运动比无间歇的运动更能有效增加EPOC，也就是能有效增加运动后的脂肪燃烧，而且，组间休息越短，EPOC增加的程度就越高[24]。

在一项实验中，研究者将两组受试者随机分为20周无间歇耐力运动组[25]和15周间歇运动组。通过测试两组受试者血液中FFA（游离脂肪酸）的浓度，对比了两组受试者的能量消耗和脂肪消耗。

结果显示，间歇运动组和持续运动组的FFA浓度有明显差异。在耗能对比方面，虽然间歇运动组的能量消耗不到持续运动组的一半，但间歇运动组的皮下脂肪下降程度却远超持续运动组。也就是说，间歇运动组的减脂效果更明显。

这也是我们一直强调跑步中停下来的间歇跑比持续跑更有效的原因之一！

另外，有研究表明，对于久坐不动的初学者来说，采用CRT（力量循环训练）有更好的减脂燃脂效果。

Tips

CRT:类似抗阻的HIIT训练模式，用中高强度短间歇的训练模式去完成抗阻训练动作，即中高强度负荷＋超短间歇。

研究对比了有氧运动和力量循环训练（CRT）的训后燃脂能力。数据表明，运动结束后30分钟，CRT的卡路里燃烧比有氧运动多了53%[26]。而这超强燃脂能力和CRT高强度、短间歇、多间歇导致的超高EPOC水平密切相关！

所以，如果你想高效减脂塑形，那就放弃匀速漫长的长时间有氧运动吧，高强度力量循环和HIIT更有效哦！

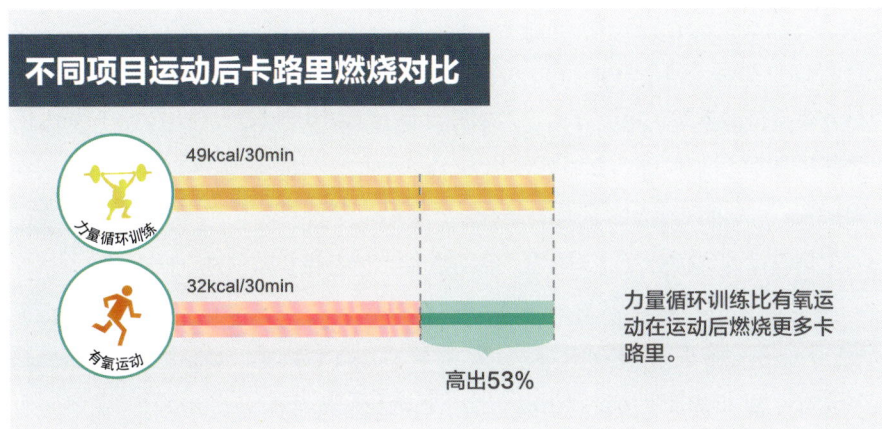

不同项目运动后卡路里燃烧对比

力量循环训练 49kcal/30min

有氧运动 32kcal/30min

高出53%

力量循环训练比有氧运动在运动后燃烧更多卡路里。

三、去不了健身房，如何更好地训练？

前面我们知道了，对于初学者和久坐不动的人来讲，力量训练能更快、更好地帮他们减脂塑身减腰围。

不过，新的困惑又来了，刚开始接触力量训练的朋友，都会遇到这么一种情况：不知道该怎么练，不知道该在哪儿练。

当然，作为一个初学者，有能力的情况下，去健身房训练可能是最保险的，因为健身房内的训练器械都是无数运动厂商投入几十亿美元、耗时几十年为你研发的安全、高效健身器械，可以让你较快地入门上手。

不过，初学者去健身房吧，很多器械都不会用，而且如果健身房太远，交通、换衣服、洗澡都很麻烦，一次就得耗费自己好几个小时的时间，平时工作学习本来就忙，感觉抽不出时间，也划不来。而且，健身房的私教天天缠着你卖课，也很烦人。加之国内很多私教水平各不相同，说不定还会有教授错误概念和姿势的事情发生。

于是不少人就想了，还是自己在家做一些自重训练，等对每个部位怎么练，该做什么动作有些了解后，再进阶健身房吧。再说了，现在互联网那么厉害，在网上随便一搜，就有各种可以跟着做的自重训练、无器械操课等，号称针对不同部位、不同人群，还有各种不同强度，感觉似乎也相当全面。

打住！我要说的是，对于初学者来说，如果一开始就采用自重训练，那么不仅训练效果可能不好，还更容易受伤哦！

事实上，如果将运动经验和能力按100分来算，那自重训练可能是一项适合40~70分运动者的训练方式，初学者不太容易用它入门或者上手，而高阶训练者也很难采用自重训练进阶。而且还有一部分人并不适合做自重训练。

所以自重训练的涵盖范围很小，比较危险，进阶程度也很弱，地位略显尴尬。

当然，我们也不是说自重训练一无是处，比如当你因为客观原因，就是没有办法做器械训练时，自重训练的确也能起到一定的作用，只不过，由于自重训练本身的局限性，只做自重训练显然是远远不够的。

所以，下面我们从自重训练最大的四个问题，来说说无器械健身（自重训练）到底有哪些局限性。

自重训练四宗罪

· **无法调整阻力方向**

· **无法调整阻力角度**

· **无法调整训练负荷**

· **无法调整受力点**

四宗罪之一：无法调整阻力方向

自重训练，所谓自重，指的是阻力来源和负重都来自你自身的重量。

自重训练的第一大问题，就在于无法调整阻力方向。

学过初中物理的朋友应该都知道，地心引力决定了我们的重力方向基本就是垂直向下，也就是说，自重训练的阻力方向大多数也是向下的。

弹力带划船

而对于我们身上的很多肌群来说，想要比较好地被刺激到，只有向下的重力是远远不够的！

一般来说，最佳的肌肉锻炼动作，应该是符合肌肉本身的生理原理的。所以经典的背部训练，比如拉索划船等，都需要一个针对背部肌群的水平方向阻力，来完成肱骨内收、肩胛骨夹紧挤压的姿势，自重则很难提供足够的水平阻力。

即使是在家练引体向上，你也需要一个引体向上架子（嗯，买个引体向上架子，也不算完全无器械了吧）来给你提供一个可以向上的受力点。

而如果你想要纯自重训练来练背，首先重力就不是能够有效对抗背部肌群的阻力方向，你也没有额外的受力点，目标肌群都受不到针对性的刺激，当然也就难以练出效果来啦。

四宗罪之二：无法调整阻力角度

自重训练的第二大问题在于无法调整阻力角度。

肌肉的各个部位都有不同的作用。如果角度受限，很容易造成你的训练不到位。练出来的身材难看，肌肉形状畸形。

比如胸部训练，胸肌是一块很神奇的肌肉，虽然只有一块，但不同的做功角度，会刺激胸肌的不同部位。

引体向上架

胸肌上部   胸肌内侧

胸肌外侧   胸肌下沿

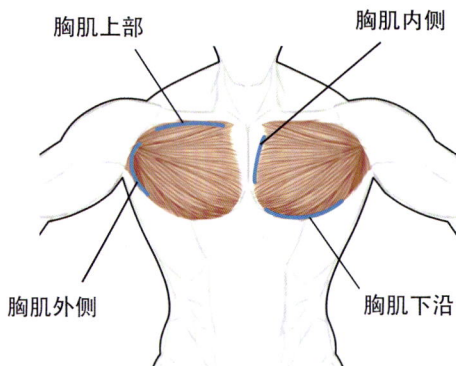

所以在实际训练过程中，胸部通常被分为上胸、中缝、下胸三块来分别侧重训练。

我们都喜欢饱满、有型的胸部。男性喜欢方正的胸肌，女性喜欢挺立聚拢的胸部。而有效的胸肌训练，应该是通过合适的阻力角度和阻力方向，有侧重点地训练。

　　比如拉索夹胸，由于拉索的特点，动作过程中提供的阻力方向一直垂直于肌纤维方向。也就是说，你的胸肌发力方向，一直是直接精准对抗阻力的，所以拉索夹胸可以精确制导，指哪儿打哪儿。（弹力带是拉索的形式之一）

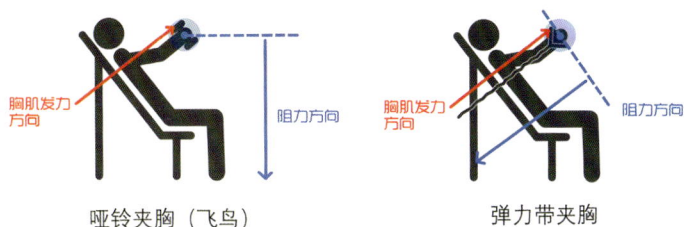

哑铃夹胸（飞鸟）　　　弹力带夹胸

哑铃夹胸与弹力带夹胸

　　但如果用自重训练来练胸，即使是各种角度上下斜的俯卧撑，动作过程中，阻力方向也是由重力来决定的，不能始终垂直于胸肌，也就不能对胸部有更好的刺激作用，所训练的部位也很有限。

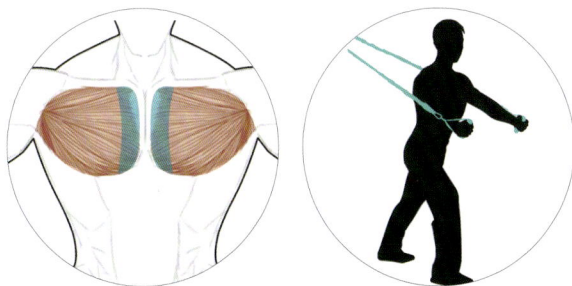

胸中缝和弹力带夹胸

　　尤其是胸肌中缝，自重训练由于姿势的局限性，几乎不可能刺激到中缝。而胸肌中缝可是决定你胸部有没有型的很关键的一个地方，没有中缝的胸，向两边散开，真的特别难看。

四宗罪之三：无法调整训练负荷

自重训练的第三大问题在于无法调整训练负荷。

自重训练，训练负荷就是你的体重。而这一点，对于超重或者是天生瘦想增肌的两类人来说，最为麻烦（他们恰恰也是最需要锻炼的）。

1.超重者——自重训练负荷和冲击都过大了！

对于超重者来说，健身训练的主要目的是健康减脂，所以他们一般会采用有氧训练或者大肌群力量训练来减脂。

而大多数自重训练给出的减肥运动方式——跑步、跳绳等，都是冲击比较大的运动，并不合适，甚至还会伤害到超重者的身体。

我们知道，在跑步、跳绳等跳跃动作中，着陆时身体会受到冲击，这些冲击会导致身体组织的振动，更不幸的是，冲击力的输入振动频率一般是10Hz左右，而脂肪的共振频率是2~10Hz，所以受到的冲击很容易就和脂肪产生共振[27]，这种共振会对身体的关节、软组织等造成很大的伤害。

另外，身体里脂肪含量越高，造成的共振对身体的伤害也就越大[28]。目前的研究认为，太多的脂肪组织是导致共振伤害身体的元凶之一。

所以，超重的朋友们如果采用无器械的有氧项目，最好不要采用跑步、跳绳等有冲击输入的运动来减脂。这么一筛选，你能选择的有氧项目也就没几个了。

即使是力量训练、大肌群的自重训练，比如深蹲、箭步蹲，超重者由于自己体重比较重，也无法调整训练负荷，一上来就自带大重量。

假设你体重100公斤，做深蹲就相当于负重100公斤，若不巧你还是个初学者，动作还做得不标准，膝关节会受到很大剪切力，结果可能就是做了几个错误动作后，膝盖关节各种受压，这样更容易受伤。

而如果你采用器械，比如用腿举机来练臀腿，由于训练负荷可调，你可以一开始用10公斤训练，或者在家里在腿上绑5公斤的弹力带来做后踢。等到腿部肌群足够有力后，再循序渐进加大负荷。这样训练起来更加安全，训练效果也更好。

2.天生瘦——自重训练负荷太小，抗阻做成有氧

对于瘦子们来说，由于自重太轻，很多自重训练做起来都太轻松，也是一个问题。

比如引体向上、俯卧撑、双杠训练等，普通人累得气喘吁吁，瘦子们做起来却是相当轻松，50个引体向上，100个俯卧撑，根本不是事。

可惜，这种强度的训练不能增肌，只能强化肌耐力和减脂，你要是能那么做一个小时，那你做的也不是增肌训练，而是有氧运动了，根本就达不到瘦子增肌增重的目的。

事实上，我们身上的大肌群本身都特别有力，没有足够的强度来刺激它们，根本就达不到训练目的。

一般的增肌训练，最好采用8~12RM的训练负荷，是指训练重量让你做到8~12个后，就已经彻底力竭了。对于瘦子们来说，自重负荷强度显然远远不够，自然也就没有办法达到很好的效果。

简单来说，对增肌而言，你做100个俯卧撑，不如做10个50公斤力竭的卧推。

对于有一定经验的训练者进阶训练或者突破平台期也是一样的道理，自重训练没有足够的强度，对于进阶者也就没有很好的训练效果。科比、博尔特都是自重型运动的运动员，不过他们平时也都会做杠铃深蹲来增强自己的弹跳能力和速度哦!

四宗罪之四：无法调整受力点

自重训练的第四大问题在于无法调整受力点。

自重训练的特点在于多关节、多角度、自由训练。而多关节就决定了每个动作在做的时候，除了想要刺激的目标肌群，还有很多相关肌群也参与其中。

甚至很多时候，目标肌群并没有得到很好的刺激，反倒练到了原先不想练的地方，练胸不成反练臂，练臀不成反粗腿，等等。

俯卧撑

比如俯卧撑这个动作，就包含了很多的关节和肌肉的运动，而如果你是一个没有什么训练经验的初学者，在做俯卧撑的过程中，可能几乎感觉不到胸肌的训练感觉，练到的都是肱三头肌和三角肌前束。

这也是为什么很多人在做完俯卧撑后，只觉得胳膊各种酸痛，胸部却毫无感觉。

深蹲

对于女性朋友来说，更是如此。大多数女孩子都是只喜欢大胸，却讨厌粗壮的手臂和肩膀，喜欢翘臀，却怕粗腿。如果你一开始就采用的是自重训练，由于不知道臀部和胸部的发力感觉，可能没有很好地训练到这些部位，负重和刺激反而都给了手臂、肩膀和大腿，使效果适得其反。

事实上，一个人在训练时的训练效果，与他自己操控肌肉的能力是成正比的。如果你根本找不到胸肌、臀肌发力的感觉，请问，你如何在俯卧撑训练中达到自己练胸的目的？如何在深蹲动作中保证只刺激臀不刺激腿呢？

以我自己为例，我的胸部训练之路就走得十分坎坷。一开始我也没走对路，选择了俯卧撑作为胸肌训练的主体，结果在很长一段时间里，我一直找不到胸肌发力的感觉，反倒是胳膊越练越粗。而后渐渐阅读、体会，开始找到正途。但是，这时已经被训练强壮的三角肌前束和肱三头肌成了我胸肌训练的阻碍。在做大多数含有推的动作时，我的胳膊都会分担很多本应由胸肌承受的训练量，这在很大程度上影响着我胸肌的进阶和力量的提升。

自重训练的问题就在于，由于动作涉及的肌群太多，也不能调整受力点，再加上初学者本身并没有特别好的肌肉发力感觉，所以很容易就训练错部位，或者训练不到位。

刚开始训练时，找到目标肌群的训练感觉，有针对性地训练很重要。而健身房的很多训练器械，被研发出来的目的就是根据某个肌肉的生理特征，专门孤立针对某一肌群进行训练，帮助初学者更好地入门。

再以初学者练胸为例，用屈臂夹胸把三角肌和肱三头肌孤立出去，只针对胸部，限制胸肌单独发力的动作，就可以有效训练胸肌，找到胸部发力的感觉，激活胸部，之后才能更好地采用更多的动作训练。

同样，女性训练也需要更多的孤立、针对性动作，以避免训练不到目标部位。比如练臀，弹力带腿后踢这类只有臀部肌群发力的动作，就远远优于自重深蹲。

弹力带屈臂夹胸

弹力带跪姿腿后踢

所以对于很多人来说，一开始就采用自重训练，不但不能让你一步步进阶，反而可能让你在健身路上多绕很多弯路。

1M²
硬派健身
TOUGH
WORKOUT

1
Chapter

032

四、如何百元打造属于自己的健身房？

　　对于初学者来说，器械力量训练应该是最佳减脂塑形之道了。不过由于客观原因的限制，很多朋友可能没有办法去健身房锻炼，又或者即使办了健身卡，一年也没时间去两回。

　　这时候，更靠谱的方式是在家拥有一个自己的小型健身房！

　　那么居家训练，什么才是你最适合、最需要的健身器械呢？

弹力带

居家健身首选项，最方便、最有效的居家器械。

弹力带五大特点

● 超高性价比

100kg负荷的哑铃与弹力带价格比较

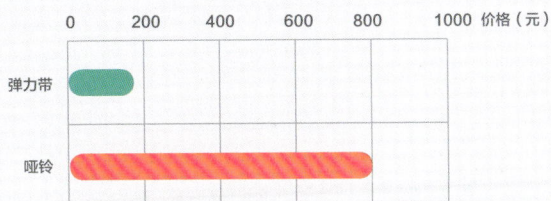

同为100公斤负荷的弹力带和哑铃，价格相差数倍。
（数据来自各大电商平均值）

● 阻力角度多变

弹力带可以提供多种角度、永远垂直于肌肉纤维的阻力

● 弹力带提供的阻力，符合人体肌群发力特点

弹力带阻力与人体力量变化很接近

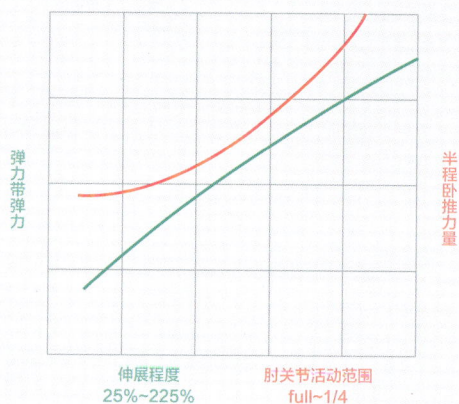

弹力带弹力

半程卧推力量

伸展程度
25%~225%

肘关节活动范围
full~1/4

● 全能，几乎能覆盖所有部位训练

● 安全、不砸人，帮助落地缓冲

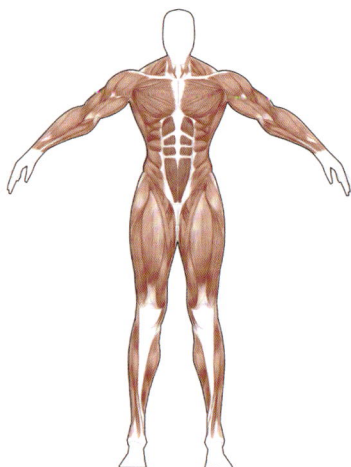

弹力带的使用技巧

● 如何使用普通手柄

● 如何扣门上

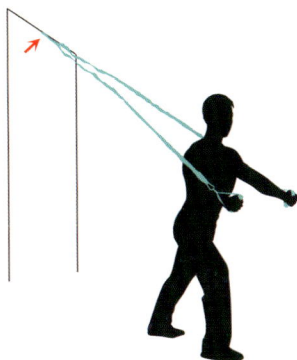

● 如何扣门下

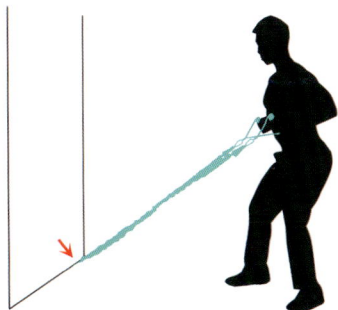

● 如何绑腰带

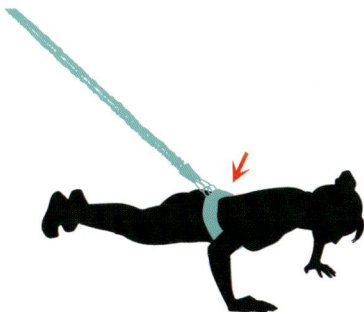

● 如何绑臂环、脚环

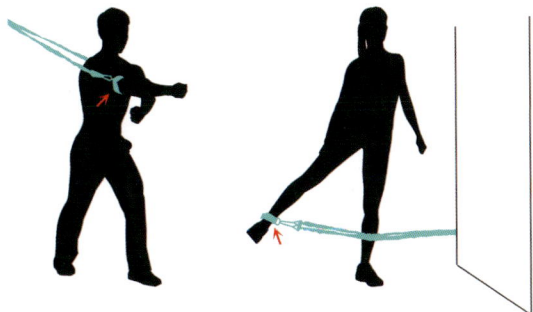

其他居家器械

哑铃

最常见、最合理、最容易买到，小肌群训练必备。

瑜伽垫

各种趴、卧、俯身动作必备。在跳绳时，也可以避免楼下的住户因噪音而砸门。

横杆

拆卸 ⇄ 组装

与弹力带等其他居家器械配合，可以在家替代杠铃类动作。

瑜伽球

因其不稳定的特性，可以综合锻炼核心肌群，对腹肌和腰腹健康尤其有益。

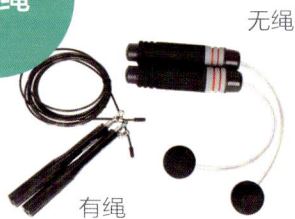

跳绳

无绳

有绳

高效燃脂，居家最佳有氧项目。无绳跳绳可以使用弹力带训练，以增加负荷或者减轻冲击。

卧撑架

有效将重心从掌心中部转移到掌根，更有利于胸肌发力。

腹肌轮

强化腹肌离心收缩过程，练腹肌超有用！最新的三轮腹肌轮较稳定，可以避免你练粗腰，而且更针对腹直肌。

引体向上架

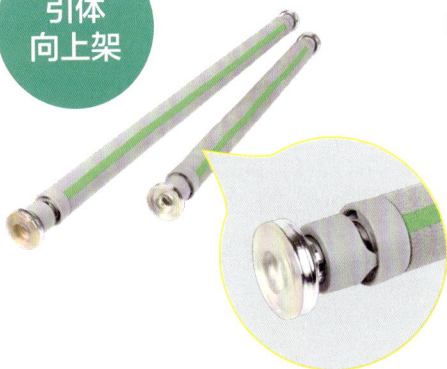

在家做练背综合、引体向上的必备物件。这种简易的引体向上架可以通过旋拧伸缩卡在门上。

乳胶弹力带

更轻便、易携带，小肌群中小重量负荷的最佳选择。

参考文献

[1] Foster, G. D., Kendall, P. C., Wadden, T. A., Stunkard, A. J., & Vogt, R. A. (1996). Psychological effects of weight loss and regain—A prospective evaluation. Journal of Consulting and Clinical Psychology, 64:752‑757.

[2] Mann. T., Tomiyama.A. J., Westling. E., Lew. A., Samuels B., &. Jason Chatman. (2007). Medicare's Search for Effective Obesity Treatments: Diets are not the answer. American Psychologist, 62: 220–233.

[3] Steen, S. N., & Brownell, K. D. (1990). Patterns of weight loss and regain in wrestlers: has the tradition changed?. Medicine and science in sports and exercise, 22(6):762–768.

[4] Herman, C. P., &Mack,D.(1975).Restrained and unrestrained eating.Journal of Personality, 43(4):647‑660.

[5] Herman &Polivy. [1980]. Obesity [pp. 208–225]. Philadelphia: Saunders.

[6] Patton, G. C., Johnson-Sabine, E., Wood, K., Mann, A. H., &Wakeling, A. (1990). Abnormal eating attitudes in london schoolgirls——a prospective epidemiological study: outcome at twelve month follow-up. Psychological Medicine, 20(2):383–394.

[7] Racine, S. E., Culbert, K. M., Larson, C. L., &Klump, K. L. (2009).The possible influence of impulsivity and dietary restraint on associations between serotonin genes and binge eating. Journal of Psychiatric Research, 43(16):1278‑1286.

[8] Wren, A. M., Seal, L. J., Cohen, M. A., Brynes, A. E., Frost, G. S., & Murphy, K. G., et al. (2001). Ghrelin enhances appetite and increases food intake in humans. J Clin Endocrinol Metab, 86(12):5992–5995.

[9] Funahashi, H., Takenoya, F., Guan, J. L., Kageyama, H., Yada, T., &Shioda, S. (2003). Hypothalamic neuronal networks and feeding-related peptides involved in the regulation of feeding. Anatomical Science International, 78(3):123‑138.

[10] Cai, X., Widdowson, P. J., Wilson, S., Buckingham, R., Arch, J., &Tadayyon, M., et al. (1999). Hypothalamic orexin expression: modulation by blood glucose and feeding. Diabetes, 48(11):2132–2137.

[11] Alen, F., Crespo, I., Ram i rez-L ó pez, M. T., Jagerovic, N., Goya, P., & de Fonseca, F. R., et al. (2013). Ghrelin-induced orexigenic effect in rats depends on the metabolic status and is counteracted by peripheral cb1 receptor antagonism. Plos One, 8(4):e60918–e60918.

[12] Kirchner, H., Perez-Tilve, D., Joost, H. G., Sleeman, M. W., Tsch p, M. H., &Pfluger, P. T., et al. (2008). Simultaneous deletion of ghrelin and its receptor increases motor activity and energy expenditure. American Journal of Physiology Gastrointestinal & Liver Physiology, 294(3):G610–8.

[13] Priya, S., Prendergast, L. A., Elizabeth, D., Katrina, P., Arthur, S., &Adamandia, K., et al. (2011). Long-term persistence of hormonal adaptations to weight loss. New England Journal of Medicine, 365(17):1597–1604.

[14] Friedl, K. E., Moore, R. J., Hoyt, R. W., Marchitelli, L. J., Martinez-Lopez, L. E., & Askew, E. W. (2000). Endocrine markers of semistarvation in healthy lean men in a multistressor environment. Journal of Applied Physiology, 88(5):1820–1830.

[15] Williams, N. I. (2003). Lessons from experimental disruptions of the menstrual cycle in humans and monkeys. Medicine & Science in Sports & Exercise, 35(35):1564–72.

[16] Nicol, L. M., Rowlands, D. S., Fazakerly, R., &Kellett, J. (2015).Curcumin supplementation likely

attenuates delayed onset muscle soreness (doms). European Journal of Applied Physiology, 115.

[17] Mary Jane, D. S., Jaci, V. H., Demers, L. M., &Lasley, B. L. (2003).Luteal phase deficiency in recreational runners:evidence for a hypometabolic state. Journal of Clinical Endocrinology & Metabolism, 88(1):337-346.

[18] 王巨文.(2010). 体育专业大学生中等强度长时间运动中机体能量代谢特征研究. (Doctoral dissertation, 浙江师范大学).

[19] 夏其新. (2012). 不同运动处方对静坐少动人群身体成分的影响. (Doctoral dissertation, 北京体育大学).

[20] Mekary, R. A., Gr ntved, A., Despres, J. P., Moura, L. P. D., Asgarzadeh, M., & Willett, W. C., et al. (2014). Weight training, aerobic physical activities, and long-term waist circumference change in men. Obesity, 23(2):461 - 467.

[21] Schmitz, K. H., Hannan, P. J., Stovitz, S. D., Bryan, C. J., Meghan, W., & Jensen, M. D. (2007). Strength training and adiposity in premenopausal women: strong, healthy, and empowered study. American Journal of Clinical Nutrition, 86(3):566-572.

[22] Chad, K. E., & Wenger, H. A. (1988).The effect of exercise duration on the exercise and post-exercise oxygen consumption. Canadian journal of sport sciences= Journal canadien des sciences du sport, 13(4):204-207.

[23] Chad, K. E., & Wenger, H. A. (1985).The effects of duration and intensity on the exercise and post-exercise metabolic rate.Aust J Sci Med Sport, 17(4):14-18.

[24] Short, K. R., Wiest, J. M., &Sedlock, D. A. (1996). The effect of upper body exercise intensity and duration on post-exercise oxygen consumption. International journal of sports medicine, 17(8):559-563.

[25] Laforgia, J., Withers, R. T., Shipp, N. J., & Gore, C. J. (1997).Comparison of energy expenditure elevations after submaximal and supramaximal running. Journal of Applied Physiology, 82(2):661-666.

[26] Elliot, D. L., Goldberg, L., &Kuehl, K. S. (1992). Effect of resistance training on excess post-exercise oxygen consumption. Journal of Strength & Conditioning Research, 6(2):77-81.

[27] Boyer, K. A., &Nigg, B. M. (2006).Soft tissue vibrations within one soft tissue compartment. Journal of Biomechanics, 39(4):645-51.

[28] Boyer, K., &Nigg, B. (2007).Quantification of the input signal for soft tissue vibration during running. Journal of Biomechanics, 40(8):1877-80.

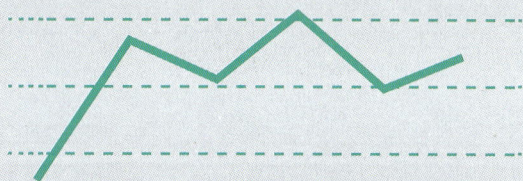

正确的方向，决定正确的结果：

想要拥有好身材，就训练所有人第一眼看到的部位

——胸、背、臀腿、核心！

想要训练效果好，就要弄清什么是正确的训练姿势！

想要好身材，如何制订健身计划？

Chapter 2

一周训练计划

一周练几次

哪些部位

什么项目

时间	训练安排
星期一	力量训练——胸部
星期二	休息
星期三	有氧训练
星期四	力量训练——背部
星期五	休息
星期六	力量训练——臀部和腿部
星期天	休息

臀腿训练计划

动作顺序怎么安排

做几个或多长时间

该做几组

环节	动作名称	次数（时间）	组数	组间间歇
热身	弹力带原地跑	5分钟		
基础动作	弹力带深蹲	5RM	1~4组	3分钟
安全动作	腿举	8~12RM	3组	90秒
针对动作	弹力带腿后踢	8~12RM	3组	90秒
	弹力带腿外展	8~12RM	3组	90秒
腹肌训练	卷腹	15~20	3~5组	90秒
有氧训练	快慢交替跳绳	10分钟		
拉伸	臀大肌拉伸	30秒	3组	
	股四头肌拉伸	30秒	3组	

包含哪些动作

休息多久

一、训练方向 | 正确的开始，才有正确的结果！

作为一名运动科普作者，我发现很多人在运动前都没有好好思考过自己究竟该采用什么样的健身计划。

一些妹子会想："力量训练不是那些练肌肉的大汉做的吗？我只想减个肥，才不要举什么杠铃哑铃呢！"又或者一些想增肌的汉子会想："增肌嘛，就是重量越大效果越好呗，管它要做多少次、多少组呢。"

甚至，我在浏览一些网络论坛时，还发现有很多"高手"对"小白"健身者进行着无情又无脑的嘲讽："天天询问健身计划有什么用！其实只要动起来就好了，哪里需要什么计划？想减肥就去跑步，想增肌就举哑铃！"

这些想法和说法其实都是非常有问题的。套用一句话，你不能用你行动上的勤奋，来掩盖你思想上的懒惰。运动生理是一门科学，你的训练方式和训练计划对你的训练结果有着非常显著的影响。

假设我们从现在的起点出发，想达到目标终点。最理想的情况当然就是直线前进啦，毕竟两点之间直线最短嘛。

目标达成

不过在现实生活中，总会有各种各样的困难或情况影响到我们的行动。所以最真实也最常见的，是波动且曲折地前进，即使稍微走了点弯路，最终至少也能达成目标。

曲折前进

但如果你一开始就选错了方向，南辕北辙，那么不管你花多少精力，费多少功夫，都达不到你想要的目标。

选错方向不可能实现目标

这就好像读书学习，学，非常重要；不学，根本不可能得到好成绩。但也不是说在学习上花费时间最多、最勤奋刻苦的人，就有最好的结果。学习也是讲究方式和方法的。好的学习方法能够让你事半功倍，如果只是埋头傻学，那么即使你比别人多花费5倍的精力，效率也可能只有别人的十分之一，成绩可能远不如别人。

运动也是一样。甚至比起学习来，运动更讲究严谨和科学。一个人的运动方式、运动负荷和运动频率，在学术上叫作"运动处方"。没错，就像医学一样，这也是事关身体健康和生命安全的严谨科学。

比如以ACSM（美国运动医学会）为代表的全世界各大运动医学协会，每几年就会出版新一册的《体力活动指南》。该书凝聚了数万名科学家的心血，是他们进行数千个研究的成果。而这些成果，就是为了告诉大家如何才能"正确"地运动。

所以，你们怎么能说"运动，只要动"就好了呢？想要健康和好身材，不仅要运动，而且要正确地运动。

二、训练部位｜好身材，该练哪儿？

身体有大大小小很多部位，相应的肌群更是高达上百个。那么，哪些部位才是最值得你训练的呢？

开始前先做个假设：你经过多年的艰难奋斗，终于有了自己的房子，然而，你的金钱和时间都有限，不能花儿百万元来做一套豪华的装修，必须在一些地方有所取舍。你会怎么做呢？

你会倾尽所有，花20万元买个艺术家设计的黄金水龙头吗？估计不会。想象一下，一间毛坯房里，什么都是最烂的，只有一个黄金水龙头，大家不会觉得你家奢华高端，只会觉得你很傻。

大师设计的黄金水龙头是很好看。不过，在有限的预算下，大多数人都知道，首先应该考虑的是地板、家具、壁纸等对房屋整体影响最大的因素。

雕塑身体的部位，其实也是一样的道理。对身材影响最大的地方，是最值得你训练和投资的！

但是，我在健身运动中却天天见到这样的"傻孩子"。他们不停地向我抱怨："斌卡，我的脚踝不够纤细，怎么办啊？""我的锁骨不够清晰。""我没有腰窝。""我的胳膊不够粗壮，没有超级英雄那么牛×。"

其实一开始，这些小细节你通通不用理会。

一个陌生人看到你，一定是从你身材的整体轮廓去看。个子多高？胖不胖？三围比例是多少？你穿着衣服，谁能看到你的脚踝、锁骨、腰窝呢？平时能看到这些小细节的，不是你的爸妈就是你的爱人，他们还会在乎你的这些细节吗？

所以你真正需要的，是去训练所有人第一眼能看到的部位，是去塑造直观上的一个整体完美的体形，而不是去训练只有你才能看到的小细节。

另外，对于健身训练来说，小肌群所消耗的热量、脂肪也都是微不足道的，它们对减脂塑身的效果不大。如果只训练小肌群，你这一身肥膘得减到何年何月啊？

想一想，假设你手捏住笔、握住鼠标忙活一天，即使手指和手臂很累，即使你日复一日、年复一年地写作、敲键盘，也并不会瘦啊。但如果换成全身大肌群参与的跑步，只要半小时，保证减脂效果比你玩一周电脑要好得多。

健身训练也是同理。很多人花大量的时间去做那些所谓的能消除"拜拜肉"、瘦脚踝的训练，事实上却完全没用！首先，定向的局部减脂方法不存在，练脚踝不一定能瘦脚踝；其次，小肌群减脂塑形效果差，对目标细节也没什么修饰效果，练上好半天也收获不了什么成就感。

Tips ▶

定向的局部减脂目前仍不被主流学界认可。举个简单的例子，所有右利手的人，右臂都比左臂日常活动要多得多，甚至右手网球运动员的右臂每天可能比左臂多运动几千次。要是按照很多网上的说法"运动肚子能让肚子脂肪变少"或者"动脚踝能让脚踝上的脂肪变少"，那大家的右臂要比左臂细上一大圈。但是，无论是普通人还是运动员，我们很少见到左右臂体脂含量有差异的。局部训练只能起到视觉上紧致的效果，不能定向减脂。

所以，只有从整体上，从那些本身就具有超强燃脂能力，能够刺激各种增肌减脂的激素（睾酮或生长激素等）分泌的大肌群入手，才能真正帮你改变形象，达到你想要的效果。

有人问了，既然如此，那么到底什么部位才是一般人首先应该训练的呢？

一句话，看着商场里的衣架模特练。

逛街买衣服时，估计不少人都有类似的经历，觉得模特身上的一件衣服特别好看、特别棒，结果一换到自己身上，压根就不是那么回事了，也就是我们常说的"某宝"模特与买家秀的区别。

为什么？关键就在于商家在制作衣架模特时，赋予了它们好身材最重要的几个特点：胸大、腰细、臀翘、腿长、身姿挺拔。

所以要想成为衣架子，你最该训练的就是这些对体形修饰最明显的部位：胸、背、臀腿、核心四大肌群。

一方面，大肌群燃脂能力强、力量大，对健康更有益；另一方面，大肌群作为你身体的最主要构成部分，对整体形态的修饰效果也更好。

下面我们先简要说说这四大部位的特点（在之后的章节中，会更详尽地逐一分析它们的训练方法和要点）。

胸部

胸部的构成非常简单，最主要的就是胸大肌这一大块。不过，胸部的重要性却一点也不简单，可谓是身体正面最重要的部位了。无论男女，胸部训练都很重要。

君不见，有多少女性拜倒在超级英雄美国队长结实的大胸之下。没错，对男性来讲，胸大肌就是男人身材的门面，是心房上的铠甲！有研究发现，男性在碰到自己的女神时，都会故意吸气挺胸来增大自己的胸廓，让自己的胸围看起来更大一点。而女性也会以胸肌的大小来评估男性的健壮程度，从而决定是否要在一起。

对女性而言，胸部对身材的重要程度更是不言而喻。因为胸部训练不仅能从视觉上增大罩杯，提升"事业线"，垫起来的薄薄肌肉，还可以帮助你对抗重力对胸部韧带的伤害，防止下垂，让你的乳房更加挺拔、有美感。所以很多美胸明星，比如玛丽莲·梦露等，都非常重视胸部的训练。

背部

背部的构成非常复杂，除了最主要也是上半身最大的肌肉背阔肌，还有肩袖四肌、斜方肌、菱形肌等相关肌群。不过，也正因为背部肌群的巨大和复杂，它的燃脂效果才非常好。

另外，从体形上看，对男性来讲，背阔肌和上背肌群决定着你的身材是否宽阔，能否给人带来安全感。而对女性朋友们来讲，练好背部肌群，也是你身姿优美的关键哦。

你是不是常被人说，看起来好像比实际身高要矮很多？你是不是经常揽镜自照，觉得自己的体态不够优雅、自信、挺拔？那么背部肌群一定是让你成为衣架子身材不可或缺的因素！

臀腿

臀腿，包含臀部和腿部，基本上就决定了你下半身的整体情况。

其中臀部的臀大肌，作为体积最大的肌肉，是你身材侧面和后面的重点。而臀部的另一个肌群臀中肌，则决定着你的臀部够不够翘，这也是仅有的几个在你成年后，经过训练能让你的腿在视觉上变长的肌群之一哦！

大腿前侧的股四头肌作为全身最强力的肌群，和大腿后侧的股二头肌一起，对你全身的减脂塑形效果有着最显著的影响。

从外形来说，女性不必多谈，谁都知道翘臀与"大长直白腿"是成为女神的必要条件。而臀腿训练也是你成为女神的必经之路。

对男人来讲嘛，"男"字下面就是个"力"，下面没力还算男人吗？挺翘的臀部、强大的腿部、如雕塑般的臀腿肌肉线条肯定都是男性的加分项。另外还有一句很俗气的话，叫作"健身不练腿，早晚练阳×"。话糙理不糙，腿部综合训练的确是最能刺激男性各种激素分泌的，所以男性练腿，必不可少。

腰腹部

如果我没记错，人鱼线、马甲线正是目前这轮健身风潮最早的流行话题。而现在男神女神的衡量标准，都已经进阶为川字腹肌、土豆腹肌、八块腹肌了。

虽然腹肌主要还是靠瘦出来（体脂低），而不是练出来，但强健的腹肌以及相关的核心肌群训练，不仅可以保护身体，还可以使体态优雅。而且腹肌等核心肌群也是燃脂能力超强的大肌群，所以无论男女，腹肌训练都同样重要！

三、训练频率｜一周练几次？每次都练哪儿？

方法	部位	特点	适应人群
一分法	全身	高效燃脂，塑形效果有限，恢复周期长	一周只有一天的训练者；想极限燃脂者。
二分法	上半身 + 下半身	拮抗肌群做超级组，雕塑线条，训练效果更好；一周多次超级组会导致身体疲劳。	一周只有1~2天的训练者；需要综合高效增肌减脂者。
三分法	胸 + 背 + 臀腿、肩	以大肌群训练为主，塑造部位的形态和基础，肌群恢复更好。	帮助绝大多数人打基础；常规最优选择。
四分法	胸 + 背 + 臀腿 + 肩臂	在大肌群训练基础上，加上中小肌群雕塑训练，适合高阶者更好地雕塑身体线条。	想要增强弱势部位者
五分法	胸 + 背 + 臀腿 + 肩 + 臂		

了解了什么部位最该练，那么该如何分配每周的具体训练内容呢？

一周练几天合适？

训练频率的确也是最困扰大家的问题之一。我经常收到这样的疑问："斌卡啊，我想减肥塑形，一周训练几天才最合适呢？"

回答这个问题时，首先要考虑的是你自身的客观情况。如果你一周只有一天有时间，我也不能凭空瞎推荐不是？

不过，在时间相对充裕的情况下，的确也有从科学角度来看更好的训练频率。

有研究发现，对于初学者而言，一周训练3天，可以达到最好的训练效果[1]；而对于有一定经验的进阶者来说，每周训练4~5天可能更有效。在一项针对美式橄榄球运动员的研究中，研究者就发现，每周训练4~5天，比训练3天或6天的效果更好[2]。

对于高阶训练者，则有研究发现，每天训练两次，比只训练一次能更有效地提高肌肉体积和力量[3]。

当然，训练频率越高，就越要注意以充足的睡眠、营养补充和食物摄取来减少疲劳。如果你吃不好、吃不健康，或者每天睡不足7小时，那你还是老老实实减少训练次数吧。

每次该练哪儿？

知道了一周该练几天，那么每次又该如何正确地选择训练部位呢？

关心运动健身的朋友，平时可能也看过一些好莱坞明星或者健身选手的运动计划。你会发现，他们每天的训练计划都不太一样，有一天全身各部位混合训练的，也有一天只练一个部位的。

所以，如何安排每次的训练部位，训练效果才能最好呢？

首先，合理的健身安排，的确是让你健身效果倍增的关键。训练内容排得好，增肌塑形效果棒，精神倍佳，吃吗吗香！

而合理的训练安排，既要考虑实际情况，又要考虑肌群训练特点。

从实际情况来看，如果你一周只有一天有时间，那这一天只练一个肌群，比如胸或者臀，却不兼顾其他部位，显然是不合理的。

一周只练一天，自然是练全身最佳，而如果可以锻炼的日子多，那每天分开部位来有针对性地训练，效果自然更好。

不同活动强度的糖原超量恢复

| | 活动量 | | 肌糖原（mg%） | | |
	每1min肌肉收缩次数	持续时间min	活动停止后	活动后4h	活动后24h
1	30	30	−140	−30	+16
2	60	15	−381	−194	+18
3	104	9	−519	–	+45
4	208	4.5	−785	−517	+49

运动后，身体会自动储备更多能量，应对下一次挑战。

另外，安排训练部位时，还应该考虑被训肌群的休息和恢复。我们知道，在训练过程中，肌糖原（体内储能物质，可以看作自己的能量吧）等物质会被消耗，而身体需要一定的时间去恢复肌糖原，为下一次运动做储备。

除了肌糖原，不同器官、不同能源的消耗也都需要时间恢复[4]。所以在训练中，我们最好针对人体的自然恢复时间来制订训练计划。

很多研究发现，大肌群中的肌腱（筋骨）和脏器的恢复速度在72小时左右，而调用（统筹）这些大肌群所耗费的神经和中枢的恢复时间更久一些，可能在80小时左右[5]。所以，同一个部位的两次训练，最好间隔72小时左右，让肌肉有充分的时间去好好恢复，以保证你的肌肉增长。这也是避免下次运动中过劳和受伤的关键。（顺带一提，随着训练效果的增加，肌糖原和身体的恢复速度会加快。）

在考虑了自己的实际情况和肌肉特点后，就可以开始安排每次训练的具体部位了。按照训练部位划分方式的不同，我们将部位分法分为下面五大类。

一分法：全身训练

一分法，简单说就是全身训练，适合一周一练或者想要极限燃脂的人群。

如果你一周多练，而且每次训练都想采用一分法，也没有问题，注意两次训练间隔两天，让身体充分休息即可。

一分法的缺陷在于总训练时间有限，虽然全身各部位都能刺激到，但是不能很好地进行细节雕塑，所以塑形效果不算太好。

另外，一分法一般建议采用小重量、大密度、短间歇的训练方式，这样身体乳酸阈值相对更平衡，运动耐力也更强。而且短间歇、高强度的方式，也能使燃脂训练的效果更好。

> **Tips**
>
> 一分法，乳酸刺激更高效。
>
> 单独部位训练会导致乳酸局部堆积，不容易坚持（乳酸堆积会导致烧灼感和疲劳感）。
>
> 全身肌群交替训练则不会使乳酸局部快速堆积，而是使总体乳酸刺激提高，使生长激素分泌更旺盛，训练效果更好。

全身循环训练就是经典的一分训练法，针对全身最主要的大肌群，可高效燃脂，是很多女明星和模特最常采用的训练方式。比如好身材的维密天使们以及"黑寡妇"斯嘉丽等，都是一分训练法的代表人物。

男性用一分训练法也可以高效燃脂减脂，杰森·斯坦森就经常会采用全身循环训练这种训练方法。

经典一分法训练安排						
周一	周二	周三	周四	周五	周六	周日
全身		全身			全身	
动作: 俯卧撑、深蹲、引体向上、卷腹、十字挺身等，进行全身大肌群的循环训练。 *两次训练间留出休息时间。						

二分法：上半身和下半身分开练

二分法是将上半身和下半身大肌群分开，分别安排在两天训练。

适合一周两练，并建议两次训练间隔1~2天。

上半身的主训肌群有胸+背+肩臂；下半身则以臀腿+核心为主。

采用二分训练法时，为了使训练效果更好，可以将上半身胸背大肌群和下半身大腿前后侧的拮抗肌群组成超级组，穿插进行训练，这样训练重量更大，训练效果也更好！

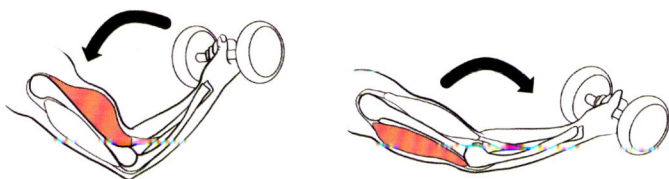

肱二头肌与肱三头肌互为拮抗肌

拮抗肌：当A肌群做向心收缩的时候，B肌群做相应的离心收缩，B肌群就是A肌群的拮抗肌。

　　超级组：针对拮抗肌群的两个动作为一组，连贯有序地进行，组间歇越短，对激素分泌和训练的效果越好。

　　超级组训练法对肌肉围度和肌肉力量的增长更有效，能在单位时间内产生最大效果，很适合想要打造更有力的身体线条的男同学们。而且，拮抗肌的超级组训练能够很好地增强你的单位功率输出，让你的训练效率更高[6]。

超级组与传统组卧拉重量与效率对比

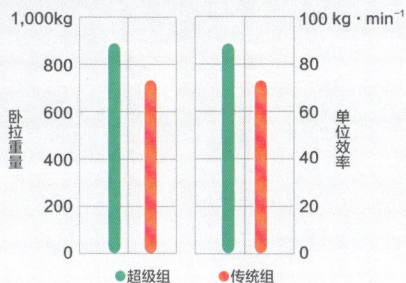

1,000kg　　　　　　　　　100 kg · min⁻¹
800
600
400
200
0
卧拉重量　　　　　　　　　单位效率
●超级组　●传统组

超级组与传统组卧推重量与效率对比

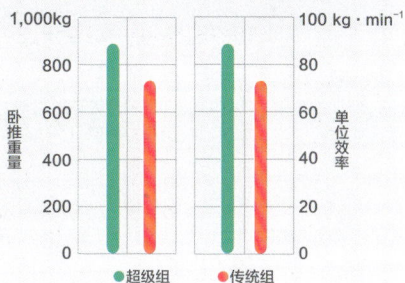

1,000kg　　　　　　　　　100 kg · min⁻¹
800
600
400
200
0
卧推重量　　　　　　　　　单位效率
●超级组　●传统组

　　由上图可知，超级组无论从训练重量还是效率来说，都优于传统组。

　　施瓦辛格就是超级组的奠基者和忠实爱好者，坊间认为拥有世界上最完美肌肉的拉扎尔也很喜欢用超级组来训练。

　　不过超级组训练也有缺点，那就是对身体和神经造成的疲劳较严重，恢复时间长。此外，相比单独胸部训练，胸背超级组训练对胸肌的打造必然要差一些，所以很多高手也只是将超级组作为比赛赛季的冲刺训练方式，日常则是采用最经典的三/四/五分法。比如拉扎尔就在日常采用五分法训练。

经典二分法训练安排						
周一	周二	周三	周四	周五	周六	周日
		上半身				下半身

1M²
硬派健身
TOUGH
WORKOUT

2
Chapter

054

三分法：胸、背、臀腿大肌群

三分法是经典的大肌群训练法，是指将训练部位分为三大块，一般着眼于胸、背、臀腿这三大块身体最主要的大肌群来训练，是最经典的部位训练安排。

大多数好莱坞明星和健身健美选手，日常采用的就是三分训练法。可以说三分法算是塑形训练中的基础，因为它对每个部位的塑造都很充分，并且为每一块大肌群都留下了充足的休息时间。甚至像一些HIIT操课，也是采用三分法。

当然，三分法也不是放弃了所有小肌群的训练，而是把小肌群的训练融入大肌群训练当中，比如胸＋肱三头肌一起训练、背＋肱二头肌一起训练，臀腿和肩、小腿一起训练等。

经典三分法训练安排						
周一	周二	周三	周四	周五	周六	周日
胸		背			臀腿	

进阶三分训练法

之所以胸＋肱三头肌、背＋肱二头肌训练，是因为在胸背训练过程中，本身就有肱三头肌和肱二头肌参与发力，一起训练效果更佳。

而臀腿＋肩部训练，是考虑到肩部训练强度较小，臀腿肌群训练强度较大，放在一起来练更好。

当然，三分法的部位划分也不是固定的，比如施瓦辛格平时也会采用三分法，他在胸背超级组和下半身臀腿训练的基础上，还专门加一天练肩臂，虽然和经典三分法有所不同，但也算三分训练法。

Tips

施瓦辛格三分训练法特点

胸背—肩臂—臀腿的训练安排，以大肌群—中小肌群—大肌群穿插训练为特点。

因为中小肌群的恢复速度更快，运动中的消耗和对身体的影响也相对较小，所以两次大肌群训练中插入中小肌群训练来缓和，更加合理。

阿诺三分法训练						
周一	周二	周三	周四	周五	周六	周日
胸＋背		肩＋臂			臀腿	

四分法和五分法

四分法是把训练部位分为四大块，最常见的是分为胸、背、臀腿、肩臂来训练；五分法是把训练部位分为五块，一般是分为胸、背、臀腿、肩、臂来训练。

四分和五分部位训练，适合在整体塑形的同时，还想要针对性地强化细节的训练者，比如想要塑造更有围度的上半身线条的男性，和想拥有更紧致的手臂线条及身姿的女性。

因为四分法和五分法已经有针对中小肌群的训练，所以也更适合体脂比较低的训练者更好地进行线条雕塑。

非赛季时的奥林匹亚先生菲尔·西斯，就是四分训练法的代表人物之一（菲尔·西斯一周训练5天，其中4天练胸、背、肩臂、臀腿，最后一天会挑选自己的弱项，重点攻克），而有着完美身体的拉扎尔，在日常则采用标准五分训练法，对身体的每一个线条进行细致雕刻。

另外，四分、五分训练法已经专门挑出1~2天来做专项的中小肌群训练，考虑到中小肌群恢复更快，可以将中小肌群训练穿插在大肌群训练中间，这样训练效果更好。

没错，有读者可能发现了，在前面的部位划分中，我一直没有提到腹肌和核心肌群在什么时候练。

关于腹肌，一些模特和健美明星，以及很多刚接触健身的朋友，也会专门挑一天来训练。不过在大多数训练计划中，腹肌训练都是放在日常力量训练的最后来做的。

因为如果练腹肌是为了练出马甲线，但是体脂不够低，那么即使你天天练也没有用，万一动作没选好，还可能马甲线练不成反粗腰。而如果是为了强化腹肌力量，事实上，在日常大肌群训练中，深蹲、硬拉、哑铃划船等动作本身就会很好地刺激到腹肌和核心，而且腹直肌生长潜力也不大。为雕塑细节，训练最后来几组腹肌训练，有针对性地强化一下就可以了。

四、训练内容 | 塑形动作，多重？几个？几组？怎么休息？

说完了每天该练哪儿，我们再来说说健身锻炼的核心部分，每一次的训练动作，到底该选多重？做多久？歇多久？

不同目的的训练，训练重量、训练次数等肯定是不一样的，毕竟一个要减"拜拜肉"的姑娘，不可能和一个要练"麒麟臂"的汉子用同一套训练计划吧。

所以我们也要根据不同的训练目的，来选择相应的训练负荷（训练重量＋训练个数）和组间间歇。

训练负荷

先说训练重量，一般来说，大多数我们能看到的健身指南，是不会给出重量建议的。它们只会在写次数的地方写上8~12次、3~5次。

为什么？因为每个人的训练重量不一样。在不了解每个人具体情况的时候盲目建议重量，不但影响训练效果，还有可能导致受伤。

但是，为了保证训练效果，不建议重量又显得太不严谨，毕竟一个动作100公斤8~12次和1公斤8~12次的意义完全不同啊。

对大多数训练而言，健身都是以力竭为主要训练目的的。也就是说，无论是为了增肌还是为了塑形，都应该在保证动作标准和安全的情况下，训练到自己做不下去为止。

所以，为统一每组动作力竭训练时的负荷，大家就用了一个约定俗成的概念：RM。

RM（repetition maximum，最大重复次数），由重量×次数组成。意思是当你举某个重量的时候，能最多重复的次数。而这个次数，就是该重量的RM。

举个例子，如果你做100公斤卧推，只能做起1次，那么你的100公斤RM就是1。

而如果你用80公斤，可以最多做起卧推10次，那么你的80公斤RM就是10。

同样的道理，你看到的健身指南中，建议每个动作训练8~12次，意思就是用你只能做起8~12次的重量来做8~12次。

所以大家以后看到训练计划的建议次数时，也请尽量脑补上RM的单位。在下面的计划制订中，我们也是把训练重量和训练次数结合在一起来表述的。

组间间歇

组间间歇，也就是两组间休息的时间长短，其实也是由训练目标和训练方式决定的。

组间间歇最本质的目的，是让身体在每组训练中消耗的能量恢复，所以它和我们肌肉的能量供应系统密切相关。

虽然我们平时把运动分为无氧和有氧两种，但是人体的供能系统却并不是只有这两种，而是主要由三大供能系统组成，它们分别是ATP-CP系统、无氧乳酸系统、有氧系统。

另外，ATP是肌肉工作时最主要的直接能源物质，所以，无论是哪种供能系统，最后都会通过各种能源物质的分解代谢来产生能量，再合成ATP。

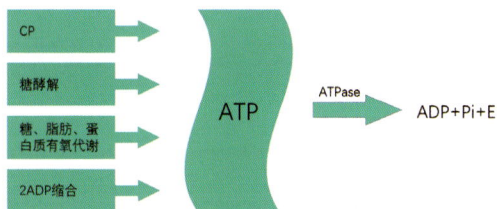

下面简单给大家介绍一下这三大系统[7]的区别：

不同能量代谢方式的特点

供能方式	能量物质	供能持续时间
无氧无乳酸	ATP CP	2~3s 5~7s
无氧乳酸	糖	45~90s
有氧	糖 脂肪	45~90mim >1h

1. ATP-CP系统（又叫无氧无乳酸或磷酸原供能系统）

供能方式：以ATP和磷酸肌酸CP来进行能量释放。

主要特点：不需要氧气，也不会产生乳酸，是人体最快速的供能系统。

2. 无氧乳酸系统（无氧呼吸供能系统，也可以称作糖酵解系统）

供能方式：通过肌糖原在无氧状态下的酵解，分解产生乳酸并释放能量，最后合成ATP来供能。

主要特点：不需要氧气，会产生乳酸，是中高强度下机体的一种"应急"策略。

3. 有氧系统

供能方式：在有氧状态下，糖、碳水化合物、脂肪和蛋白质通过氧化分解成水和二氧化碳，再合成ATP供能。

主要特点：必须在有氧状态下，才能提供较高、较持久的能量。提供的总能量是无氧酵解系统的十多倍。

总的来说，基本上所有的运动都包含了三大供能系统，但运动中具体每种供能系统所占的供能百分比则取决于运动强度和量的大小。

那么，目的不同的情况下，又该如何选择训练负荷和训练间歇呢？

为了让大家有更好的代入感，下面我们请出本节的三位主角：三个小明。

三个小明的故事

众所周知，我国有三个特别有名的小明：一个不高不矮，最近和他美丽的妻子举办了一场盛大的婚礼；一个特别高，特会笑，被人称为"移动长城"；另一个比较矮，是比较有争议的著名作家。

毫无疑问，这三位小明要是想健身，他们的目的绝对是不一样的。

比如刚结婚的那位小明，作为影视明星，身材一定是很重要的啦。我们平时在大屏幕上看到不少他的海报，身材也都相当有料，平时穿西装什么的，也都能撑得起来。

所以，他的健身目标应该就是拥有更好的身材，该大的地方大，该小的地方小。另外，体脂也要好好控制住。

嗯，可以说，这位小明的训练目标也是最接近大多数人想法的：有些小肌肉，皮下脂肪再少一点，穿衣服好看是关键，不用刻意追求大围度和大力量。

第二个小明特别高，目前活跃在"暴走漫画"里。不过，一开始在NBA打球的时候，他常常因为扛不住欧美对手强壮的内线而被诟病，所以他的训练重点应该是增强最大力量。

第三个小明比较矮，话说身高在后天很难改变。不过，如果第三个小明也想参加运动的话，提升爆发力是很不错的一条路，至少可以跳得高、跑得快。

事实上，NBA历史上也有几位身高不到1.8米的扣篮名将，比如"土豆"韦伯和内特·罗宾逊。而短跑名将里也不乏身高有限的选手，比如我国跑进9.99秒的"百米飞人"苏炳添，身高也只有1.72米。想要提高自己的爆发力和速度的同学，也可以跟着第三位小明的训练安排走。

总的来看，这三位小明分别代表着好身材、最大力量和快速爆发力这三类训练目标，这基本上就涵盖了日常生活中大多数的目标了吧。

那么问题来了，这三个小明在目的不同的情况下，又该使用多大的训练负荷，组间休息多久呢？

适应人群目标	训练负荷	组间间歇
增肌减脂塑身	3组*8~12RM	30~90s
最大力量增长	2~4组*1~5RM	3~5min
运动表现、爆发力	1~6次/组*30%~60%1RM（下半身可采用0负荷自重训练）	2~5min

Tips

如果你是刚开始训练，为了安全和动作标准，请选择相对较轻的重量。前6~12周，神经适应性增长会高于力量增长。所以在系统训练2周后，当你能将训练动作都做标准时，就可以开始渐渐增加负荷。

第一个小明：好身材，增肌又减脂

以好身材为目标的明星小明，训练重点在于身形要好，微微练出些肌肉，体脂还得低，该大的地方大，该小的地方小，直接就是奔着衣架子去的。

成为衣架子身材，也是绝大多数人的健身目的。虽然每个人对好身材的定义略有差别，但某种程度上来说，无论男女，重点要看的无非就是那么几个指标：身高与比例是不是合理，三围是否能勾勒出一个好身材，等等。

比如男性一般想要的好身材，说白了主要就是对围度的改变，尤其是针对大肌群胸、背、臀这三个部位的改变，胸、背、臀练好了，能让你看起来更加强健、可靠，整个人在气势上就甩了路人一大截，自然能成为人群中的焦点。

而女性想要的好身材，同样需要在低体脂（细腰）的情况下增大围度，尤其是胸围和臀围，简单来说也就是丰胸、细腰、翘臀、长腿，是更鲜明的曲线和更大的围度比。所以和明星小明的训练目的也基本一致。

另外，研究发现，相比举重运动员，健美运动员在训练中表现出了较高的肌耐力和较低的疲劳率。也就是说，肌肉塑形训练（围度大、配比好以及线条清晰）在运动生理上还代表着无氧耐力较高，力量训练更不容易疲惫。

所以想提高自己无氧耐力的同学，也可以跟着明星小明一起练。

Tips

塑形身材训练

训练特点：以塑造清晰的线条、较低的体脂和有规模的肌肉围度，提高无氧耐力和乳酸耐受力为目标。

适应人群：想要身材好，该翘翘、该大大、该粗粗的人。

训练局限：爆发力和最大力量一般。

代表人物：健身模特、健美选手。

那么，如何才能练出好身材，让该大的地方大，体脂又低呢？

多少组？多大负荷？

在健身训练中，肌肉体积的增长主要来自肌原纤维体积和质量的增长，以及胶原蛋白含量的增加[8]。而研究者认为，此现象是每一次训练诱导机体适应的积累结果[9]。请注意这个积累，意思是训练次数、训练组数的累积。

另外，肌肉体积增长的程度也与力量负荷强度相关。在一定程度上，力量负荷强度越大，肌肉体积增长程度也越大。但是负荷存在一个阈值，当相对强度达到1RM的85%时，肌肉体积增大程度已接近最大[10]，再增加负荷也就没有什么意义了。

所以为增大肌肉围度，最常见的训练负荷是8~12RM，或60%~80%1RM，做8~12次，也就是最大训练重量的80%，做10次左右。比如你卧推1次最多能举起100公斤，那为了塑形，最佳训练负荷就应该是用60~80公斤做10次左右。

最佳肌肉围度，多长间歇？

研究者发现，30~90秒的间歇时间对于肌肉围度增长是最为有利的。因为当训练间歇较短时，血乳酸明显增加，对增肌减脂有很大影响的生长激素也会急剧增加[10]。

> **Tips**
>
> **生长激素**
>
> 肌肉生长的重要激素，可以促进蛋白质合成，抑制外周组织对葡萄糖的利用，减少葡萄糖的消耗，加速脂肪的分解，使机体的能量来源由糖代谢向脂肪代谢转移，有利于生长发育和组织修复[11]。

简单来说，生长激素不仅能促进肌肉围度增长，而且还能促进脂肪的分解利用。

生长激素被认为与乳酸堆积程度有关[12]。而力量训练的乳酸堆积则与组间休息相关，一般越短的组间休息，越能引起乳酸的堆积。

在一项为期12周的实验中，科学家发现，短间歇导致的生长激素的急剧增长与肱二头肌肌肉增长的相关系数为0.74，与II型肌肉的肌纤维增长的相关系数为0.71，明显呈正相关[13]。

另一项研究者发现，相比长间歇，30秒左右的短间歇更能引起生长激素的急剧增长，并且不会引起皮质醇（增加运动疲劳度）的提高[14]。

所以在肌肉围度训练中，短间歇→高浓度的乳酸→生长激素的分泌→肌肉体积增长和体脂下降。肌肉围度训练，30~90秒间歇足矣！

第二个小明：最大力量

第二个"篮球小明"作为国人的骄傲，带领中国男篮拼下了一场又一场的胜利。

然而，"篮球小明"的篮球之路一开始也不是那么顺畅的，他遇到了一个阻碍——力量（相比欧美内线的强大身体）。小明一开始显然有点扛不住了，他需要自己的力量更大！

> **Tips**
>
> **最大力量训练**
>
> 训练特点：以发展最大力量为目标，举起的重量越大越好。
>
> 训练局限：发力时间更久，而且身材可能会"糊"，没有线条感。
>
> 代表人物：力量举选手。

多少组？多大负荷？

很多人认为，力量越大，肌肉围度就越大，爆发力也越强。然而事实上，这是三种根本不同甚至某种程度上还会相互抗衡的训练目的。

肌肉围度：本质上是提升无氧耐力，也就是肌肉的乳酸耐受能力，而肌肉内乳酸上升，会影响力量和速度，进而影响最大力量和爆发力[15]。

最大力量：肌肉一次能举起的最大力量，不限制时间。

爆发力：肌肉的最大输出功率，是短时间内的最大力量，考虑时间。

目前研究认为，想要发展最大力量，一般需要85%1RM以上的训练负荷，做1~5次。

另外，很早以前的希尔方程式也发现了肌肉释放力量的大小与时间成正相关。也就是说，如果想要举起比较重的东西，很可能需要较长的发力时间。

在实践中，研究者发现，中等速度（180°~240°/s）的发力速率更容易刺激最大力量的增长[16]。

最大力量，多长间歇？

最大力量的训练本质和肌肉围度不一样，所以组间间歇自然也不一样。

肌肉围度需要乳酸浓度，重点靠无氧乳酸供能；而最大力量的供能特点是需要在最短的时间内，提供足够多的能源来帮助完成大重量冲击，所以供能系统也要有足够快的能源供应，主要依靠ATP-CP系统。

ATP-CP特点：供能速度超群，比普通无氧呼吸系统快1~3倍，比有氧呼吸快6~15倍，但是供能时间很短，ATP可以持续2~3秒，CP可以持续5~7秒。整个系统大概只能供应人类活动7秒以内。

另外，ATP-CP恢复很快，理论上2~5分钟便能恢复。所以最大力量训练的组间休息大致是2~5分钟。

组间休息时长对最大力量卧推的影响

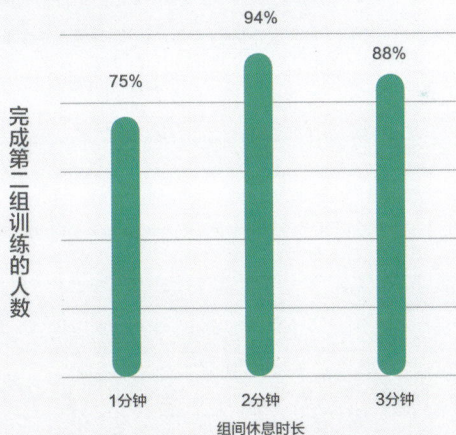

实验数据表明，被试者以1RM重量训练，组间休息时长为2分钟时，完成第二组训练的人数最多。

一项研究测试了1分钟、3分钟、5分钟三种不同的1RM卧推组间间歇，结果发现1分钟组只有75%受试者能完成第二次练习，3分钟组有94%，5分钟组有88%，见上图。

所以2~5分钟的组间休息才能保证最佳训练重量。

第三个小明：爆发力

现在轮到最后一个小明了，很显然，身高的问题我们解决不了。一个人成年以后，除非是采用外科手术，否则身高已经很难改变了。不过，这个小明如果喜欢打篮球或者做运动的话，那么跳得高、跑得快就是证明自己的好办法。

> **Tips**
>
> **爆发力训练**
> 训练特点：燃脂能力强。
> 训练局限：身材轮廓不明显，容易受伤。
> 代表人物：举重选手。

多少组，多大负荷？

爆发力追求单位时间内的最大功率。爆发力的训练通常会选择30%~60%1RM的重量，以最快速度做1~6次，下肢有时也采用纯自重训练，比如短跑。

另外，像高翻、胸前推举等快速力量，对于增进爆发力是非常有效的。据传言，这也是我国综合弹跳力最好的运动队，不是篮球队，不是跳高队，而是举重队的原因之一[17]。

（在CCTV采访我国举重队的一个视频里，所有1.7米左右的队员都能抓框。当然只是传言啦，由于身高有限，他们不可能去参加跳高和跳远类项目。不过举重队选材本身也有跳高这一项倒是真的。）

爆发力训练的优点在于燃脂能力非常强，因为是多关节、大肌群、快速训练居多。

而缺点也在于此，没有单独训练会导致肌肉轮廓不如健美训练清晰。只偏重大肌群的训练，会让腿变得比较粗壮。

爆发力训练还要注意受伤问题，由于需要短时间内的极限爆发，训练起来受伤概率比较高。对于场地的限制也比较大（如在路跑时，全力爆发短跑不安全不说，还会被路人围观）。

休息多久？

爆发力追求的是短时间内的最大功率，所以供能系统的及时快速很重要，和最大力量一样，也是以ATP-CP供能为主的。

所以爆发力的组间间歇，也建议2~5分钟。

一项研究为了解爆发力训练的组间休息对于肌肉恢复的影响，对比了1分钟、3分钟和5分钟的休息时间对于卧推输出功率的影响[18]。

组间休息时长对于卧推爆发力的影响

从图中可以看出，组间休息时间为3分钟时，第二组训练的爆发力下降最小。

见上图，1分钟组间休息导致爆发力下降27%，而3分钟只下降4%，5分钟只下降5%，这就是因为ATP-CP需要2分钟以上才能恢复。

研究还发现，组间休息1分钟的总功率下降和血乳酸的升高息息相关，1分钟的血乳酸由0.64mmol/L增长到0.99mol/L。

这是因为如果ATP-CP没有完全恢复，身体就会倾向于混合供能，导致乳酸上升，力量和速度下降，进而影响爆发力的表现[15]。

不过学者也认为，爆发力训练组间休息虽应该充分，但不应过长，否则中枢神经兴奋度会下降，降低总体爆发力表现[19]。

Tips

爆发力的训练特点

训练负荷：30%~60%1RM，1~6次/组，时而可采用跳跃、冲刺等零负荷下肢等动训练。

训练间歇：2~5min。

总结一下，不同的训练目标，要选择最合适的训练负荷和组间间歇才最有效。所以大家也要根据自己的情况，跟着自己的目标小明走哦！

另外，虽然在不同阶段，训练目标的不同导致训练强度有所不同，但是爆发力、最大力量和身材围度，这三者其实某种程度上又是相辅相成的。尤其是当你训练到一定程度，遇到所谓的瓶颈期，需要进阶时。

比如围度训练到一定阶段，无法再有围度上的突破，可能和最大力量不够、现有的负荷对肌肉起不到良好的刺激有关，所以这时候以提高最大力量为目标，先增加力量一段时间，再回归到围度训练，可以帮你突破平台期，训练效果也会更好。

另外，ACSM也建议，爆发力运动员也要使用100%负荷进行一些适应性训练。而力量举运动员同样需要增加自己的短时间快速力量。

所以建议大家把三种训练目标都好好了解一下，这样有助于你更好地规划自己的训练，达到理想的目标！

五、训练配比 | 哑铃和跑步，怎么搭配最有效？

Tips

极限增肌：一定时间内，如果只做力量训练，有氧训练就会在一定程度上降低力量训练的效果。

极限减脂：力量训练后搭配有氧训练，可增加脂肪消耗，高效燃脂。

最佳塑形：隔一天做力量训练与有氧训练，力量训练效果会更好，同时还能增强燃脂能力。

如果说力量训练以刺激肌肉生长，帮你塑形、打造好身材为主，那么传统的跑步、走路等有氧运动，可能是大家以前最熟悉的减脂方式了。

不过有人在看本节之前就会想了：斌卡，你不是在第一章中讲过，力量训练也可以很好地降低体脂吗？那我想增肌减脂，岂不是只做力量训练就够了？

Tips

运动如何消耗脂肪

有氧运动：脂肪在运动中直接参与供能。

无氧运动：脂肪不直接参与运动中的供能，而是通过运动后的过量氧耗（EPOC）来消耗。

且慢！虽然力量训练的确可以帮你在增肌的同时又减脂，但是想要更低体脂，更好的健康增益，有氧训练也必不可少哦！因为有氧训练是提高心肺功能、提升燃脂效率的有效手段。

尤其是心肺功能方面，研究发现，将力量训练和有氧训练相对比，如果只做力量训练，心肺功能几乎得不到任何提升。

科学家观察了橄榄球运动员在力量训练后不做有氧训练，以及在力量训练后的不同时段再做有氧训练，最大摄氧量的变化情况[20]。

运动方式对有氧耐力的影响

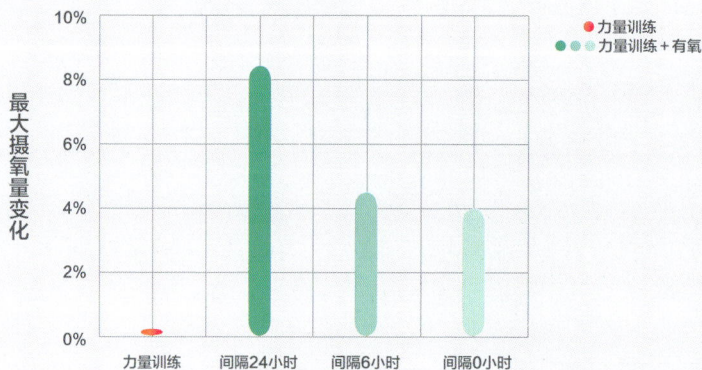

抗阻训练与有氧运动相隔一天时，最大摄氧量的上升最为显著。

结果发现，只做力量训练的被试者，最大摄氧量基本没有任何提升；而有氧训练与力量训练间隔1天时，最大摄氧量上升最为明显，上升了8.4%。

> **Tips**
>
> 最大摄氧量（VO₂max）指当人体在进行最大强度的运动，机体无力继续支撑接下来的运动时，所能摄入的氧气量。它是反映人体有氧运动能力的重要指标，也是心肺功能一个很重要的指标。

最大摄氧量是有氧耐力一个很重要的因素和标准，而有氧代谢能力又是身体素质很重要的一个组成部分，可以使单位肌肉的毛细血管数增加，线粒体数量和体积增加，氧化酶活性增加，等等[21]。

另外，研究还发现，规律的有氧运动可以很明显地增加人类的脂肪代谢能力。脂代谢能力主要指人类合成与分解脂肪的能力。简单来说，脂代谢能力越强，减脂能力就越强。

有数据表明，相比普通人，耐力运动员的脂代谢能力要强得多，而且这种差异在跑步等运动项目中更加明显。

规律运动对脂肪燃烧能力的影响

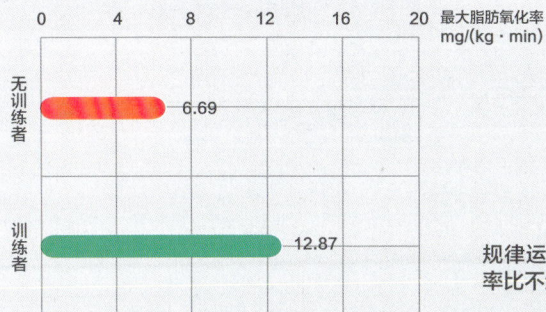

规律运动的训练者最大脂肪氧化率比不运动者高了将近1倍。

从上图中可以看到，规律运动的训练者，运动中的最大脂肪氧化率（燃脂能力）比不运动者高了近一倍[22]。也就是说，经常做有氧运动，可以使身体的脂肪供能比例更高。

顺带说一句，脂肪供能比例提高，糖代谢的比例就会相应降低，从而能更好地减少乳酸堆积的情况，让你燃脂更多，运动起来也更轻松！

除了增加运动中的脂代谢能力，有氧运动还可以帮助骨骼肌增加脂肪酸的氧化能力。能让你的身体更好地代谢脂肪，在平日里也不容易发胖哦。

所以为了身材与健康，我们既需要力量训练来提高身体瘦体重，也需要有氧运动来增强心肺功能和脂代谢能力。综合来说，力量训练和有氧训练，二者缺一不可。

力量训练和有氧训练怎么安排才最好呢？是一起练，还是分开练？分开练又该隔多久才好？

综合最佳搭配

首先，综合来看，最佳的方式是将力量训练和有氧训练分配到两天来做。这样无论是力量训练对肌肉的增长，还是有氧训练对心肺功能的增强，都有很好的效果。

从下图中可以看到，力量训练和有氧训练间隔24小时，对肌肉力量也有很明显的提升[23]。

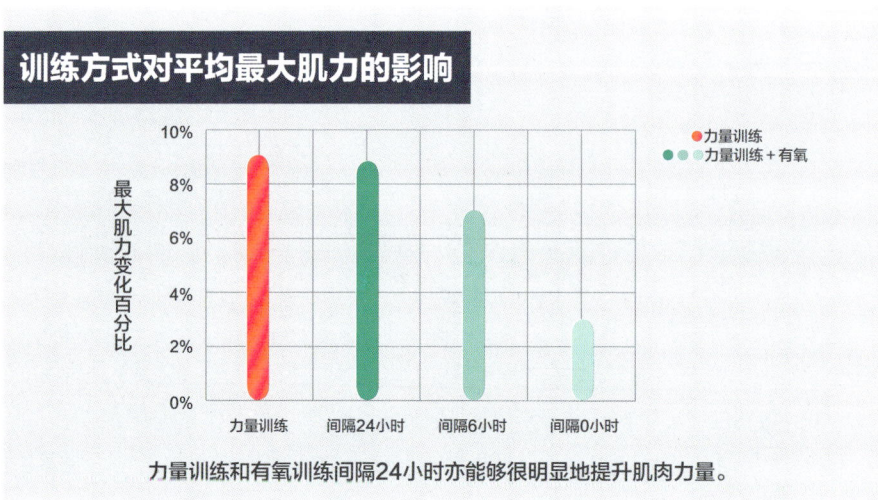

训练方式对平均最大肌力的影响

力量训练
力量训练 + 有氧

力量训练和有氧训练间隔24小时亦能够很明显地提升肌肉力量。

另外，肌肉中肌糖原的恢复速度在24小时以上，大肌群的恢复则在48~72小时，所以想让每次的训练效果都足够好，两次大肌群间隔一天做有氧训练，这样对肌群的恢复也比较好。而第二天做有氧训练，正好还能缓解肌肉酸痛和疲劳。

更减脂搭配

如果你想减脂效果更好，则可以考虑在力量训练后，立刻进行有氧训练。

在第一章中，我们就已经说过了，如果对比同等强度的有氧训练和力量训练，单纯做有氧训练的减脂效果并不比力量训练更佳。

而研究发现，力量训练后立即做有氧训练，脂肪消耗可以提高110%之多。这可能是由于力量训练过程中，本身就消耗了很大一部分糖原，之后再做有氧训练，可使身体的糖原浓度明显变低，所以就会动用史多脂肪水解米产生热量，消耗的脂肪自然也更多了。

另外，如果想要更好的燃脂减脂效果，那么力量训练后的有氧运动采用高强度间歇的HIIT，可以刺激更多生长激素分泌，使减脂效果更好，运动后的持续燃脂水平也会更高哦！

更增肌搭配

当然，也有不少瘦人或者男性，追求的是极限增肌训练。而研究发现[23]，如果力量训练后进行有氧训练，是会影响到力量的增长效果的。单纯以增肌和更大重量为目的的健身者，不建议力量训练后继续进行有氧训练。

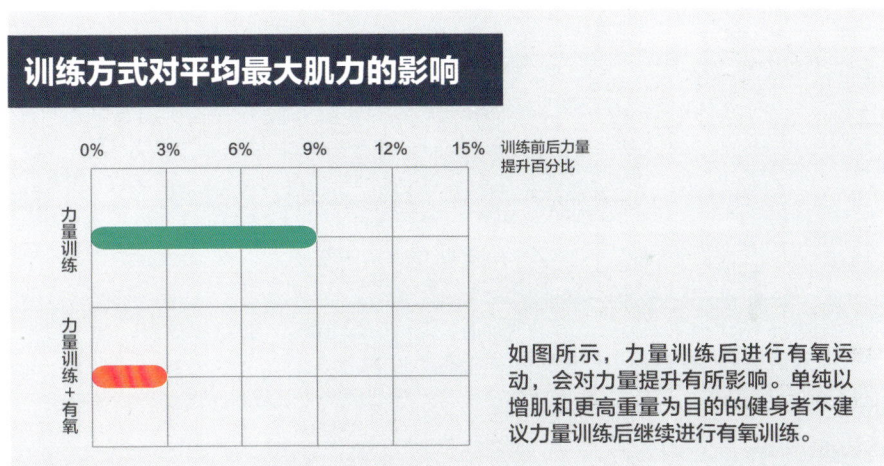

训练方式对平均最大肌力的影响

如图所示，力量训练后进行有氧运动，会对力量提升有所影响。单纯以增肌和更高重量为目的的健身者不建议力量训练后继续进行有氧训练。

也就是说，如果你比较瘦，或者你健身的目的就是以壮硕的身材和最大力量的增加为主，那么为避免降低力量训练的效果，不建议你在力量训练后继续进行有氧训练。

事实上，在大多数健身健美选手或者举重运动员的训练项目中，力量训练和有氧训练也是分开的。很多专业选手在冬季甚至完全不做有氧训练，只为了极限增肌。而到了夏天，每天再额外进行一个有氧训练，来进行减脂。

所以，对于有明确目的，只想极限增肌和增长肌肉力量的同学来说，力量训练后不做有氧训练，效果可能会更好。

1M²
硬派健身
TOUGH
WORKOUT

2
Chapter

072

六、训练顺序 | 那么多动作，如何安排顺序？

知道了该练哪儿、练几次、休多久，那么在一堆训练动作中，我们又该选择哪些动作组成我们的训练安排，并且合理地安排它们之间的动作顺序呢？

这就要从动作本身的特点说起了。

健身训练的动作顺序会显著影响力量增长效果[24]和运动的疲劳程度。

恰当的训练顺序是训练效果的保证，而如果你的动作顺序安排不当，那么很可能达不到最好的训练效果，还更容易疲劳、受伤。

一般来讲，我们推荐的运动顺序是：力量训练前先热身，然后先做大重量综合动作，再做小重量针对动作，最后训练核心。如果想减脂，可以在核心训练后加入有氧训练或HIIT训练，然后则是系统的拉伸。

热身：激活目标肌群，预防受伤。

大重量综合动作：综合刺激，有助肌群增长（多关节、自由重量、中高负荷的动作，比如深蹲、俯卧撑等）。

小重量针对动作：针对刺激，更好地雕塑细节（单关节、中小负荷动作，比如弹力带夹胸等）。

核心训练：强化核心。

有氧训练和HIIT训练：超强减脂。

拉伸：更好地促进肌肉生长。

热身 → 基础动作 → 安全动作 → 针对动作 → 腹肌训练 → 有氧训练 → 拉伸

力量训练

一次训练的顺序

为什么要这样安排呢？

热身，不言而喻，是帮助我们活动开关节、防止受伤、激活目标部位，让之后的训练更有效的关键。（下一节会详述热身怎么做。）

而最后针对目标肌群的拉伸，也是让训练效果更好的保障之一。（下面也会详述，另外训练前千万不要拉伸，会更容易受伤哦！）

所以，下面我们重点说一下力量训练的动作安排。

首先，在大多数训练里，一个部位的训练动作都可以按照其动作特点、相关关节的活动角度，被分为多关节的综合动作和单关节的针对动作。

多关节综合动作，以自重重量、大重量、多关节活动为主，如深蹲、硬拉、卧推、引体向上等，都算是综合动作。综合动作被认为有着最好的增长力量的效果[25]。

由于这些综合动作刺激目标肌群增长是最为有力的，所以也被叫作基础动作。

这些动作有更多的相关肌群参与其中，能做起的重量更大。正是由于参与的肌群过多，需要调配这些肌群活动的神经功能也相当复杂，所以训练过程中更容易导致神经功能和附带小肌群的疲劳。

而这就带来一个问题。大家应该听过木桶原理吧，最短的那个木板，决定着木桶的存水量。多关节综合训练也是一样的道理。虽然像臀、腿、胸这样的大肌群非常有力气，耐力也不错，但是在综合动作中，如果你相关的小肌群或者神经已经出现疲劳了，即使大肌群还有力气，你也不能完成标准动作，达到好的训练效果，弄不好还容易受伤[26]。

举个例子，比如在深蹲中，你的臀腿等大肌群很有力气。但核心的一些小肌群已经疲劳了，就很容易掌握不好平衡导致受伤。而如果在胸部卧推时，胸肌还很有力气，但是胳膊一不小心没撑住，也很容易受伤。

所以综合动作的训练，建议在全身状态最好的时候进行，这时候相关的小肌群和神经功能还没有疲劳，状态最好，可以取得最好的训练效果，也更不容易受伤。

其次，在健身房训练的同学，健身房还有一类器械，其动作特点从本质上看和基础动作相类似，也是多关节、大重量训练，但是器械提供了固定发力点，所以相对更稳定，也更安全，我们管它们叫安全动作。

固定器械的安全动作，可以通过固定点限制具有协同作用的关节运动，专注于目标肌群的发力和动作，既可以减少协同肌群和相关神经不必要的疲劳，又可以冲击一下目标肌群的大重量。所以适合在基础动作后，进一步、深层次地锻炼你想训练的肌群。

比如一开始，你已经做过杠铃卧推了，一些参与的小肌群比如前锯肌已经力竭。这时你可以采用固定器械卧推，由于固定器械比较稳定，不会上下晃动，你的前锯肌不用参与控制平衡，你可以放心地让胸部承受大重量，而不必担心砸到自己。

在居家训练中，虽然没有固定器械的参与，但是选择的原理是相同的。你可以在训练的一开始使用大重量或者爆发力进行少次数的训练，这些动作会更多地消耗神经和力量。接下来使用中等重量多次数的训练，一样能保证你的训练效果最优。

最后，当小肌群已经力竭，大肌群也已训练充分，就可以采取一些针对性、单关节，只训练目标部位的动作了。

做针对动作时，其他相关肌群和神经都已经彻底疲惫，只有目标肌群可以做最后一点训练，所以训练重量不宜过大。

针对动作的目的，除了最大化地实现为增肌减脂的外部负荷积累（也就是要做多一些次数），还有提高机体对高浓度乳酸的耐受和有益激素的分泌[11]。

我们在明星小明的训练中提到过，肌肉围度的训练其实是肌肉无氧耐力的训练。因为在无氧耐力训练时，身体里的乳酸堆积更有利于促进增肌减脂的生长激素的分泌。

最后这一组的训练特点，也通常都是采用中小负荷、单关节、多次数。可以让乳酸强烈地燃烧在目标肌群，达到更好的、更有针对性的增肌减脂目的（让肉长到它该长的地方去）。

目标大肌群的训练结束后，就是核心的训练啦。因为核心肌群的特点在于保持身体的平衡和稳定，所以在一开始的综合基础动作中，可能就已经被很好地训练和刺激到了。

比如深蹲、硬拉、哑铃划船等大肌群训练，本身就会很好地刺激到腹肌和核心，而且腹直肌生长潜力也不大，所以为雕塑细节，训练最后来几组针对性地强化一下就可以了。

七、训前训后 | 训前拉伸是作死？运动热身怎么做？

　　训练热身有助于激活目标部位，防止受伤。个人建议训练前的热身运动，可以跑步或进行有氧器械，以及相关肌群的小重量运动，以提高全身温度、激活肌肉募集度为主。

Tips

正确热身的好处
1. 提升体温，降低肌肉黏度，预防肌肉拉伤。
2. 提高肌肉的激活程度和募集能力。

为什么要在训练前进行热身活动？

　　首先，我们要知道，肌肉和肌腱本身是有黏弹性的，也就是黏性和弹性。什么是黏弹性呢？你可以想象一下一辆自行车车轴上分别涂满502胶水和润滑油的感觉。

　　日常情况下，肌肉就像是涂满502胶水的车轴一样，是僵硬和阻塞的。因此，如果不热身，一上来就进行大重量、高强度训练，那么运动过程中会有肌肉拉伤的风险。

　　但当你进行热身后，就可以大大降低肌肉拉伤的可能性。因为热身活动使得肌肉的温度升高，降低了肌肉的黏滞性，就像是给车轴涂满了润滑油一样，此时肌肉的断裂长度明显增加[27]，也就是说，肌肉在运动拉长过程中，更不容易产生断裂。

　　所以最为推荐的热身方式包括两个步骤，全身的温度提高以及目标部位的针对热身。

　　全身温度的提高，可以以快走、慢速跑等强度较低的全身性活动来实现。目前国际上主流的热身标准是按照体温来算的。只要准备活动后腋下温度在37.8~38.8摄氏度，心率调整到最大心率的70%~80%，就能达到很好的热身效果。

有研究表明，温度对肌肉黏滞性有很大影响。39摄氏度与35摄氏度的肌肉相比，前者的断裂长度明显增加[28]。

其次，就是运动肌群的针对激活，目的是让受训肌群能得到有效的活动。具体怎么做呢？比如，你大重量深蹲前，先做小重量的自重蹲起，或者在引体向上之前，先做几组小重量的哑铃划船。

不过，千万不要运动过度。要知道，疲劳的肌肉更容易在之后的训练中拉伤[29]。

另外请注意，千万不要在训练前将拉伸运动作为热身，这可能不仅不能帮你减少受伤概率，还会削弱你的运动能力。

训前拉伸，效果更差！

说到训练热身，很多人会把它和拉伸混为一谈，觉得拉伸也是一种热身方式。

想想小时候第一次上体育课，体育老师也是这么教的，先跑两圈，然后开始各种拉伸运动，比如扩胸、转体、弓箭步、站姿直腿体前屈、压腿等等，完事后再开始正经的运动项目，最后是自由活动，爱做什么做什么，我一般就去打球啦。

长大后，到健身房训练，或者是自己想在家练，然后搜网上相关的健身方法和知识时，发现无论是私教还是网上的帖子也都告诉我们：运动前先拉伸，再做运动，这样更不容易受伤。甚至一些体育院校的教科书也是这样写的（这里顺带一说，知识是与时俱进的，但其实现在的很多教科书内容都比较老了）。

我们要说的是，训前拉伸不等于训练热身。热身重点在于肌肉温度的提高，目的是增加肌肉初长度和降低肌肉黏滞性，让身体能尽快适应运动。

而拉伸则是牵拉肌纤维，虽然在某种程度上，拉伸也能提高温度，但它们的本质并不一样。而且用拉伸来热身，是我非常不推荐的，因为在训练前就拉伸，更容易让你受伤，训练效果更差！

1M²
硬派健身
TOUGH
WORKOUT

2
Chapter

078

Tips

　　最新的《ACSM运动测试与运动处方指南》明确表示，柔韧性拉伸应该放在运动后进行，因为训练前拉伸会导致受伤概率增加和运动表现降低。

训前拉伸，更容易受伤！

　　目前主流运动科学界并不认为拉伸能够降低运动中受伤的风险。相反，运动前进行拉伸，受伤的风险可能会更高。

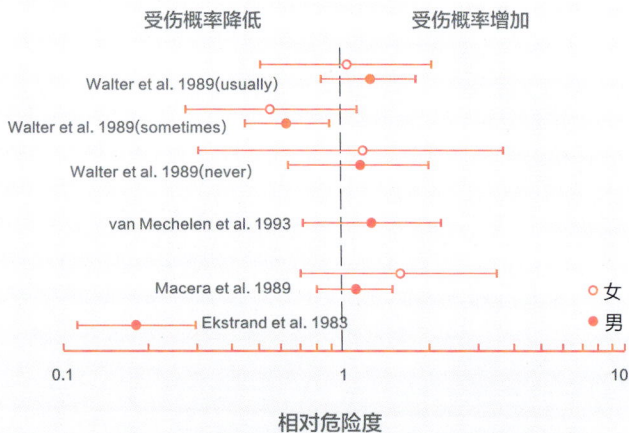

许多研究认为拉伸会增加运动中受伤的概率。

　　上面这张图是一些关于训练前拉伸对受伤概率影响的研究总览[30]。竖线右侧的实验是发现拉伸会使受伤概率相对增加的；竖线左侧，则是发现拉伸可以相对降低受伤概率的。

　　我们可以看到，实际上发现拉伸会增加受伤概率的实验非常多。还有很多研究则是认为，拉伸对受伤概率的影响并不明朗。认为拉伸有益的研究则相对较少。

　　而且从针对拉伸的研究中可以看出，大多数认为拉伸有益的研究都添加了比较多的附加条件和限制，比如只能进行某种方式的拉伸，或者只能从事某类运动之类的。而认为拉伸有害或拉伸好处不明朗的研究，则是实际应用性比较强的，相对而言，对我们日常训练的指导意义也更大。

Tips

从研究限制而言，目前去判断一项运动是否会增加人的受伤概率是比较难的。因为将人置于一个容易受伤的情景，本身就违反伦理道德。目前的研究大多数都是调查类研究，也就是发现拉伸者的受伤概率相对更大，或者发现受伤者训练前大多数都有拉伸的经历，不过也不能算是定论。

为什么训前拉伸反而更容易受伤？

要知道，我们的肌肉本身是具有自我保护机制的，在平时训练过程中，当肌肉受到被动的、不自然的牵拉时，感受器官会立刻促使肌肉收缩，保护自身。

但是当你在训练前进行了拉伸，再进行训练或运动时，这些器官由于习惯了肌肉被拉伸，再遭遇什么不正常的牵拉时，它们的防卫作用就无法正常启动，于是就可能更容易受伤。

这正像《狼来了》的故事，如果你一直喊狼来了，当狼真的来了，就没有人救你了。肌肉也是一样，你一直逗人家肌肉的防卫功能玩，当真的遇到危险要受伤时，防卫功能就没用了！

而且我们前面也说了，很多实验中，拉伸和热身其实是被混为一谈的。

关于热身，我们知道，训练前无论做什么运动，都能相对提升体温，比如你跑跑步，或者拉伸一下，都会感觉身体发热。而体温的升高，本身就能够降低肌肉肌腱组织的黏滞性，从而降低受伤概率。拉伸也可以作为热身的一种来增高体温，所以这个好处并没有从拉伸的整体中剔除。

但是换句话说，拉伸的坏处很可能要远远多于其好处。而在一些实验中，之所以认为训练前拉伸导致的受伤概率变化不明显，我猜测主要是因为热身的好处抵消了一部分拉伸的坏处。

也许有人说了，既然热身的好处可以抵消一部分训前拉伸对于受伤的影响，那我以前训前都做拉伸，已经做习惯了，不改应该也没关系吧。

可惜啊，比起可能导致受伤，训前拉伸还存在实实在在的坏处，对你的训练效果影响更大！

简单说，训前拉伸会让你的最大力量和各种相关运动表现降低[31-33]。

很多实验都研究了训练前的拉伸对力量表现的影响，大多数的研究结果显示，训前拉伸可能会明显降低你的肌肉力量[34]。

拉伸训练对力量表现急性效应的研究			
实验者	实验结果	实验者	实验结果
Kokkonen等	屈肌下降7.3% 伸肌下降8.1%	Egan等	拉伸后5min测60°/s和300°/s时力量无变化
Muir等	无变化	Mello and Gomes等	无变化
Avela等	MVC下降23.2%	Bandeira等	屈肌60°/s时力量下降
Fowles等	MVC下降28%	Derek等	MVC下降7%
Nelson等	60°/s P 下降T7.2% 240°/s PT 下降4.5%	Rubini等	30°时下降109% 45°时下降12.3%
Nelson等	162°时PT 下降7%	Behm等	MVC下降6.5%
Nelson和Kokkonen等	屈肌下降7.5% 伸肌下降5.6%	Mello and Gomes等	静力和PNF式都下降2.8%
Tricoli和Paulo等	最大力下降13.8%	Evetovie等	30°/s PT下降 270°/s PT下降

＊MVC：最大主动收缩力量，PT：最大扭力矩。

从图中我们可以看到，虽然有小部分的实验显示拉伸对肌肉力量没有影响，但大多数实验的结果都表明，训练前拉伸会比较明显地降低你的肌肉力量。

有人可能觉得肌肉力量的下降幅度并不明显。的确，在大多数实验中，此类下降幅度集中在7%~30%之间（忽略无明显变化的和下降了109%的特殊情况），看起来确实也不算多。

不过我们想象一下，假设你平时做深蹲训练的最大重量是50公斤，某天你辛辛苦苦地在训练前进行一番拉伸，之后深蹲的最大重量反而只剩35~45公斤了，你觉得训练效果比不拉伸时好吗？你觉得选择训前拉伸对你是有好处还是有坏处呢？

除了力量训练外，很多研究也证明拉伸会使综合的运动表现降低，就拿常见的跳跃来做例子吧。

一项实验对比了几种热身方式对跳跃高度的影响（对照组不热身，跑步热身，拉伸热身，跑步＋拉伸热身，跑步＋拉伸＋跳跃热身）。

拉伸对跳跃高度的影响

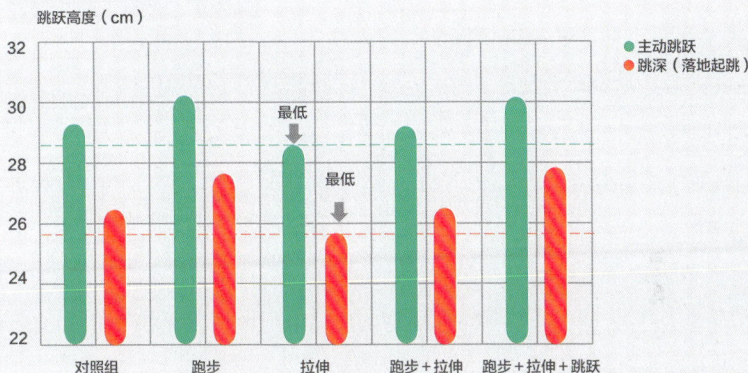

跳跃高度（cm）

主动跳跃
跳深（落地起跳）

最低

最低

对照组　跑步　拉伸　跑步＋拉伸　跑步＋拉伸＋跳跃

由图中可以看出，无论是主动跳跃还是跳深，拉伸组的运动表现均低于其他组。

　　研究发现，无论是主动发力的跳跃，还是超等长跳跃（也就是落地后迅速起跳），拉伸都会明显降低跳跃高度。甚至单纯拉伸组的跳跃高度，还不如不热身直接上场的对照组。

　　也就是说，训练前拉伸既没被证明能降低你的受伤概率，又有不少证据表明它会降低你的训练表现。那么，聪明如你，为什么要做它？

　　当然，即使是这些结论，在当今学术的研究限制下，也都是"很可能"，而不是"必定"的。但是没有好处只有坏处的事情，谁愿意去当"免费小白鼠"呢？

　　而且我们前面也说了，热身能覆盖大多数训前拉伸的好处，并且少有坏处，既然如此，那我们为什么不先好好进行可能无害的热身，放弃可能有害的训前拉伸，然后等着有个确切的结论后再说呢？

　　我个人认为，你大可不必冒着增加受伤概率、降低训练效果的风险来进行训前拉伸。

　　有人讲了，那你斌卡的意思，就是拉伸很不好，我们就不要拉伸了吗？

　　错了！拉伸等柔韧性训练在运动中非常重要，它不仅能增加你的力量和柔韧性，同时还能提升你的训练效果。只不过，拉伸要在运动后！

1M²
硬派健身
TOUGH
WORKOUT

2
Chapter

082

拉伸放在运动后，让你的训练效果加倍！

抛开运动前拉伸受伤不说，拉伸本身其实是一项很好的肌肉运动，甚至日常生活中，即使你只进行单纯的拉伸，不做任何其他运动，你的肌肉也会增长。

事实上，从20世纪90年代起，人们就发现拉伸（或被动牵张）会明显导致骨骼肌的增长和肌肉围度的增加。

当然，一开始这些发现并不是在运动生理学领域，而是在广义的组织形态学当中，研究的对象通常为鸟类和哺乳类动物。

人们发现，哺乳动物和鸟类遭遇到被动牵拉后，即使不运动，肌肉也会增长[35–38]。

研究还表明，甚至你不主动拉伸，只是单纯地"被牵拉"，你的肌肉也可能会增长（考虑到主动拉伸还包含了肌肉的一点发力）。

曾有研究将大白鼠以拉伸的姿态固定了7天（大白鼠真他妈惨），结果显示，其肌蛋白的合成显著增加[39]。这类研究数不胜数，其结论基本已经算是组织形态学的常识了。

这也是瑜伽、普拉提等柔韧性训练对身体有益的主要原因之一。某种程度上，瑜伽这类以拉伸动作为主的训练，也算是针对肌力和肌肉的训练。它们能够增加人的瘦体重，从而提升健康程度与新陈代谢。

当然，拉伸的强度毕竟不大，想单靠拉伸来实现肌肉的增长和健康增益，是远远不够的。另外，过度拉伸还可能会导致肌肉生长抑制素增多，造成肌肉增长停滞。

不过，力量训练后搭配拉伸，却如信用卡的双倍积分，或者暗黑破坏神的双倍经验神殿一样，对你的健身效果更有益哦。

研究表明，在力量训练后进行拉伸，确实能够有效地促进肌肉增长。

一项研究，让两组相同的健美爱好者进行同样的力量训练项目，吃基本相同的东西。唯一的差别在于，一组训练后针对目标肌群进行拉伸，另一组则不进行拉伸。8周后，发现两组被试的训练者肌肉增长效果有很大差异[40]。

拉伸对上臂围度增长的影响

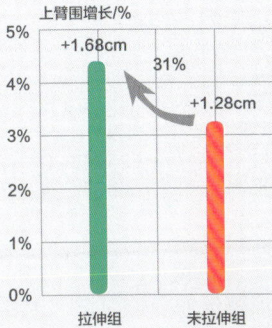

拉伸对腿部肌肉增长的影响

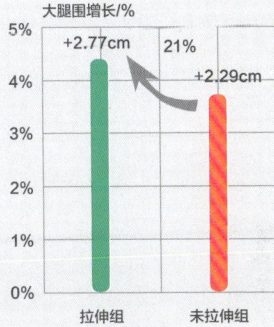

拉伸组明显比不拉伸组更有助于大臂和大腿围度的增长。

从上图可以看到，无论是大臂围度还是大腿肌肉生长，拉伸组都明显比不拉伸组要好。

那么运动后的拉伸为什么能够有效促进肌肉增长呢？目前学术界主要有以下两种假设：

1. 拉伸促进肌肉增长，其可能的神经学适应机制

有观点认为，当肌肉进行过拉伸，肌力虽然会在短时间内有所下降，但是该肌群的整体协同性会增强。而当肌肉的协同性增强时，肌肉增长的能力就会增强[41]。

2. 拉伸促进肌肉增长，其可能的激素适应机制

近二十年的研究发现，大鼠在经过肌肉拉伸后，其IGF-1（类胰岛素生长因子-1）的RNA水平提高[42]。

IGF-1被认为可以促进肌蛋白合成与肌肉围度增长，也就是说拉伸能够促进一些对运动增肌有益的激素的分泌，从而更好地促进肌肉增长。

除了肌肉围度的增长，还有很多研究表明，拉伸有利于目标肌群的力量增长。

这其实也很好理解。假设我们把肌肉想象成一根皮筋，皮筋拉得越长，收缩时反弹的力量自然也就越大。拉伸提升肌肉力量也是一样的道理。由于拉伸可以提高肌肉的柔韧性，柔韧性的增加可以提升该肌群的运动初长度，所以肌肉收缩

力量也更大，从而可以进一步提高相关肌群的总力量。

所以，无论你是为了好身材，还是为了身体的综合素质，都应该在运动后好好地拉伸。

拉伸何时做才最好呢？一般认为，在所有的运动结束后进行拉伸是比较常规的方式。

运动结束后再拉伸，主要是因为接下来已经没有需要大肌肉参与的力量训练，也没有比较危险的肌肉活动方式了。而身体在经过运动后也得到了充分的热身，肌肉与韧带已经增加了一定的柔韧性，此时拉伸可以更好地达到目的。

不过近几年也有一些比较前沿的训练者认为，拉伸训练可以放到健身中的最后一组，与力量训练同时进行，这样可以最大限度地激发身体的肌肉力量，增强增肌减脂的效果。

此外，由于将拉伸融入健身的最后一组动作，还可以附加相对较大的力量，比起传统只用自重的拉伸，境界不知道高到哪里去了。

我们先介绍将拉伸结合到力量训练中的最具代表性的训练方法FST-7，肌肉筋膜拉伸-7训练法。十年内八九次获得奥林匹亚先生头衔的菲尔·西斯与乔卡特，据说用的就是这种将拉伸训练放到最后一组的训练方式。

FST-7训练模式，由两届奥林匹亚先生得主哈尼·雷蒙博德独创，是指在所有的肌肉训练后增加7组所谓肌肉筋膜拉伸训练组。

在这个训练组中，你要选择非常孤立、能拉伸训练肌肉的中低重量动作。在动作的一开始，就努力拉伸，然后对抗这个拉伸的外力，主动收缩目标肌肉，完成动作。

单关节的针对训练动作，可以将重量有效地施加在目标肌群上，针对目标肌群，让你达到更好的训练效果。另外，做时要快收慢放，念动合一，保持肌肉的关注度和泵感。

由于训练已经进行到最后一组，又要进行拉伸，这时你的肌肉、韧带和神经控制能力都面临着一次不小的考验，稍有闪失就会受伤。所以建议有条件在健身房训练的同学，一定要选择安全器械以便在你支撑不住的时候起到保护作用。

将拉伸融入力量训练的方式，建议有一定训练经验的朋友，在增大肌肉围度的训练日（比如练胸、臀、背等）采用。但是最好不要每天都用，因为会对身体造成比较重的负担。

而对于大多数普通训练者，在训练后进行单独的拉伸也有很好的效果，一般建议针对训练当日的大肌群，进行10分钟的专项拉伸，比如你今天练了胸部，那么运动后就进行10分钟左右的胸部拉伸专项训练，如果练了臀部，那就进行10分钟拉伸专项训练臀部。

另外，训练后的拉伸形式，也可以根据动作特点，分为静力拉伸、弹振拉伸和效果更好的PNF拉伸。

静力拉伸是目前比较流行的一种拉伸方式，是缓慢地将肌肉、肌腱、韧带拉伸开，直到产生一定的酸胀痛感，然后拉伸到最大的位置维持30~60秒，每块肌肉重复拉伸3~4次。

动态弹振拉伸，即快速拉伸肌肉。是用较快的速度，在拉到极致后肌肉本身产生回弹，然后继续拉伸的方式。最典型的是我们上体育课时做的扩胸运动。一个肌肉部位可以如此弹振1~2分钟，重复2~3次。

PNF拉伸法，也叫本体感受神经促进技术拉伸法，简单来讲，就是在静力拉伸训练之后，增加主动收缩的训练。目前看是拉伸效果最显著（柔韧性更强[43]、受伤概率更低[44]）的一种拉伸方式。

PNF拉伸分三步：

1. 找一个外力，拉伸目标肌肉，直至有轻微酸痛感，持续10秒钟。如手推墙、蹬腿转腰等，提供一个外力拉伸胸大肌。

1M²
硬派健身
TOUGH
WORKOUT

2
Chapter

086

2. 对抗外力，被拉伸部位主动发力，主动收缩缓缓归位。如手推墙、蹬腿转腰拉伸胸大肌，胸肌对抗这个拉伸，缓缓转腰回来。

3. 放松目标肌群，继续由外力拉伸。也就是重复第一步。

整个过程重复4~5次，让目标肌群得到充分拉伸。

最后，拉伸训练不仅可以提升身体的柔韧性，降低以后在运动中受伤的风险，而且运动后的正确拉伸，还可以帮助你增强本次运动的训练效果，让你拥有更强的肌肉力量、更好的肌肉围度和肌肉长度。所以力量训练后，一定要好好拉伸！

最后给两个表，你学会自己制订计划了吗？

两周训练计划表

第一周	
时间	训练安排
星期一	
星期二	
星期三	
星期四	
星期五	
星期六	
星期日	
第二周	
时间	训练安排
星期一	
星期二	
星期三	
星期四	
星期五	
星期六	
星期日	

部位训练计划

日期：_____年_____月_____日

星期：_____   训练部位：_____

环 节	动作名称	次数（时长）	组数	组间间歇
热身				
基础动作				
安全动作				
针对动作				
腹肌训练				
有氧训练				
拉伸				

参考文献

[1] Rhea, M. R., Alvar, B. A., Burkett, L. N., & Ball, S. D. (2003).A meta-analysis to determine the dose response for strength development. Medicine & Science in Sports & Exercise, 35(3):456-464.

[2] Graves, J. E., Pollock, M. L., Jones, A. E., Colvin, A. B., & Leggett, S. H. (1989). Specificity of limited range of motion variable resistance training. Medicine & Science in Sports & Exercise, 21(1):84-9.

[3] Hoffman, J. R., Kraemer, W. J., Fry, A. C., Deschenes, M., & Kemp, M. (1990). The effects of self-selection for frequency of training in a winter conditioning program for football. Journal of Strength & Conditioning Research, 4(3).

[4] 冯炜权. (2004). 运动后恢复过程规律的生化研究进展. 沈阳体育学院学报, 23(1):4-7.

[5] Miller, B. F., Olesen, J. L., Mette, H., Simon, D., Crameri, R. M., & Welling, R. J., et al. (2005). Coordinated collagen and muscle protein synthesis in human patella tendon and quadriceps muscle after exercise. Journal of Physiology, 567(Pt 3):1021-1033(13).

[6] Robbins, D. W., Young, W. B., &Behm, D. G. (2010). The effect of an upper-body agonist-

antagonist resistance training protocol on volume load and efficiency. Journal of Strength & Conditioning Research, 24(10):2632-40.

[7] Zintl, F. (1997).Ausdauertraining :Grundlagen, Methoden, Trainingssteuerung. BLV.

[8] Miller, B. F., Olesen, J. L., Mette, H., Simon, D., Crameri, R. M., & Welling, R. J., et al. (2005). Coordinated collagen and muscle protein synthesis in human patella tendon and quadriceps muscle after exercise. Journal of Physiology, 567(Pt 3):1021-1033(13).

[9] Tipton, K. D., &Ferrando, A. A. (2008).Improving muscle mass: response of muscle metabolism to exercise, nutrition and anabolic agents. Essays in Biochemistry, 44(44):85-98.

[10] Goto, K., Nagasawa, M., Yanagisawa, O., Kizuka, T., Ishii, N., & Takamatsu, K. (2004).Muscular adaptations to combinations of high- and low-intensity resistance exercises. Journal of Strength & Conditioning Research, 18(4):730-7.

[11] 张颖, & 李涛. (2011). 运动对生长激素的影响. 咸宁学院学报, 31(6):81-83.

[12] 田野. (2003). 运动生理学高级教程. 高等教育出版社.

[13] Mccall, G. E., Byrnes, W. C., Fleck, S. J., Dickinson, A., & Kraemer, W. J. (1999). Acute and chronic hormonal responses to resistance training designed to promote muscle hypertrophy. Canadian journal of applied physiology = Revue canadienne de physiologieappliquee, 24(1):96-107.

[14] Kraemer, W. J. (1997). A series of studies-the physiological basis for strength training in american football: fact over philosophy. Journal of Strength & Conditioning Research, 11(3):131-142.

[15] Sforzo, G. A., &Touey, P. R. (1996). Manipulating exercise order affects muscular performance during a resistance exercise training session. Journal of Strength & Conditioning Research, 10.

[16] Kanehisa, H., & Miyashita, M. (1983). Specificity of velocity in strength training.. European Journal of Applied Physiology & Occupational Physiology, 52(1):104-106.

[17] Tricoli, V., Lamas, L., Carnevale, R., &Ugrinowitsch, C. (2005).Short-term effects on lower-body functional power development: weightlifting vs. vertical jump training programs. Journal of Strength & Conditioning Research, 19(2):433-437.

[18] Pincivero DM, Gear WS, Moyna NM, & Robertson RJ. (1999). The effects of rest interval on quadriceps torque and perceived exertion in healthy males. J Sports Med Phys Fitness, 39(4):294-9.

[19] Hubal, M. J., Gordish-Dressman, H., Thompson, P. D., Price, T. B., Hoffman, E. P., & Angelopoulos, T. J., et al. (2005). Variability in muscle size and strength gain after unilateral resistance training. Medicine & Science in Sports & Exercise, 37(6):964-72.

[20] "How Much Cardio Messes W/ Your Weight Training Results Depends on Recovery Times: Cardio + Weights in One Session vs. AM + PM Training vs. Doing Each on One Day"(2015), [Online] Available: http://suppversity.blogspot.jp/2015/01/how-much-cardio-messes-w-your-weight.html (January 2,2015)

[21] Hartmann U. (2005). Die NeueEntwicklungstendenz des Ruder-traininges[Z].Vortrag in Nanjing.

[22] 张勇, & 李之俊. (2013). 训练者和无训练者脂肪氧化动力学与最大脂肪氧化强度研究. 体育科学, 33(2):61-68.

[23] Robineau, J., Babault, N., Piscione, J., Lacome, M., &Bigard, A. X. (2014). The specific training effects of concurrent aerobic and strength exercises depends on recovery duration. Journal of Strength & Conditioning Research, publish ahead of print.

[24] Sforzo, G. A., &Touey, P. R. (1996). Manipulating exercise order affects muscular performance during a resistance exercise training session. Journal of Strength & Conditioning Research, 10(1).

[25] Kraemer, W. J. (2003). Strength training basics: designing workouts to meet patients' goals. Physician &Sportsmedicine, 31(31):39-45.

[26] Dudley, G. A., Tesch, P. A., Miller, B. J., & Buchanan, P. (1991).Importance of eccentric actions in performance adaptations to resistance training. Aviation Space & Environmental Medicine,

62(6):543-550.

[27] Strickler, T., Malone, T., & Garrett, W. E. (1990).The effects of passive warming on muscle injury. The American Journal of Sports Medicine, 18(2):141-145.

[28] Taylor DC, et al. (1985).Surg Forum

[29] Garrett WE.(1990). Med Sci Sports Exerc, 22:436-443.

[30] Shrier, I. (2004). Does stretching improve performance?a systematic and critical review of the literature. Clinical journal of sport medicine, 14(5):267-273.

[31] Simic L. (2013). Does pre-exercise static stretching inhibit maximal muscular performance? a meta-analytical review. Scandinavian Journal of Medicine\s&\sscience in Sports, 23(2):131-148.

[32] Gergley, J. C. (2013). Acute effect of passive static stretching on lower-body strength in moderately trained men. Journal of Strength & Conditioning Research, 27(4):973-977.

[33] Marek, S. M., Cramer, J. T., Fincher, A. L., Massey, L. L., Dangelmaier, S. M., Purkayastha, S., ... & Culbertson, J. Y. (2005). Acute effects of static and proprioceptive neuromuscular facilitation stretching on muscle strength and power output. Journal of Athletic Training, 40(2):94.

[34] 徐建华, 程丽平. (2010). 拉伸训练对力量表现的效应和机制的研究进展. 中国体育科技, 46(2):76-81.

[35] Gollnick, P. D., Parsons, D. O. R. A. B. E. T. H., Riedy, M. A. R. K., & Moore, R. L. (1983). Fiber number and size in overloaded chicken anterior latissimusdorsi muscle. Journal of Applied Physiology, 54(5):1292-1297.

[36] Alway, S. E., Winchester, P. K., Davis, M. E., &Gonyea, W. J. (1989).Regionalized adaptations and muscle fiber proliferation in stretch-induced enlargement. Journal of Applied Physiology, 66(2):771-781.

[37] Antonio, J., &Gonyea, W. J. (1993). Progressive stretch overload of skeletal muscle results in hypertrophy before hyperplasia. Journal of Applied Physiology, 75(3):1263-1271.

[38] Alway, S. E. (1994). Force and contractile characteristics after stretch overload in quail anterior latissimusdorsi muscle. Journal of Applied Physiology, 77(1):135-141.

[39] Goldspink, D. F. (1977).The influence of immobilization and stretch on protein turnover of rat skeletal muscle. The Journal of Physiology, 264(1):267.

[40] 罗丽娜,杨思瞳. (2013). 力量训练后静力牵拉放松对健美爱好者肌肉围度的影响. 运动, (18).

[41] Rubini, E. D., Pereira, M., & Gomes, P. S. C. (2005). Acute effect of static and PNF stretching on hip adductor isometric strength: 953 Board# 175 10: 30 AM‐12: 00 PM. Medicine & Science in Sports & Exercise, 37(5):S183-S184.

[42] Halbertsma, J. P., &Goeken, L. N. (1994). Stretching exercises: effect on passive extensibility and stiffness in short hamstrings of healthy subjects. Archives of physical medicine and rehabilitation, 75(9):976-981.

[43] Ninos, J. (2001). Pnf-self stretching techniques. Strength & Conditioning Journal, 23(4):28-29.

[44] Prentice, W.E. (1983).A comparison of static stretching and PNF stretching for improving hip joint flexibility.

没时间运动？跑40分钟太累？

再也不是借口了！

选对方式，1分钟，让你随时随地促健康、高效瘦！

运动，只要60秒就有效！

Chapter 3

1M²
硬派健身
TOUGH
WORKOUT

3
Chapter

092

一、超短时间，超强效果＝燃脂神器HIIT！

前段时间我跟朋友聊天，由于职业原因，话题不知不觉就从闲扯聊到了运动健身。

他：健身运动说实话真的挺好的，既能减肥，让身材变好，对健康也很有帮助，我也是每年都在坚持决定健身，都快5年了呢。

我：那很有毅力啊，估计效果也已经很明显了吧。

他：我是都连续决定5年了，每年都在决定。

我：……

他说："这不能怪我啊！健身太花时间了！你看，我要是准备跑步，就得换衣换鞋，开始前还得热热身再拉拉伸，所有准备工作加上跑完，每次都要接近两个小时！健身房训练时间就更长了，算上路上的时间，再加上洗澡换衣服什么的，三个小时就出去了！本来每天下班就已经6点，要是再花两三个小时在健身这事上，那岂不是连吃饭睡觉都不够了？哪里还能做别的事情啊……"

你为什么不去运动？

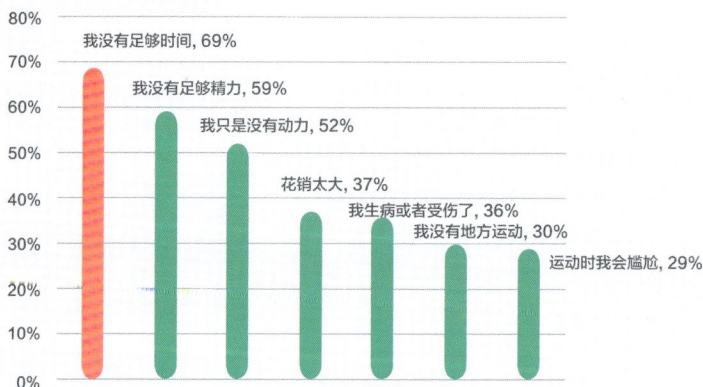

调查显示，69%的人认为运动的障碍是没有足够时间。

没错，不少人之所以不能坚持健身，就是因为觉得健身实在是太花时间，动辄两三个小时就出去了，而且这两三个小时还得是完整连续的，怎么看都觉得费心费脑不现实。

事实上，有数据表明，没有时间是人们给自己找的最多的不运动的理由。

在美国和加拿大的一项调查研究当中发现，有69%的人认为运动的障碍在于"我没有足够的时间"[1]。

不过这回我们要说的是，想要更瘦、更健康，其实既不麻烦，也绝不会浪费你的时间。甚至有效的运动，只要一分钟就够了！

也许有人说："斌卡，你又出来扯淡了，先不说别的，一分钟的健身能管毛用？！"

然而，科学家还真的就做过相关实验：研究人员让男女受试者每次只做一分钟的超高强度训练（3个20秒的功率车冲刺），每周只进行3次，然后测试他们的各种健康指标变化。

一分钟HIIT对人体各项健康指标的促进

指标	男		女	
	动运前	动运后	动运前	动运后
空腹胰岛素 (uIU/mL)	13.5	10.7	9.6	7.1
胰岛素耐受性稳态模式评估	3.1	2.5	2.1	1.5
(日)血糖峰值 (mmol/L)	8.0	6.8	7.3	7.6
静息收缩压 (mmHg)	124	116	109	100
静息舒张压 (mmHg)	71	67	66	60
平均静息动脉压 (mmHg)	88	83	80	74

*运动内容｜高强度功率车，3×20秒/次，3次/周，持续6周。

1分钟的HIIT即可对人体产生正面影响

研究发现，每次仅仅只要一分钟，每周共3分钟的运动，就能十分有效地提高受试者的健康指标，无论男女[2]。

　　没错，上述实验中所采取的每周3分钟运动形式，就是最近几年大热，我们也一直很推崇的HIIT（高强度间歇运动）训练方式。

　　近几年的研究表明，运动的时长并非运动效果最重要的标准，在一次运动中，你达到了多高的运动强度，才是真正决定你健身效果的关键指标。

　　运动强度对运动效果的影响，可以看作身体的一种应激反应。以前我们也提到过，运动是对身体的一种刺激，而不同的运动强度就相当于不同程度的刺激。因此，身体也会根据不同强度，来做出不同反应。

强度太低的运动，并不会对身体产生很大改变

　　当你的运动强度很小，比如只用慢跑、快走等来锻炼时，身体接收到的刺激也太小，它就会觉得："什么嘛，就这么一点强度，根本不配让我为之做出改变！"

高强度运动，会对身体产生较大刺激

　　而如果你做的运动对身体的刺激比较大，比如短时间超快的跑跳，身体就会觉得："找×！是不是外界出什么事了？我是不是得做出些改变，让自己快点适应这个世界？比如增个肌，让心肺更顺畅些？"

　　HIIT就是这样一种能对身体产生强有力刺激的运动方式，它能让身体更好、更及时地做出反应和改变，提高你的健康水平！

简单来讲，HIIT是一种高强度运动与低强度运动交替进行的训练方式。

所以从广义上看，只要在运动中是强度高低交替的，就可以视作HIIT，比如快慢交替跑、快慢交替骑车等。

HIIT可以增进健康，前面我们已经说了。不过估计有人会说了："斌卡，我们在意的不是什么健康啊（哼哼，少年不知身体贵，老来生病空流泪），而是身材啊，身材！网上不是说了吗，只有40分钟以上的有氧运动才减脂，你说的每周3分钟运动，对健康有好处是不错，然而并没说对身材有好处啊！那减肥效果呢？对减肥有用吗？"

供能百分比随运动时间变化趋势图

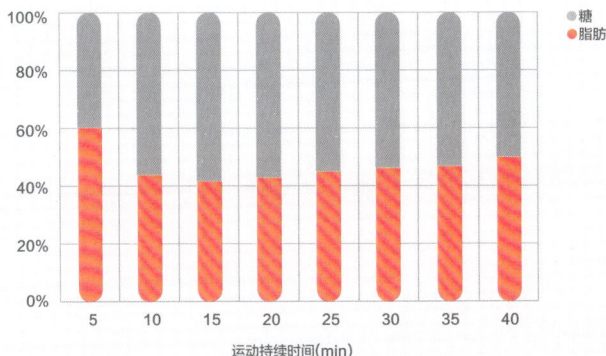

从运动的第一秒开始，身体就在消耗脂肪。

嗯，同学，再强调一遍，只有40分钟以上运动才减脂这个说法，本身就是个谣言，你的脂肪从运动第一秒开始就在消耗了[3]。（详见本书第一章）

况且，即使是短时间的高强度运动，对于减肥也是有奇效的！

在一项研究中，研究人员让超重男性每周训练3次，每次进行2~3分钟的高强

1M²
硬派健身
TOUGH
WORKOUT

3
Chapter

096

度运动（30秒全力冲刺蹬车，进行4~6组）。

最后发现，仅仅两周时间，总计不到20分钟的运动，居然就使受试者的体重下降了1公斤，腰围缩小了1.1%，而静息脂肪氧化率也上升了[4]!

也就是说，高强度运动，即使时间很短，也能让你健康，让你瘦！

Tips

静息脂肪氧化率：安静状态下，被氧化的脂肪量占总脂肪量的百分比，是燃脂能力的一个体现。静息脂肪氧化率越高，身体的燃脂能力越强。

更高强度，更强燃脂

那么，为什么短时间的训练也可以有如此好的瘦身效果？这就要再次提到我们在本书第一章提到的一个概念EPOC了。

简单来讲，运动对你的热量消耗和起到的减肥减脂效果，可不是光看你在"训练中"能消耗多少脂肪，占更多时间的"训练后"，才是决定你燃脂能力的关键。

相比普通有氧训练，由于有EPOC的存在，高强度间歇训练和力量训练都能在训练后仍然处于超强燃脂状态，让你在更多的时间里，都处于消耗大量脂肪的状态，自然也就燃脂更多，瘦得更快。

Tips

EPOC是我们的身体在运动后，可以持续高燃脂的主要原因。在大多数运动中，也都会有些EPOC。

在第一章讲力量训练时，我们就提到过，高强度是增加EPOC的关键因素之一。运动强度越高，EPOC的燃脂能力就越强，运动后的热量消耗也就越多。

有研究发现，相比强度一成不变的匀速运动，穿插进高强度的变换强度运动

（68%~92%最大摄氧量），虽然运动中的热量消耗并没有明显提高，但运动后恢复期静止的摄氧量却显著提高了。

这也就是说，变换的高强度训练可以让减脂和消耗热量的效果持续很久。有研究表明，在运动后的72小时内，训练的减脂效果仍然有效。

所以，即使你没有时间，也不想抽出整段时间去锻炼，每次只要几分钟的高强度训练，也可以极大程度地提升你的脂肪消耗，让你躺着也能瘦。

另外，高强度运动也可以更好地刺激和锻炼到你的肌肉，并促进对增肌减脂有重要意义的生长激素的分泌，不仅让减脂效果更持久，还可以增强你的基础代谢，增加你的日常消耗，帮你瘦！

Tips

高强度与生长激素

生长激素可以通过促进蛋白质合成，减少葡萄糖的消耗，加速脂肪的分解，使机体的能量来源由糖代谢向脂肪代谢转移，有利于生长发育和组织修复。

而高强度运动，可以通过刺激乳酸分泌来刺激生长激素的分泌，更有利于增肌减脂。

间歇运动——强效减脂，促进脂肪代谢

HIIT减脂的另一个重要原因，在于间歇性。

有人研究比较了相同运动强度和运动时长条件下的无间歇与有间歇的运动（持续60分钟骑车和30*2分钟骑车），发现在有间歇的运动中，脂肪参与供能的比例更大，燃烧的脂肪也更多[5]。

也就是说，在运动过程中停下来，会让你的燃脂能力更强！

这与平时大家想象的（或者网上讹传的）正相反，很多运动媒体或教练总是强调，有氧运动不能中断，否则减脂效果会差很多。

1M²
硬派健身
TOUGH
WORKOUT

3
Chapter
098

持续跑和间歇跑的脂肪消耗比较

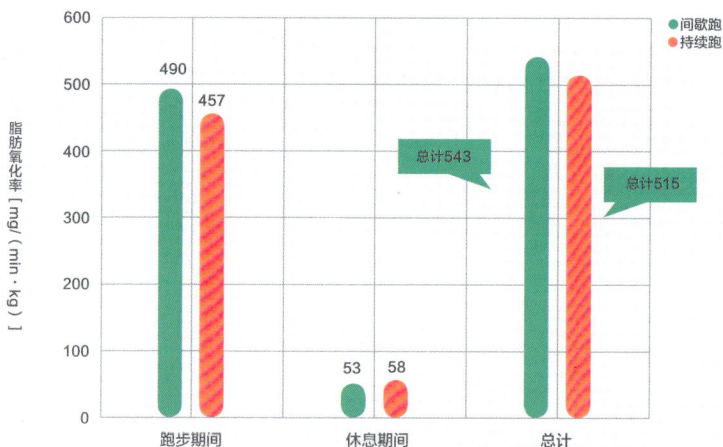

间歇跑无论是在跑步时还是在整体上，脂肪的消耗都比持续跑更多[6]。

实际上，在有间歇的训练中，人体交感–肾上腺系统的反应更强烈，分泌的肾上腺素也更多。而肾上腺系统分泌的激素，都有比较强的刺激机体分解脂肪的作用，所以也可以更好地让脂肪参与供能，燃脂效果自然也更好。

所以，如果想要更高效、更省时地减重减脂，就抛弃掉传统的长时间有氧运动吧，HIIT才是你更好的选择！

HIIT适合超重人士吗？

当然，我猜还是会有人担心：HIIT强度那么大，真的适合所有人吗？

尤其是体重比较重的读者，可能会问："斌卡，我比较胖，做HIIT会对自己造成伤害吗？"或者："高强度，那肯定对心脏有负担吧？我会不会跳着跳着因为太过兴奋'嗝屁'了啊？"还有一种则是还没尝试完就自己吓唬自己："高强度训练听起来很累，会不会很痛苦？很难坚持啊……"

首先，HIIT适合超重人士吗？

一般人一听到HIIT，主观上就觉得是各种蹦跳跑动，这么一想对于超重者来说，的确是冲击过大，很容易就损伤膝关节，有害身体健康。

但是，其实只要同时满足高强度和间歇两个因素的训练，就可以看作HIIT，跟跑没有必然关系，跟跳也没有必然关系。

事实上，高强度并不等同于高冲击力，对于胖子们来说，快慢交替地进行冲击小的运动，也一样能够达到超速减脂的效果。

所以除了跑和跳之外，还有很多非常适合超重人士来做的HIIT训练，比如游泳、快走、弹力带运动等。

对于超重者来说，只要是大肌群、多关节的复合运动（燃脂能力强，EPOC高），且能保证足够的心率强度，就都可以当作HIIT训练。你可以选择保护膝盖的弹力带深蹲，又或者是健身房椭圆机、登山机等有氧器械。

所以不用担心HIIT会让超重者受伤。超重者一开始可以选择冲击力相对较小的运动，等体重降下来了，再去做冲击力比较大的运动就毫无问题啦。

Tips

运动心率与强度

运动心率是衡量运动强度的一个常见参数。目前认为，适宜健康人群的中等强度运动心率大约是60%~90%的HRmax（最大心率）[7]。一般HIIT的心率变化最高为80%~95%HRmax，最低则为45%~60%HRmax。心率可以用手掐来测，或者用心率手环来测量。

最大心率公式（普通人）
HRmax=208-0.7*年龄
最大心率公式（肥胖人群）
HRmax=200-0.5*年龄

那么HIIT会让人兴奋过度，给心脏增加过大的负担吗？

1M²
硬派健身
TOUGH
WORKOUT

3
Chapter

100

完全不会！只要你身体是健康正常的（身体有问题的朋友，运动前还是建议咨询一下医生），HIIT对你的心脏不但不会造成过大的负担，反而能让你更加健康！

科学家们对这一点也很感兴趣，他们甚至专门组织了20位冠心病患者，来进行高强度间歇运动，结果发现高强度间歇运动组在运动时的主观疲劳程度，即RPE，居然明显低于持续运动组，这说明HIIT的强度并没有超出患者们的承受范围[8]，并且主观感觉上，HIIT比持续有氧训练更舒服。

Tips ▶

主观感觉体力量表（RPE）是一种主观衡量运动时感觉的方法，尤其适用于心脏病、糖尿病患者及心律不齐者。运动者根据疲劳程度来评估自己的数值，数值越低，疲劳程度越轻。

另外，研究还表明，HIIT组的肌钙蛋白T（心肌损伤标志物）的浓度也是正常的，也就是说，HIIT也不会对冠心病患者产生心肌损伤。

要知道，这个实验可是专门针对冠心病患者做的。他们的心脏比一般人的更脆弱，即使这样，HIIT都没有对他们的心脏造成不好的影响，那么对于身体健康、没有心脏或心血管疾病的人来说，就更加不用担心这类问题啦！

已经有大量实验和研究都证明，HIIT并不会对正常人的心脏产生损害，所以大家放心去运动吧！

至于心脏不太好的同学，建议谨遵医嘱。毕竟每个人的情况不同，不能一概而论。

HIIT，不吃力，更开心！

除了减脂效果强、省时、高效之外，HIIT还有着其他不为人知的优点，比如让你更快乐。

我们都知道，运动能够减少抑郁，让人心情舒畅，很多同学喜欢长时间跑步，也是因为这个。但你知道吗，HIIT比中等强度的持续性运动更能让你感到快乐哦！

英国的一组研究者在对比了高强度间歇运动与中等强度的持续性运动后的心情愉悦度后发现[9]，如果说普通运动能让你有60分勉强及格的愉悦程度，那么HIIT的相对愉悦程度则高达90分！

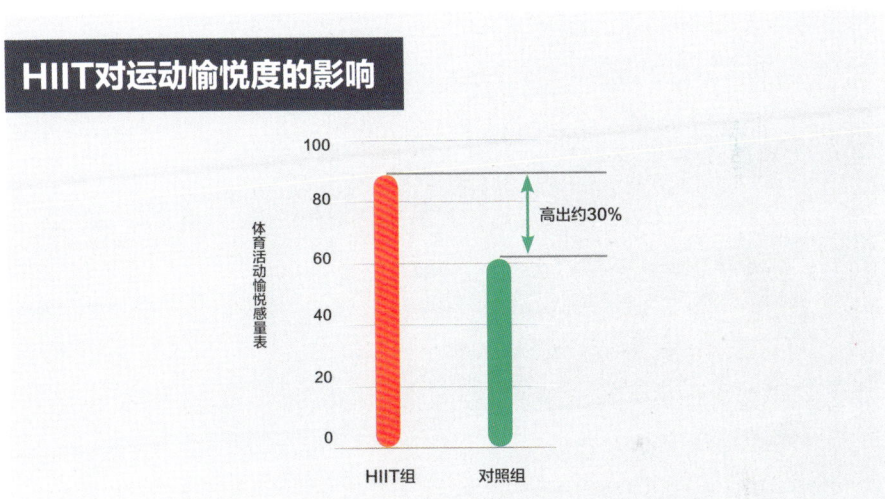

相比中等强度的持续运动，HIIT更能使运动者产生愉悦感。

也就是说，如果传统的慢跑能让你稍微有点成就感，那么HIIT简直可以让你快乐得飞起来。60分和90分的差距有多大？考试恰好及格的人才知道。

另外，HIIT带来的运动愉悦感，对代谢综合征患者[10]和心血管疾病患者[11]也一样有效哦。

我身边有很多人，在坚持了两三天跑步之后，就找各种各样的借口放弃了。他们说，跑步太枯燥、太乏味，除了累就是疲倦，感觉很难坚持下去。

而如果你选择HIIT，情况可能就完全不一样了。你做完第一次后，如果觉得很开心，自然就会坚持下去，HIIT不仅不会对你造成精神负担，还能让你乐在其中，让你坚持锻炼的时间更长，也更能减肥成功！

所以，同样是减肥，为什么不选择体验更好的运动方式呢？

1M²
硬派健身
TOUGH
WORKOUT

3
Chapter

102

二、居家必备，超强燃脂动作大全

既然HIIT对减脂减重有如此奇效，下面我们就给大家介绍几个适合在家做的居家HIIT训练（考虑到是居家一平米健身，跑步我们就放在原地跑中介绍了）。

弹力带原地跑

双臂前后摆动，在原地跑步；
躯干微向前倾，下落时前脚掌先着地。

>>>>>> 替换动作
原地跑

跑步，是大家最熟悉的运动方式了，但是有人问了，跑步也能在家进行吗？是不是要先买跑步机呢，还是说在家原地跑就够了？原地跑和正常跑步，有什么不一样吗？

关于买跑步机，对于大多数人来讲，我还是建议先打住这个念头为好。我看过太多人，一旦心血来潮决定要健身，就会选择先买一台跑步机，时间久了，倒也不是说没用，好歹还能放放书、晾晾衣服啥的。

另外，跑步机少则数千元，多则几万元，又超级占地方，实在算不上是经济实惠的运动器械（放跑步机的一平方米房价也得几万元吧，作为晾衣架、书架什么的，就更不实惠了）。

所以在家跑步，建议还是选择原地跑吧。

不过，原地跑也就是原地高抬腿，又带来了一个新的问题——原地高抬腿，实际上并不是跑步。

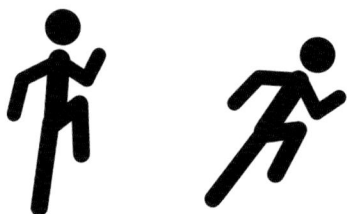

原地高抬腿与跑步的差异

我们知道，跑步包含了两个方向的阻力，一个垂直向下，一个则是向后。所以我们跑步时，其实是在对抗阻力向前跑，既需要用到抬腿向上的大腿前侧肌肉，也需要用到推进身体向前的臀部和大腿后侧肌肉。

而原地高抬腿呢？阻力只有向下的一个方向，所以就只能看作向上跑的动作。在原地高抬腿中，你没有办法训练到更想训练的臀部和腿后侧，而只练了本身就已经足够粗壮的大腿前侧和髂腰肌等。

弹力带原地跑

想要原地跑更接近跑步，并刺激到臀部和腿后侧，这时候加一个弹力带就很有用啦。

弹力带可以给我们一个额外的向后阻力，更好地模拟了真实跑步的阻力模式，让你不仅能大量燃脂，还能向前冲，能更好地训练臀部肌群，身体自然也越跑越好啦。

另外，对于体重基数比较大的朋友，高位弹力带＋腰带的组合，也可以减轻你跑步时的负荷，帮你吸收冲击。

而对于希望自己能更高效燃脂或者提升运动表现的人呢，则可以考虑使用低位弹力带＋腰带增加你跑步时的阻力，这样训练效果也更佳。

跳绳

跳跃时脚尖着地，落地轻且浅；
膝盖微微弯曲，下落时吸收缓冲，富有弹性；
上身微前探，用臀部和股二头肌肌群吸收最后一道冲击力。

> > > > > > **替换动作**
弹力带跳绳

居家训练中，跳绳可以说是最方便简单的项目之一了，拿起一根绳子就可以开跳，而且燃脂能力也超级强。

不同运动热量消耗比较

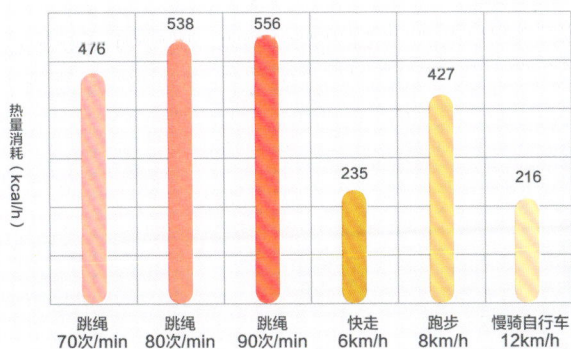

与快走、跑步、慢骑自行车相比，跳绳能够消耗更多能量。速率越快，消耗越多。

一项实验找了一群平均体重53公斤的女生，对比了她们在进行不同运动项目时的热量消耗。结果发现，即使是每分钟70次的慢速跳绳，每小时也可以消耗476千卡热量，比中速跑步燃脂更高，而中速和高速跳绳，燃脂效率就更高了（如果是男性或者体重更重者，消耗的热量还会相应增加更多）[12-13]。

然而，跳绳有一个问题，由于动作主要就是跳起落地，算是一项高冲击输入的运动，很多人担心它会对关节软骨等产生各种损害。

事实上，对于正常体重的人而言，只要能掌握正确的跳绳姿势，跳绳就是一项非常安全的运动，完全不必担心太多！

1M²
硬派健身
TOUGH
WORKOUT

3
Chapter

106

安全、少冲击的跳绳姿势，关键在于动作过程中，髋关节、膝关节和踝关节都保持弯曲，这样在落地时，吸收冲击的就不是你的关节，而是你想训练的肌群了！

具体来说，你要做到：

1.跳跃时脚尖着地，落地轻且浅；

2.膝盖微微弯曲，下落时吸收缓冲，富有弹性；

3.上身微前探，用臀部和股二头肌肌群吸收最后一道冲击力。

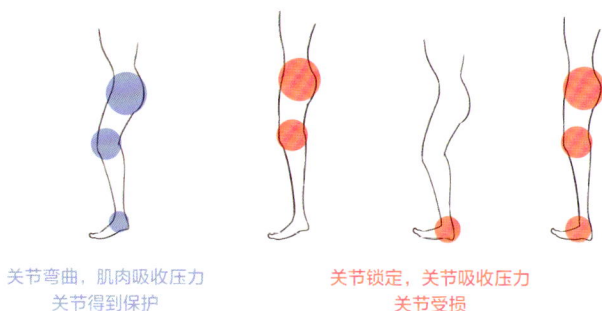

关节弯曲，肌肉吸收压力
关节得到保护

关节锁定，关节吸收压力
关节受损

正确跳绳动作和错误跳绳动作的对比

当然，如果你本身体重就比较重，或者关节原本就不算太好，那传统跳绳无论如何都会对关节产生一定的影响。

建议你采用无绳跳绳＋高位弹力带的组合，高位弹力带＋腰带可以减轻你的身体负重，更好地吸收体重带来的冲击。

而对于觉得跳绳太轻松，想要加强难度以加速燃脂的人，只需要采用低位弹力带＋无绳跳绳就可以了。对于羽毛球、网球、搏击等需要脚步快速、灵活移动的运动，这种训练方式也都有效哦。

弹力带上台阶

1 保持上半身直立，单脚踏上板凳，膝盖尽量不要过脚尖。

2 臀部发力于脚跟，带动全身踏上板凳；
回到起始位置，换脚重复。

>>>>>>

替换动作

上台阶

前面我们介绍了以蹦跳为主的原地跑和跳绳，虽然只要姿势正确＋高位减冲击，这两个动作就是很安全的，不过估计还是有同学会担心对膝盖有损。

那么这时候，上台阶、爬楼梯这种对膝盖冲击小，热量消耗非常可观，还可以高效翘臀的动作，就是你的不二之选了！

即使是匀速正常上楼，其消耗的热量也可以达到静息消耗的9.6倍[14]。以65公斤的男性和55公斤的女性为例，男性半小时的匀速中等步频爬楼梯可以消耗243千卡热量，7.5千米/小时的跑步才能消耗233.8千卡热量，女性爬楼梯与慢跑则分别消耗214.5千卡和180.3千卡热量。[15-16]

跑步与爬楼梯能耗对比

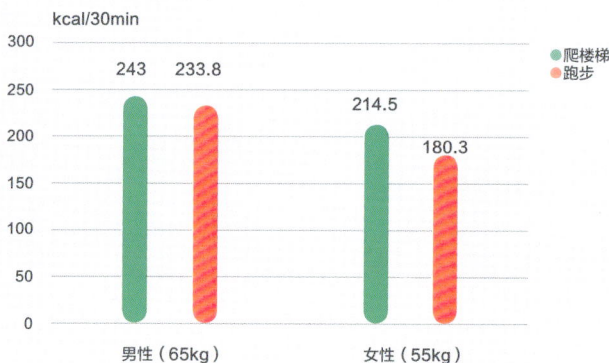

kcal/30min

● 爬楼梯
● 跑步

男性（65kg）: 243 / 233.8
女性（55kg）: 214.5 / 180.3

从上图可知，无论男女，爬楼梯都比跑步更加消耗能量。

65公斤男性，半小时消耗243千卡热量，一小时消耗486千卡热量；55公斤女性，半小时消耗214.5千卡热量，一小时消耗429千卡热量。如果你体重更重的话，消耗的热量还会更多。

由于爬楼梯在运动方式上实际非常接近短间歇的无氧训练，所以每次爬楼梯，还可以带来48~72小时的持续燃脂，这本身就非常可观了。如果再结合HIIT方法来训练，燃脂效果会更加可观。

在姿势正确的情况下，爬楼梯对膝盖的损伤不大。使用臀大肌发力，重心更靠后，不会直接对膝盖等产生冲击，同时也不会让膝关节过多摩擦（膝关节发力角度较小，髋关节角度改变较大），而且不会对膝关节产生剪切力，对韧带和髌骨等也不会产生损害。

与跑步对比的话，爬楼梯对膝盖的伤害更是不值一提。跑步时每次单脚接受的冲击可能是你体重的7~9倍，同时还有对关节、骨骼有很大危害的共振。尤其是如果你体重本身就不轻的话，毁掉自己的膝盖就更是分分钟的事。

当然，我们不建议爬楼梯训练的时候下楼，毕竟下楼时会对膝关节产生一定的磨损和冲击。不过现代住宅一般都有电梯，你可以坐电梯下去嘛（如果不得不自己下楼，请记得慢慢下楼，膝盖多弯曲一点，以吸收冲击做缓冲）。

如果你本身患有膝关节疾病，我建议你咨询自己的医生，因为每人的情况是不同的。

如果你连家门都懒得出，或者想一边看电视一边运动，那么在家使用一个固定的台阶充当训练器械也可以（沙发、凳子、足够安全的茶几都成）。

对于冲击和负荷，依旧可以使用弹力带调节，高位可以减少压力，低位可以增强燃脂。

自重侧弓步

1 自然站立，抬头挺胸，腰部挺直，腹部收紧，双手置于身体两侧。

2 保持上半身直立，单腿向外侧弓步侧跨一步，屈膝，尽量下蹲，感觉自己上半身坐在自己屁股上，停顿片刻。

3 大腿发力蹬起，恢复初始姿势，换另一条腿；
动作全程身体保持平稳、腰背绷紧、上半身紧张的状态，切勿含胸和弓背。

自重侧弓步是一项全身运动，也是HIIT中很好的一个激活和预热动作，可以高效训练臀腿，而且安全无冲击。

在自重侧弓步的训练中，如果想要翘臀不粗腿，注意要向后"坐"在自己的屁股上，而非单纯地弯曲腿部，向下"蹲"。

1M²
硬派健身
TOUGH
WORKOUT

3
Chapter

110

站姿肘击膝

　　站姿肘击膝是中等强度的核心全身训练，也是少数站姿的高效核心综合训练项目。在站姿肘击膝的动作当中，要注意弯曲自己的躯干，把上身用腹肌弯曲成"C"字形，更有利于腹肌的训练。

1 自然站立，双手握拳置于胸前。

2 抬起右脚，同时扭转腹部，用左手肘部碰触右腿膝盖。

3 回到起始位置，交替重复。

弹力带波比跳

　　波比跳又叫俯卧撑跳，几乎是所有HIIT都会出现的项目。在国外甚至有那种只以波比跳为动作构成的塑身训练计划，可见其燃脂塑身效果有多好。

　　在波比跳第一阶段，要注意以腹肌带动腿部蜷缩身体，而在第二阶段，要注意重心向后，以臀大肌发力跳起。落地时，柔和缓冲，避免过大和过硬的冲击。

　　高位弹力带可以避免冲击，低位弹力带可以加速燃脂。

1 俯卧撑姿势俯卧，身体呈一条直线；腰腹挺直核心绷紧。

2 手掌位置不变，双脚蹬地发力使腿部回收，身体蜷缩。

3 臀腿发力奋力跃起；落地时用肌肉有弹性地缓冲；依次恢复图2→图1姿势，重复动作。

>>>>>> 替换动作
波比跳

1M²
硬派健身
TOUGH
WORKOUT

3
Chapter

112

抱拳侧踢

抱拳侧踢是很好的侧向臀腿激活动作。尤其是对于臀中肌的训练有很好的效果。可以让你的臀部更挺翘，大腿显得更长。抱拳侧踢的训练负荷不大，常被用于热身或者高强度动作的组间缓冲。

1° 自然站立，双腿打开与肩同宽，双手抱拳于胸前。

2° 向左侧抬起左脚，在保持身体重心稳定的情况下，尽量高地侧踢，然后放下。

3° 换另一只脚，重复动作。

弹力带纵跳

纵跳不仅是很好的燃脂训练动作，同时也是锻炼爆发力的好动作。

纵跳与深蹲跳的区别在于，纵跳以半蹲为起跳姿势，能更好地训练到臀部，同时，你跳得也会更快，单位时间内燃脂能力也更强。

低位的弹力带可以让你的纵跳更有挑战性，男性朋友可以用它来锻炼日常弹跳。高位弹力带则可以减少冲击，保护你的膝盖。

1° 自然半蹲，上半身向前微倾。

2° 奋力跃起，向垂直方向尽量高地跳跃；落地时有弹性地使用肌肉缓冲，重复动作。

弹力带前后跳

光有纵跳作为提升运动能力和燃脂能力的动作是不够的，在我们的日常运动中，更多时候需要应对多方面的阻力。

前后跳就是这样的运动。在动作过程中，你不仅要对抗重力，而且要应对向后的拉力。这种多角度的对抗，可以让更多的大肌群参与其中，提升燃脂塑形能力。

高位弹力带可以避免冲击，保护关节，还可以提升运动表现，加速燃脂。

1M²
硬派健身
TOUGH
WORKOUT
3 Chapter
114

1 自然半蹲，上半身向前微倾。

2 奋力跃起，向前上方尽量远地跳跃；落地时有弹性地使用肌肉缓冲，重复动作。

3 落地后，轻巧向后方跳跃，恢复初始位置，重复动作。

弹力带沙发深蹲跳

深蹲，是全身大肌群做功、高效燃脂、翘臀的好动作，不过在日常生活中，初学者如果掌握不好标准深蹲的姿势，就很容易越练深蹲腿越粗。

而沙发深蹲就是一个非常适合初学者训练的姿势，在训练过程中，沙发不仅可以帮你吸收缓冲，而且向后坐一下这个步骤，更有利于你找到臀部发力的感觉，做出标准的深蹲动作。

另外，对于训练水平比较高的朋友来说，还可以做弹力带沙发深蹲跳。在跳跃过程中，所有肌肉都可以发挥自己的最大力量，这样能使训练效果更好，自然也就能更好地塑形并燃脂！

1
自然立于椅子前，双手置于头部两侧。

2
慢慢向后坐向沙发；正视前方，保持上半身挺直，背部微反弓。

3
把臀部往沙发深处挪动，靠里坐。

4
臀部发力至后脚跟，用爆发力让自己跳起来；肌肉做缓冲，柔和落地后坐在椅子上，从步骤2开始重复动作。

>>>>>> **替换动作**

弹力带沙发深蹲

1M²
硬派健身
TOUGH
WORKOUT

3
Chapter

116

弹力带俯卧撑

俯卧撑是最经典的上半身力量塑形训练。不过国内鲜有人把它融入HIIT里。原因就是对国人而言，很多人做不了俯卧撑。

弹力带作为一个助力，可以让做不了标准俯卧撑的人，轻松来上10~20个（不成就选更大号的带子助力呗）。而把这个动作加进HIIT中，也可以在诸多下肢训练中给出一些平衡。

如果没有弹力带，又无法做标准俯卧撑时，可以选择跪姿进行训练。

1° 双手距离1.5倍肩宽；
腹、背、臀绷紧，身体呈一条直线。

2° 胸部发力撑起，重心置于掌根；
保持腹、背、臀、核心等部位肌肉的紧绷状态；
动作顶端顶峰收缩，保持肘部微微弯曲，感受胸肌持续发力，坚持1~2秒。

>>>>>> 替换动作
跪姿俯卧撑

伏地登山

　　伏地登山可以看作俯卧版的空中单车，而空中单车是腹肌最高效的训练动作。由于重力原因，伏地登山训练腹肌的效果虽然没有空中单车好，但是可以更快、更持久地进行训练（对很多人来说，空中单车很难快速、标准地坚持训练1分钟），所以很多HIIT操课会把它加进训练课中。

　　如果你有弹力带，伏地登山就可以化身为比肩空中单车的高效腹肌训练运动，同时还不妨碍你的腹肌训练效果！

1
双手撑在瑜伽垫上，身体呈一条直线。

2
单脚向前，做登山状，再回到起始动作；
换另一只脚。

＞＞＞＞＞＞　**替换动作**

弹力带伏地登山

1M²
硬派健身
TOUGH
WORKOUT

3
Chapter

118

三、燃脂塑形，好身材打造计划

在介绍完HIIT动作后，我们就要开始给大家做一些能具体训练的计划了。我们的HIIT主要分为全身燃脂、胸大腰细、臀翘腿长、腰腹核心四套操课。因为虽然减脂是从全身减，不可能定向、局部减掉脂肪，但在HIIT的训练中，还是能做到塑形和紧致部位的。况且，我们推荐HIIT操课在部位训练后进行，这样不仅塑形效果能加倍，而且也不会打乱你身体和肌肉的休息顺序。

三个操课动作是从后面的章节选取的，包括了平板支撑（详见第九章）、十字挺身（详见第九章）、跪姿俯卧撑（详见第四章）。

HIIT操课的1循环，主要是低强度动作2分钟（热身）→高强度动作1分钟→中等强度动作1分钟→高强度动作1分钟→中等强度动作1分钟→高强度动作1分钟，总共1循环7分钟时间。这保证了你既能充分热身、不受伤，又能快速燃脂。熟练后，可以选择自己喜欢的动作进行挑战。

初阶者可以每组后休息10秒，总共8分钟。高阶者可以进行2~3循环（14~21分钟），组间不休息。

一周尽量进行2~5次训练。2~3周后，在腰围变化或你自己的感受上，就有明显的效果啦！

> **Tips**
>
> 为保证所有人都能训练，文内动作名称不加弹力带。不过，想减轻冲击力和负荷，或者想增加燃脂的朋友，可以自己选择高位或低位弹力带辅助。

你想要：全身燃脂

扫描二维码即刻开始训练

全身燃脂HIIT训练计划
覆盖全身所有主要肌群，能急速燃脂，充分激发你的每一分活力。
计划中的动作可以使用本章正文介绍的弹力带动作进行替换。

动作	强度	时间分钟
原地跑	低强度热身	2分钟
波比跳	高强度	1分钟
平板支撑	中等强度	1分钟
沙发深蹲跳	高强度	1分钟
抱拳侧踢	中等强度	1分钟
上台阶	高强度	1分钟

你想要：胸大腰细

扫描二维码即刻开始训练

胸大腰细HIIT训练计划
以上半身训练为主，涵盖胸、背等上半身大肌群运动。
计划中的动作可以使用本章正文介绍的弹力带动作进行替换。

动作	强度	时间分钟
站姿肘击膝	低强度热身	2分钟
宽距俯卧撑	高强度	1分钟
伏地登山	中等强度	1分钟
波比跳	高强度	1分钟
十字挺身	中等强度	1分钟
纵跳	高强度	1分钟

1M²
硬派健身
TOUGH
WORKOUT

3
Chapter

120

你想要：臀翘腿长

扫描二维码即刻开始训练

臀翘腿长HIIT训练计划
以下半身训练为主，在极速燃脂的同时，塑造翘臀长腿！
计划中的动作可以使用本章正文介绍的弹力带动作进行替换。

动作	强度	时间分钟
抱拳侧踢	低强度热身	2分钟
沙发深蹲跳	高强度	1分钟
上台阶	中等强度	1分钟
纵跳	高强度	1分钟
自重侧弓步	中等强度	1分钟
前后跳	高强度	1分钟

你想要：腰腹核心

扫描二维码即刻开始训练

腰腹核心HIIT训练计划
以腹肌、腰背肌群训练为主，雕刻你的马甲线和八块腹肌！
计划中的动作可以使用本章正文介绍的弹力带动作进行替换。

动作	强度	时间分钟
伏地登山	低强度热身	2分钟
波比跳	高强度	1分钟
站姿肘击膝	中等强度	1分钟
沙发深蹲跳	高强度	1分钟
十字挺身	中等强度	1分钟
纵跳	高强度	1分钟

参考文献

[1] Canadian Fitness and Lifestyle Research Institute.Progress in Prevention [Internet]. Ottawa (Ontario)：Canadian Fitness and Lifestyle Research Institute; [cited 2011 Mar 10]. Available from: Http://www.cflri. ca/eng/progress_in_ prevetion/dindex. php

[2] Gillen, J. B., Percival, M. E., Skelly, L. E., Martin, B. J., Tan, R. B., &Tarnopolsky, M. A., et al. (2014). Three minutes of all-out intermittent exercise per week increases skeletal muscle oxidative capacity and improves cardiometabolic health. Plos One, 9, e111489-e111489.

[3] 王巨文. (2010). 体育专业大学生中等强度长时间运动中机体能量代谢特征研究. (Doctoral dissertation, 浙江师范大学).

[4] Whyte, L. J., Gill, J. M. R., &Cathcart, A. J. (2010).Effect of 2 weeks of sprint interval training on health-related outcomes in sedentary overweight/obese men. Metabolism-clinical & Experimental, 59(10)：1421-1428.

[5] Kazushige, G., Naokata, I., Ayuko, M., & Kaoru, T. (2007).Enhancement of fat metabolism by repeated bouts of moderate endurance exercise. Journal of Applied Physiology, 102(102)：2158-64.

[6] Kaminsky, L. A., Padjen, S. ,., &Laham-Saeger, J. ,. (1990). Effect of split exercise sessions on excess post-exercise oxygen consumption.British Journal of Sports Medicine, 24(2)：95-8.

[7] Astrand.(1970). 劳动生理学.

[8] Thibaut, G., Anil, N., Martin, J., Philippe, M., Mathieu, G., & Laurent, B. (2011).Acute responses to high-intensity intermittent exercise in chd patients. Medicine & Science in Sports & Exercise, 43(2)：211-7.

[9] Jonathan D. Bartlett, Graeme L. Close, Don P. M. MacLaren, Warren Gregson, Barry Drust, & James P. Morton. (2011). High-intensity interval running is perceived to be more enjoyable than moderate-intensity continuous exercise: implications for exercise adherence. Journal of Sports Sciences, 29(6)：547-553.

[10] Tjønna A E, Lee S J, Rognmo，et al.(2008). Aerobic Interval Training Versus Continuous Moderate Exercise as a Treatment for the Metabolic Syndrome A Pilot Study[J]. Circulation,118(4): 346-354.

[11] Wisløff U, Støylen A, Loennechen J P, et al. (2007). Superior cardiovascular effect of aerobic interval training versus moderate continuous training in heart failure patients a randomized study[J]. Circulation, 115(24): 3086-3094.

[12] 刘帅. (2014). 青年女性不同速度跳绳时心肺功能、能量消耗的研究. (Doctoral dissertation, 南京师范大学).

[13] US Department of Health and Human Services.(2008). Physical activity guidelines advisory committee report.to the secretary of health and human services. part a: executive summary.. Nutrition Reviews, 67(2)：114-120.

[14] Boreham, C. A. G., Wallace, W. F. M., &Nevill, A. (2000).Training effects of accumulated daily stair-climbing exercise in previously sedentary young women. Preventive Medicine, 30(4)：277-281.

[15] 丁小鑫. (2012). 青年人群上下楼梯能量消耗特征初探. (Doctoral dissertation, 南京体育学院).

[16] 王丽. (2011). 健康人群步行能量消耗特点与模型的初步研究. (Doctoral dissertation, 安徽医科大学).

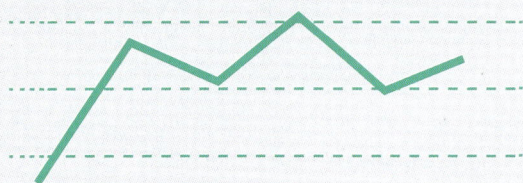

胸，身材正面最受人关注的部位。

方正有型的男性胸肌，女性最爱；

饱满挺翘的女性胸部，魅力无敌，更能抵抗地心引力，挺拔到老！

练好胸，更聚焦！

胸——
好身材，
更聚焦！

Chapter

4

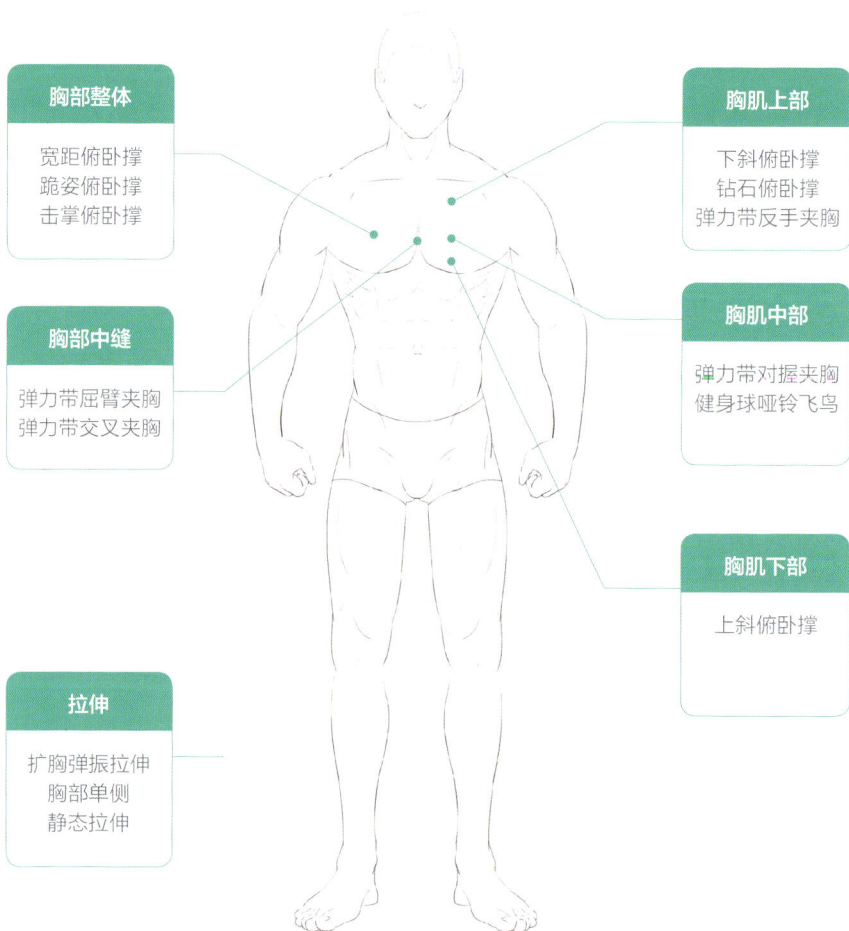

胸部整体

宽距俯卧撑
跪姿俯卧撑
击掌俯卧撑

胸部中缝

弹力带屈臂夹胸
弹力带交叉夹胸

拉伸

扩胸弹振拉伸
胸部单侧
静态拉伸

胸肌上部

下斜俯卧撑
钻石俯卧撑
弹力带反手夹胸

胸肌中部

弹力带对握夹胸
健身球哑铃飞鸟

胸肌下部

上斜俯卧撑

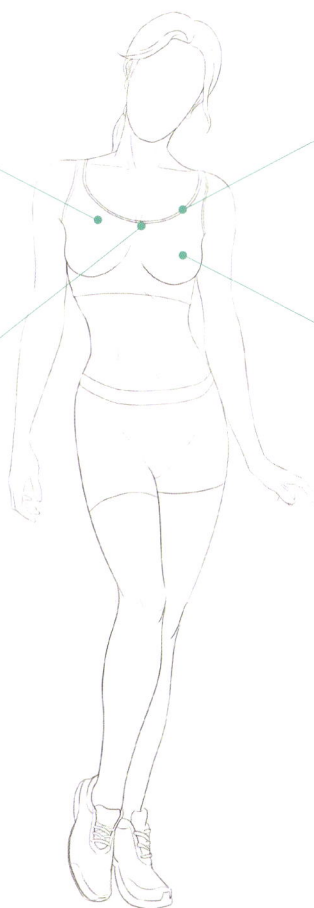

胸部整体

宽距俯卧撑
跪姿俯卧撑

胸肌上部

下斜俯卧撑
钻石俯卧撑
弹力带反手夹胸

胸部中缝

弹力带屈臂夹胸
弹力带交叉夹胸

胸肌中部

弹力带对握夹胸
地板哑铃卧推
健身球哑铃飞鸟

胸部拉伸

扩胸弹振拉伸
胸部单侧
静态拉伸

一、胸部训练重点

	胸肌整体	胸肌上部	胸肌下部	胸肌中部
视觉作用	巨	翘	挺	聚
推荐动作	宽距俯卧撑 跪姿俯卧撑 击掌俯卧撑	下斜俯卧撑 钻石俯卧撑 弹力带反手夹胸	上斜俯卧撑	弹力带对握夹胸 弹力带交叉夹胸 地板哑铃卧推 健身球哑铃飞鸟 弹力带屈臂夹胸
替换动作	标准俯卧撑 弹力带高位俯卧撑 弹力带横杆卧推 健身球哑铃卧推	弹力带卧推（窄距 /低位/反手） 弹力带上斜夹胸	健身球俯卧撑 俯卧撑架俯卧撑 弹力带高位卧推	弹力带横杆卧推
训练技巧	使用俯卧撑架可充分训练胸肌。	下斜角度45°最佳 可将双脚放在健身球上。 反手拉索夹胸更能练胸肌上部。	可使用瑜伽球，塑造核心的同时，更好地训练胸肌。	动作底端充分拉伸有助于塑造胸部形态。
男性训练重点	√	√	√	√
女性训练重点	√	√		√

二、为什么要练胸?

　　胸部,可谓是身材正面最受人关注的部位了。胸部如此重要,以至于很多时候,无论男女,胸部都直接被看作身材好坏的标尺。

　　为什么男性要练胸?因为完美的胸肌是男人心房上的铠甲。不单看着好看有型,而且在某种程度上还是女性择偶的标准。

　　这几年的超级英雄电影让美国队长克里斯·埃文斯大火了一把。而大家最津津乐道的,就是他的好身材,尤其是他健硕且方正有型的胸肌,粉丝们甚至直接给他起了个外号"甜心大胸"。

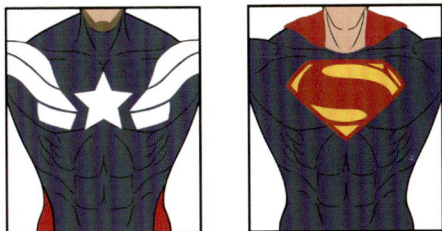

　　与之相似的是,DC漫画《超级英雄》中超人的最新扮演者亨利·卡维尔,也是靠着在《超人:钢铁之躯》中"一脱成名",凭其方正有型的胸肌,俘虏了无数的男男女女。再对比一下之前所有超人的扮演者,我们可以发现一个有趣的现象,大家喜欢的超人,不仅胸部围度越来越大,而且胸部形态也越来越清晰,肌肉边缘也越来越锐利了。

　　事实上,人类对胸肌的偏好,可能早已深深扎根在我们的本能之中了。在一项心理学实验中,科学家发现,当男性看到美丽的异性时,都会深深地吸上一口气,这不光是因为紧张,更是因为男性可能本能地会通过努力吸气,让自己的胸廓看起来更大,希望能凭此吸引到异性的注意。也就是说,在人类的潜意识里,就已经深深根植了"男性胸大,则更受女性欢迎"这个概念。

　　而完美的胸部在女性身材中起到多重要的作用,恐怕不用我说了吧。长久以来，无数以美胸成名的明星，比如玛丽莲·梦露等，在日常生活中都会进行大量针对胸部的力量训练。时至今日，你在网上搜索，还能看到玛丽莲·梦露做哑铃卧推的老照片。

女性希望自己的胸部再大一点，这很好理解，但从发育的角度来看，与各种电视购物、网络广告所宣传的相反，实际上，女性的胸部在青春期后、哺乳期前很难再有变化了。而且胸部的大小，在很大程度上也是取决于基因的。

不过还好，上天并没有使女性美胸的愿望破灭，它给了大家一个唯一可能健康地增大罩杯的方式，那就是针对胸部进行力量抗阻训练。

有人肯定会害怕，说："啊呀，做力量训练是不是要把软软的胸部变成硬硬的胸肌啊？我才不要变成汉子胸呢！而且这增大的只是肌肉，也不能增大罩杯吧？"

同学，先不要自己吓唬自己，给你们举一个活生生的例子。现在，请低头摸摸自己的肚子。嗯，不出意外的话，肯定是软软的、表面布满脂肪吧，不过在你软软的脂肪之下，实际上也是有八块腹肌的哦。事实上，腹肌是保证你正常行动坐卧的必需肌肉，每个人都有腹肌，你之所以看不到它们，只不过是因为它们被藏在众多脂肪之下而已。

那么问题来了，无论是外观，还是手感，你看你的腹肌影响到你软软的肚腩了吗？答案是并没有。即使底下有腹肌，上面的脂肪也会让肚腩看起来和摸起来软软的。

换到你的胸部，也是一样的道理。健身练胸，只不过是在你柔软的脂肪底下再垫上一层肌肉而已，它能让你的胸部看起来更大一些，罩杯再提升一些，却并没有减少你的脂肪，摸起来也还是原来的手感。

另外，由于纯粹的脂肪是没有良好形状的，而有了一丝肌肉后，能把你的胸形撑得更好看，整体更加紧实，不仅"巨"，而且"聚""挺""翘"。

对于女性朋友来说，胸肌训练的另一大好处在于，可以帮助你的乳房对抗重力和岁月的侵蚀！要知道，胸部下垂的元凶就是剧烈震动和地心引力对胸部小韧带造成的损伤。而肌肉可以帮助身体起到抗共振的作用，更好地保护胸部。所以，好好做力量训练，不仅让你在年轻时就能拥有大且挺的胸部，而且能让好身材"续航"更久，挺拔到老哦！

三、什么是好看的胸形？

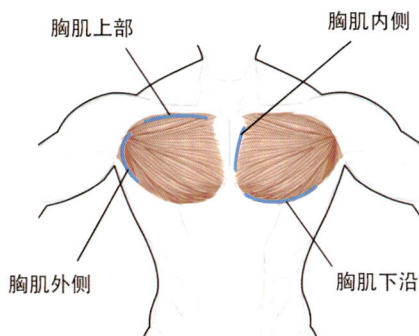

胸肌上部　　　　胸肌内侧

胸肌外侧　　　　胸肌下沿

　　胸肌练得好，的确是又好看又有型。不过人的肌肉可不单单是用来看的。要知道，每一块肌肉都有自己的实际作用，胸肌也一样（而且它还长得那么大块）。而如果我们想要练好胸肌，并且通过正确的方式，练出好看的胸肌，就得先知道它到底有什么用。

　　胸部肌群最主要的肌肉，就是一块胸大肌。它一边连着胸骨、锁骨，一边反向拧着，连着肱骨（大臂肌群）。而它起到的最主要作用就是内收肱骨（大臂）。

　　没错，虽然日常训练胸部的俯卧撑、卧推等动作，看上去都是在"推"某种东西，但其实胸肌的主要生理学作用，只是内收大臂而已。

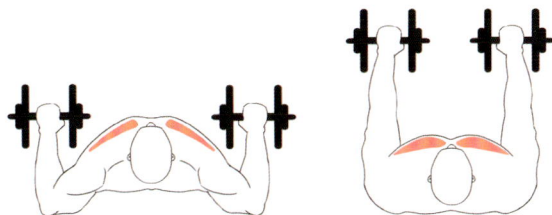

胸肌的作用：内收肱骨

1M²
硬派健身
TOUGH
WORKOUT

4
Chapter

130

Tips

胸肌主要的生理学作用，只是内收大臂而已。

所以，胸部练习时虽然手臂和胸一般都是一起动的，但不应该把发力部位放在大臂上（初学者练胸部最常见的错误就是胸肌训练，却用手臂发力），一定要更加注意胸肌的发力。是胸部带动肩部，把大臂向内收。

另外，胸部训练时保证足够大的训练负荷也很重要。

在人类的进化过程中，胸肌主要负责攀爬和投掷。这决定了胸肌是非常强健的一块肌肉。你想啊，攀爬需要承载一个人的体重，像我们的祖先，天天在树枝上荡来荡去，肯定需要很大的肌肉力量。

而投掷也是人和其他灵长类动物明显强于其他哺乳动物的一项能力。灵长类动物能轻易将物体投掷出60千米/小时的时速。强力的大联盟棒球手，甚至可以把棒球扔到160千米/小时，这即使在自然界也能傲视群雄。

所以，胸肌的训练不能用太小的重量，这样不能给予这个肌群足够的刺激。胸部训练应该以大重量来训练其厚度、基础和力量，然后再以各种有针对性的角度，来塑造胸肌的形状。

Tips

胸肌本身就是有力的大肌群，想要训练效果好，胸部训练必须采用大重量刺激整体＋针对角度雕塑形状。

从训练角度和训练目标来看，胸大肌也是非常奇妙的肌群，明明是一块肌肉，却因为连接位置的不同，在实际训练中经常被分为胸肌整体、胸肌厚度、上胸饱满度、胸肌内外侧、下胸边缘等不同的部位和侧重点来训练（级别越高的训练者，划分越细）。

另外，对于男性和女性而言，需要重点训练的部位也并不相同，毕竟男生的胸和女生的胸好看的方式大不一样。

好看的男性胸部首先要大，形状方而正，像古代铠甲的胸甲一样。整体则要厚实，上胸饱满，下胸边缘清晰锐利，中缝细密，宛如一线。

这就要求我们首先要在训练上保证胸肌整体的厚度，同时加强上胸和内侧的饱满程度，然后在确保胸肌大且厚的基础上，雕琢中缝和下部边缘的清晰程度。

而好看的女性胸部，应该是挺翘、聚拢和有弹性的。这就要求胸部整体结实、上胸饱满、内部聚拢。胸部内侧和上胸的饱满，保证了胸部的聚拢和挺翘，胸肌整体结实，则可以让胸部在日常生活中抵抗地心引力和岁月的侵蚀。

另外，女性不必过于追求胸部外侧的饱满程度，只要稍微训练一下，减少副乳的情况即可。女性也不需要训练胸部边缘的清晰锐利，毕竟女性胸部也不是"以肌肉论英雄"的，不必训练出方正的胸部。

1M²
硬派健身
TOUGH
WORKOUT

4
Chapter

132

四、好胸形，怎么练？

胸肌整体

俯卧撑应该是我们最为熟悉的胸部训练动作之一了。在居家训练中，它有着不可撼动的地位，可以非常有效地训练到身体正面的绝大多数肌群。无论是塑形、燃脂还是提升肌肉力量，俯卧撑都有十分不错的效果。

然而，几乎所有人在初次接触俯卧撑后，都遇到了各种各样的问题，不少同学都问过我："不是说俯卧撑是练胸的吗？为什么我除了肩膀和手臂，其他地方一点感觉都没有啊？""胸肌好像完全发不上力啊，怎么找胸部的训练感觉啊？"等等。

事实上，如果你没有掌握俯卧撑的正确发力方式，的确容易没练着胸，反粗了臂。所以，下面我们从初学者最佳的俯卧撑姿势，到最有胸部发力感觉的俯卧撑姿势，循序渐进地告诉你，如何更好地用俯卧撑练胸！

宽距俯卧撑：更好地激活胸部

宽距俯卧撑（1.5倍肩宽）可以更好地帮你找到胸部训练的感觉，是更适合初学者入门的俯卧撑姿势。

Tips

标准俯卧撑的双手距离是与肩同宽的，而宽距俯卧撑的双手距离一般是1.5倍肩宽[1]。

1

双手距离1.5倍肩宽；
腹、背、臀绷紧，身体
呈一条直线。

2

胸部发力撑起，重心置于掌根；
保持腹、背、臀、核心等部位肌
肉的紧绷状态。

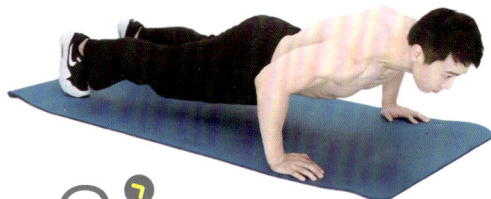

3

顶峰收缩，保持肘部微微
弯曲，感受胸肌持续发
力，坚持1~2秒。

> > > > > >

替换动作

标准俯卧撑　　　　弹力带横杆宽距卧推

1M²
硬派健身
TOUGH
WORKOUT

4
Chapter

134

俯卧撑上升阶段健美组与普通组之间主要肌肉的贡献率对比

SW：肩宽
75%SW=75%的肩宽
200%SW=两倍肩宽

BB：健美组
CON：对照组

组别	N	肌电水平aEMG[μV]		
		三角肌前束	胸大肌	肱三头肌
75%SW	BB	27.42	19.05	24.06
	CON	24.94	17.38	26.08
100%SW	BB	27.73	22.11	20.21
	CON	29.02	19.18	21.43
150%SW	BB	26.91	26.56	16.90
	CON	27.71	21.89	18.89
200%SW	BB	26.19	28.09	14.98
	CON	27.69	23.95	16.16

距离越宽，对胸大肌的刺激越大，对肱三头肌的刺激越小。健美组比对照组能募集更多的胸肌纤维。也就是说，随着训练水平的提高，俯卧撑对胸肌的训练效果越来越好。

在一项实验中，科学家测试了不同手间距俯卧撑中，各肌肉的激活情况。从上图可以看到，无论是普通人还是有一定训练基础的健美训练者，宽距（1.5倍与2倍肩宽）俯卧撑都能更好地训练到胸大肌。

为什么宽距俯卧撑训练效果更好？

1. 因为双手距离宽，上臂相对更外展，使胸肌处于更好发力的姿势；

2. 因为宽距俯卧撑增加了胸肌肌纤维的初长度，使其一开始就被更大程度地拉伸，也就相对地增加了它的收缩力，从而训练效果更好；

3. 因为当双手距离加宽时，胸部要承受的负荷更大，肌肉的训练效果自然也更好。

肘部大于90°

另外，虽然从某种程度上讲，双手间距越宽，对胸肌的激活程度越强，但当双手间距超过1.5倍肩宽时，手肘的角度已经大于90°，相对更容易伤到肘关节，动作的安全性反而降低了。所以在日常训练中，大家还是要自己多加注意。

跪姿俯卧撑（初阶）

1 ›

双手间距略宽于肩，以膝盖为
支点跪于瑜伽垫上；
腰背紧绷；
膝以上呈一条直线。

2 ↳

胸肌发力撑起，直至手臂接近伸
直，顶峰收缩2~3秒；
保持腹、背、臀、核心等部位肌
肉的紧绷状态。

〉〉〉〉〉〉

替换动作

弹力带高位俯卧撑

弹力带横杆标准卧推

跪姿俯卧撑适合做不了标准俯卧撑的人作为入门训练。比如女生可以将宽距俯卧撑改为跪姿宽距俯卧撑，将下面要介绍的钻石俯卧撑改为跪姿钻石俯卧撑。

跪姿俯卧撑　　　　普通俯卧撑

1M²
硬派健身
TOUGH
WORKOUT

4
Chapter

136

　　不过要注意，做跪姿俯卧撑时，你身体自带一个斜度，实际上更加接近上斜俯卧撑的角度。所以跪姿俯卧撑并不能完全刺激胸肌整体，而是主要针对胸肌中下部。

　　所以推荐大家从脚部垫起的跪姿下斜姿势做起，它可以更好地刺激胸部内侧和上部，也有利于更好地塑造均衡的整体胸形。

跪姿下斜俯卧撑

　　我身边有很多比较瘦的男性朋友，常常会苦恼于居家健身中没有适合他们的训练动作。比如俯卧撑，由于自重较轻，他们通常一做就是几十个大气不带喘的。看上去很厉害吧？但以前我们就说过，超过20次的训练，对肌肉围度增长就没那么有效了。要是你还一做就是十几分钟的俯卧撑，那直接就由力量训练变为有氧训练，增肌效果也更差了。

　　而对于比较瘦或者做标准俯卧撑已经太轻松的朋友，击掌俯卧撑绝对是值得你尝试的进阶动作。

　　击掌俯卧撑与传统俯卧撑的肌肉发力形式完全不同。推起时肌肉是在做等动收缩（所有肌肉都发挥了自己的最大力量），下落时肌肉在做超等长收缩（是肌肉在缓冲制动的阶段，肌纤维被拉长，然后立即快速有力地继续进行收缩的一种方式，是目前学术界认为最佳的训练爆发力的方式）。

　　也就是说，在做击掌俯卧撑时，为了"跳"得更高，你实际上需要发挥比自己体重重好几倍的力量（想一想抱起一个人和扔起一个人所需的力量差异）。而由于所有肌群在动作中都发挥了接近100%的力量，击掌俯卧撑很好地解决了训练负荷和传统俯卧撑肌力训练不平衡的问题，能更强效地增加力量、耐力与整体塑形效果，完全能满足高阶训练者增强力量和瘦人增肌的进阶需求。

击掌俯卧撑（进阶）

1 双手撑地，略宽于肩；腰背绷紧。

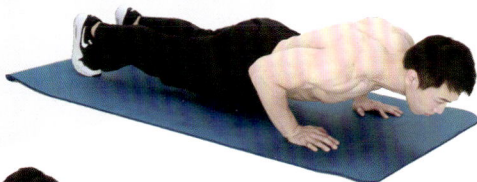

2 胸肌发力将自己弹起，腾空时双手击掌，如不能击掌，可只将身躯推起腾空。

3 双手轻轻触地，手肘弯曲，借助胸部肌群缓冲冲击力，控制下降速度。

>>>>>>

替换动作

弹力带横杆标准卧推（大重量）

上胸训练

　　上胸是整体视觉的焦点，挺拔宽厚的上胸，可以让整个人的视觉向上提拉。无论男女，好好训练上胸都是没错的。

　　实际上，由于近年来对于上胸的重视，很多健身健美界的明星都把训练重点从胸肌整体转移到了整体兼顾上胸，比如奥林匹亚先生三冠王菲尔·西斯和两冠王乔卡特。

　　对于女性，我也更推荐好好去做胸肌上部的训练，这样对胸形的提拉效果非常明显。

　　从训练角度来看，胸肌整体虽然是连接胸骨和肱骨的，但是，胸肌上沿却是连接胸部的胸锁关节的。所以当你想要一个饱满的胸肌上沿和有型的上胸部时，一定要活动到胸锁关节。

下斜俯卧撑

1

脚尖放置于高处（身体与地面夹角45°最佳）；
双手撑地，略窄于肩（做下斜窄距俯卧撑时双手窄于肩）；
腹、背、臀绷紧，身体呈一条直线。

2

胸肌发力撑起，直至手臂接近伸直，顶峰收缩2~3秒；
保持腹、背、臀、核心等部位肌肉的紧绷状态。

〉〉〉〉〉〉

替换动作

钻石俯卧撑　　　　　弹力带横杆低位卧推　　俯卧撑架反手俯卧撑

由于上胸肌连接胸锁关节，而下斜俯卧撑可以让胸锁关节更好地活动、发力，所以下斜俯卧撑对上胸的刺激作用很好。尤其是当身体的倾斜角度在45°时，能对上胸产生最好的刺激效果。

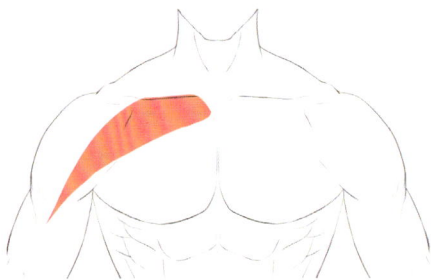

胸肌上部连接的是胸锁关节

另外，训练上胸最好采用下斜窄距俯卧撑。相对较窄的手间距更能刺激胸锁关节的相关肌群发力，对胸肌上部的激活程度更高。

Tips

　　窄距俯卧撑一般75%~50%肩宽即可，最极端的就是下斜钻石俯卧撑，训练效果也最好（下面会详细介绍）。

钻石俯卧撑——让内侧更饱满

1°

两手手掌尽量靠近，大拇指和食指组成一个钻石般的菱形，这样可限制三角肌前束的发力；
腰腹绷紧，身体呈一条直线。

3°

动作最低点停顿2~3秒；
胸肌发力撑起，恢复起始动作。

2°

屈肘下沉，身体下沉过程缓慢有控制；
保持身体挺直，切勿拱背塌腰。

>>>>>>>

替换动作

下斜俯卧撑   弹力带横杆窄距卧推   跪姿钻石俯卧撑

钻石俯卧撑，得名于其动作过程中，双臂和胸部的形状如同钻石。

钻石俯卧撑形如钻石

从上图可以看到，钻石俯卧撑的手间距超级小，如果你有一定的训练基础，甚至可以两手相触完成动作。

钻石俯卧撑是胸肌的高效训练动作，它和宽距俯卧撑之间的关系，就像背部的反手引体向上和颈后宽距引体向上的关系一样，使用的是两种不同的肌肉激活策略。

宽距俯卧撑和反手引体向上是一般的正向思维，走的是更适合训练肌群的发力方式这一条路。也就是说，它们的动作轨迹更适合大肌群的发力。

而钻石俯卧撑和颈后宽距引体向上，则是通过限制其他肌群发力，让动作的目标肌群被孤立，单独完成动作以增加刺激。也就是说，在该类动作中，目标肌群不可能不参与发力，必须高效发力。

Tips

肌肉的不同激活策略

1. 适合肌群发力的训练轨迹，可以很好地激活目标肌群；
2. 限制相关肌群，孤立目标肌群，也可以起到很好的目标肌群激活效果。

在自重训练里，由于自重负荷的局限性，限制性训练尤其有效（具体会在第五章中进行详述）。

而钻石俯卧撑，就是通过超窄的手间距完全限制三角肌前束的发力，来更有效地激活胸大肌和肱三头肌。

1M²
硬派健身
TOUGH
WORKOUT

4
Chapter

142

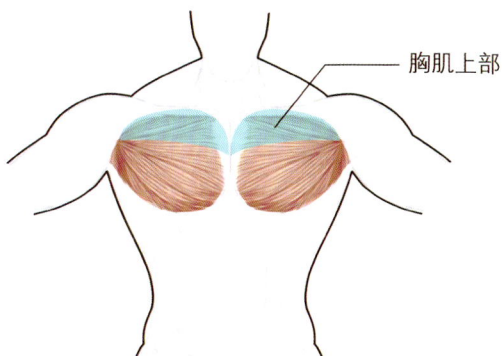

胸肌上部

　　要知道，三角肌前束在标准俯卧撑的过程中可是贡献了将近三分之一的力量，如果将它限制住，胸大肌的激活水平自然就会大大提高。

　　另外，由于胸肌上部连接胸锁关节，窄距可以更好地活动并训练到它。钻石俯卧撑的手间距非常窄，所以也能更加高效地激活胸肌上部。

　　不过，也正是由于钻石俯卧撑限制了三角肌前束的发力，胸肌和肱三头肌需要承担更多，所以动作难度也会有所增加，需要一定的训练水平。建议女生可以从跪姿上斜钻石俯卧撑做起，慢慢进阶。

Tips

钻石俯卧撑特点

1. 限制三角肌前束发力，更好地激活胸大肌；
2. 超窄手间距，相应激活胸肌上部。

Tips

钻石俯卧撑进阶等级（初级→高级）

上斜跪姿钻石俯卧撑　　跪姿钻石俯卧撑　　钻石俯卧撑　　下斜钻石俯卧撑

弹力带反手夹胸

1 ◣

双手握住弹力带握柄，手心向上，放在胸部两边，双脚前后打开，膝盖微弯，身体前倾，腰腹收紧；肘部接近身体，不要像其他弹力带夹胸一样肘部张开。

2 ◢

保持手心向上，保持肘关节微屈；胸肌发力将手柄向身体前方拉拢；顶峰收缩2~3秒。

> > > > > >

替换动作

弹力带上斜夹胸　　弹力带横杆低位卧推　　弹力带横杆反手卧推

　　我们在前面提过，由于胸肌上部连接胸锁关节，这就说明上胸肌的很大一部分作用，是改变胸锁关节的角度，也就是锁骨角度，而非仅仅像胸大肌那样改变肱骨的角度（大臂、肩关节）。

1M²
硬派健身
TOUGH
WORKOUT

4
Chapter

144

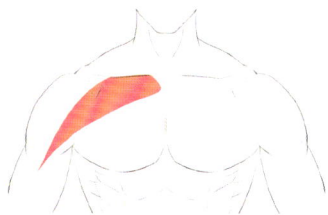

胸肌上部连接胸锁关节

也就是说，与普通的胸肌训练不同，练习上胸的重点，不是肩关节的角度改变，而是胸锁关节的角度改变（摸摸自己的锁骨）。

在实际训练过程中，反手拉索夹胸的重点在于改变了胸锁关节的活动角度，所以也是更加高效的胸肌上部训练动作。

另外，一些研究还发现，反手动作可以使上胸激活水平增加30%左右，是非常精准高效的刺激。所以，反手俯卧撑架俯卧撑也可以对胸肌上部有很好的刺激作用。

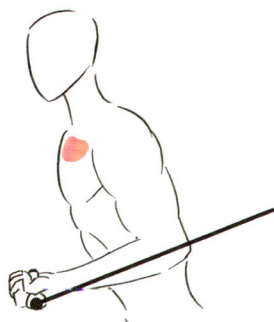

反手拉索夹胸更针对上胸部

下胸训练

比起上胸的"男女通吃"，下胸对胸部的修饰效果相对较弱。女性不用刻意训练胸肌下部。胸肌下部主要是男性为了雕塑线条而训练的。

有研究发现，在中等负荷的胸部训练中，宽手间距会更好地刺激下胸部。而上斜俯卧撑这个动作，本身就在重力上有所助力，更接近中等负荷，所以用宽距训练，对下胸的刺激和塑造效果更好。[2]

所以我们建议，针对下胸的上斜俯卧撑，最好采用1.5倍肩宽的宽手间距进行训练。

此外，下胸部的训练还可以采用肱三头肌撑起的方式，我们会在第八章介绍。

上斜俯卧撑

1

双手撑于高处，略宽于肩；
腹、背、臀绷紧，身体呈一条直线。

2

胸肌发力撑起，直至手臂接近伸直，顶峰收缩2~3秒；
保持腹、背、臀、核心等部位肌肉的紧绷状态。

> > > > > >

替换动作

健身球俯卧撑　　　　　弹力带横杆高位卧推

胸肌中部

　　好的胸肌中部，对胸形来说非常关键，能让胸部整体更显挺拔。但由于绝大多数的居家胸部训练，负荷很难加载到胸部内侧，所以胸肌中部往往也是居家最难被训练到的。

　　想要在家也能高效练到胸肌中部，弹力带就是你不可或缺的秘密武器了！

1M²
硬派健身
TOUGH
WORKOUT

4
Chapter

146

弹力带对握夹胸——胸部最佳动作

1

双手对握弹力带手柄，重心压在掌根；
上半身微微前倾，阻力压在胸部；
双脚前后分开站立，前面的膝关节保持
微弯。

2

胸部发力内夹，带动双臂向内
聚拢，有环抱一个人的感觉；
保持肘关节弯曲角度，不活动
肘部和小臂，只训练胸肌。

3

双手在胸部前方会合，关节
不锁定，顶峰收缩1~2秒，更
好地刺激胸肌；
缓缓张开，恢复初始动作。

> > > > > >

替换动作

弹力带上斜夹胸

弹力带下斜夹胸

　　弹力带夹胸可谓是胸部的最高效训练动作了。只要一个动作，调节不同的姿势和角度，就可以针对胸部训练的不同侧重点，指哪儿打哪儿，精确制导！

　　从肌电水平对比测试中，我们也可以看到，弹力带（拉索）夹胸对胸部的肌电刺激远高于其他胸部训练，仅次于（训练重量最大的）杠铃卧推[3]。

不同胸部训练动作的肌电水平

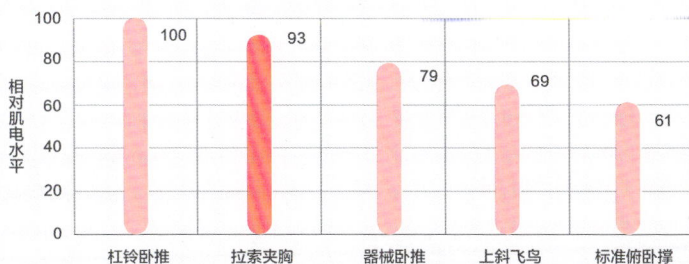

拉索夹胸对胸部的激活水平仅次于杠铃卧推，是十分有效的胸部训练动作。

要知道，杠铃卧推的训练重量一般是以百公斤为单位的，而用弹力带做拉索夹胸一般做到几十公斤就很不错了。考虑到训练重量与肌电刺激水平息息相关，在训练重量相差几倍的情况下，拉索夹胸和杠铃卧推对胸肌的刺激效果如此接近，而且领先其他胸部训练动作，本身就非常强大！

为什么拉索夹胸有如此高效强大的训练水平呢？其最大的特点就在于：提供的阻力方向，始终垂直于肌纤维的方向。

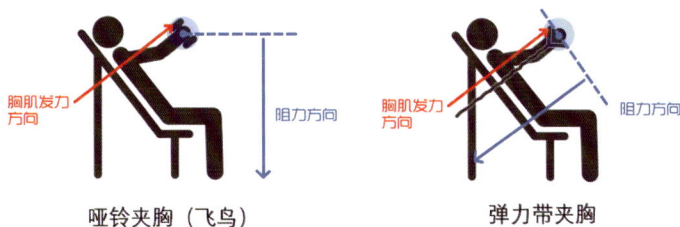

拉索动作总是垂直于目标肌群

以哑铃夹胸为例，哑铃的阻力方向，在动作过程中一直垂直于地面，但并不始终垂直于你的胸肌发力方向，所以胸肌不能得到持久良好的刺激。

1M²
硬派健身
TOUGH
WORKOUT

4
Chapter

148

　　而在弹力带夹胸过程中，由于弹力带自身的特点，弹力带的阻力重量始终有效地垂直压在胸肌上。另外，你的胸肌发力方向一直都是直接对抗阻力的，不会有任何偏移，训练效果自然最好。（弹力带是拉索的一种形式。）

　　所以无论你想训练到胸肌的哪个部位，通过弹力带夹胸，都能训练到，而且非常有效！

弹力带交叉夹胸

1
双手握住拉索，重心压在掌根；
上半身微微前倾，阻力压在胸部；
双脚前后分开站立，前面的膝关节保持微弯。

2
胸部发力内夹，双手在胸部前方
交叉（每次动作双臂上下位置调
换），顶峰收缩2~3秒；
缓缓张开双臂，恢复初始位置。

> > > > > >

替换动作

弹力带屈臂夹胸

男女练胸都有一个相同的目的，就是有饱满和聚拢的胸肌中部。胸肌中缝，是决定男性胸部有没有型很关键的地方。而女性嘛，胸只"巨"而不"聚"怎么行呢？要知道，没有饱满中部的胸，向两边分开，真的特别难看。

不过，胸肌中缝也是最难练的。一是不容易找到发力感觉，二是大多数胸部训练动作，由于限制了手部的发力范围，并不能有效训练到胸肌中部。

但是，有一个动作不光能训练到胸肌中缝，甚至可以看作胸肌中缝唯一的、最好的训练动作——弹力带交叉夹胸！

不同胸肌动作的终点差异

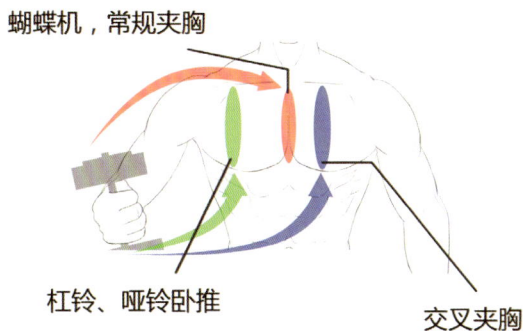

交叉夹胸可以完全训练胸肌

从上图可以看到，除了交叉夹胸，在大多数胸肌的训练动作中，训练的终点只局限在同侧胸部，所以自然训练不到也训练不好中部。

而弹力带交叉夹胸，最大的特点在于手臂活动范围非常大。从动作起点到终点，手臂打开的范围（胸肌能让肱骨活动的范围）有120°以上，这就完全让胸肌受到了最充分的训练。

再加上弹力带自身的特点，使负荷方向永远垂直于肌纤维，始终都能高效集中刺激目标肌群。

所以交叉夹胸在动作过程中，胸肌发力最充分，动作完全，刺激最强，自然也就是训练胸肌中缝的最佳动作啦。

弹力带屈臂夹胸

1 `<`
将弹力带系在大臂接近肘关节处；
上半身微微前倾，阻力压在胸部；
双脚前后分开站立，前面的膝关节
保持微弯。

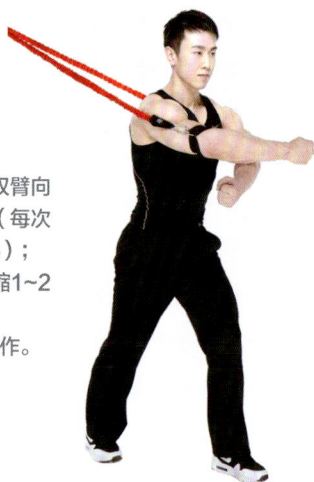

2 `>`
胸部发力内夹，带动双臂向
内聚拢，在胸前交叉（每次
动作双臂上下位置调换）；
关节不锁定，顶峰收缩1~2
秒，更好地刺激胸肌；
缓缓张开，恢复初始动作。

>>>>>>

替换动作

弹力带交叉夹胸

　　前面我们提到，胸部训练的问题之一就是胸没练好，先练出两条"麒麟臂"。

　　为什么会这样？因为大多数胸部训练中，胸肌和大臂肱三头肌往往是协同发力的。即使是像弹力带夹胸这种专门针对胸肌的高效动作，由于动作过程中肘关节悬空不固定，也需要大臂的肱三头肌参与发力，来控制肘关节的活动。

　　但这就会带来一个问题，对于练胸新手以及日常不懂得胸部发力感觉的同学来说，由于我们本身就更习惯手臂用力，所以训练时，本该由胸肌来承担的负荷，自然就会身不由己地由大臂来代劳。

而想要避免这种情况，屈臂夹胸就是你的最佳选择！

屈臂夹胸最大的特点就在于动作过程中，肘关节固定，肱三头肌可以完全不发力。这样更针对胸部，更高效练胸！

不过要注意，屈臂夹胸由于参与肌群只剩下胸肌和三角肌前束，训练重量不宜过大，适合初学者用来找胸部训练感觉，或在训练后精雕胸部细节。

女性美胸动作

地板哑铃卧推

1
平躺于瑜伽垫上；
双手持哑铃，大臂打开，双臂与肩部位于同一条直线。

2
大臂内夹（夹胸），带动小臂推起哑铃；
哑铃在向上的同时，要向内侧稍稍移动，呈曲线上行。

3
动作最高点，关节不要锁定；
将哑铃的重力完全压在胸肌上而非关节上，可提高训练效果，防止受伤。

1M²
硬派健身
TOUGH
WORKOUT

4
Chapter

152

>>>>>>

替换动作

健身球哑铃卧推

弹力带横杆标准卧推

卧推是最经典的胸部训练动作，而哑铃卧推作为经典的卧推居家动作，也能够很好地刺激胸部，甚至在某些方面，更优于杠铃卧推和俯卧撑。

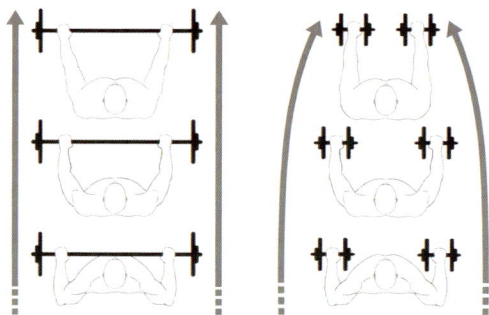

杠铃卧推与哑铃卧推

我们说过，胸肌真正的生理学作用，只是内收大臂而已，所以内收大臂的动作也对胸肌训练最有效。

不过，从上图可以看到，杠铃卧推由于手间距是固定的，大臂基本接近直上直下，并没有内收的过程，也就限制了一部分胸肌的发力，所以不太符合胸肌的发力特点。俯卧撑也是同样的道理。

而哑铃卧推可以很明显地看到大臂向内收的动作，双手的距离从比肩宽很多，到接近与肩同宽。动作期间，胸肌可以完全发力，自然更符合胸肌的发力特点，所以比杠铃卧推能更好地训练到胸肌靠内侧的部分，比杠铃卧推更能练出均衡的胸形。

很多人家里没有卧推凳，所以只能做地板卧推。由于地板的限制，在动作最低点，大臂只能到平行于地面的程度，不能再往下来，所以运动轨迹并非全程，只能看作半程组卧推。

地板卧推因为没有传统卧推胸肌在最底端的拉伸，所以损失了一部分丰满胸部外侧的效果。不过，它却是最适合女性的居家训练动作。

女性胸肌、大臂等力气都较弱，一般用不了太大的训练重量。而地板卧推动作全程大臂和小臂的角度在90°以上，此时你的肱三头肌等肌群很好地参与了发力，这也就意味着你可以使用更大的负荷来进行卧推，可以更好地刺激胸肌，并发展胸肌。

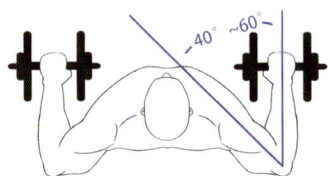

全程卧推

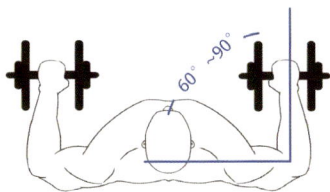

地板卧推

更适合女性的是地板卧推的半程部分，它更针对训练胸部的内侧。我们在本章开头就已经说过，女性的胸部训练不追求方正和外缘锐利的胸肌，追求的是胸部的"聚"。这在实际的训练中，就意味着我们更加侧重于胸肌内侧的训练，而不必过于关心胸外侧的肌肉。而半程组卧推恰恰可以让胸肌的内侧更丰满，让胸部更加聚拢，所以也就更符合女性的需求。

1M²
硬派健身
TOUGH
WORKOUT

4
Chapter
154

肘关节活动范围（半程组）对卧推负荷的影响[4]

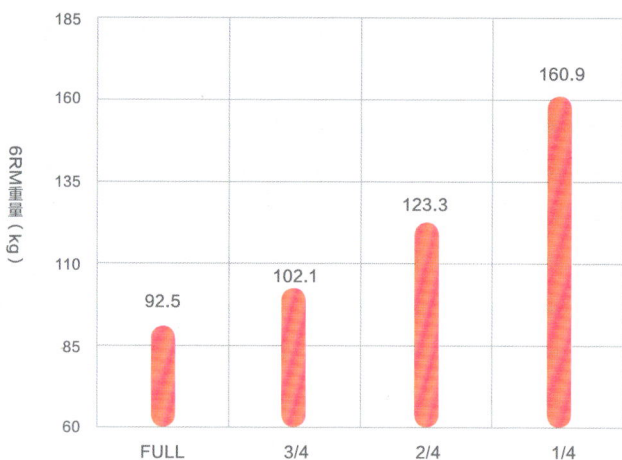

对比完全组的6RM卧推负荷和75%、50%、25%肘部伸展组，不完全动作组的训练重量比完全组高得多！

Tips

　　替换动作可以使用健身球卧推，其特点在于可以做全程组卧推，对胸肌整体效果都不错。另外，健身球还能增加动作过程中的不稳定性，需要自身控制核心肌群来保证身体的稳定平衡，所以可以很好地增加胸肌和核心肌群的激活水平，达到很棒的训练效果。而且利用健身球还可以做上斜卧推，对整体胸形的塑造更好。

健身球哑铃卧推

健身球哑铃飞鸟

1
上背部靠在健身球上，腰背挺直，保持核心收紧。

2
胸肌发力，双臂微屈，呈环抱状向上聚拢。

3
动作顶点肘部不能锁定；顶峰收缩1~2秒，感受胸部发力，然后缓缓下放。

>>>>>>

替换动作

弹力带对握夹胸

哑铃飞鸟作为居家胸肌中部训练动作，也是一个经典得不能再经典的动作了。早在健美的"上古"年代，施瓦辛格就用哑铃飞鸟塑造了他145厘米的大胸。

另外，相比同样是居家胸肌训练动作的俯卧撑，哑铃飞鸟的胸肌激活水平以及训练者评分都高得多[3]，对于胸肌的整体和中部的塑造也很有效[5]。

1M²
硬派健身
TOUGH
WORKOUT

4
Chapter

156

哑铃飞鸟与标准俯卧撑对比

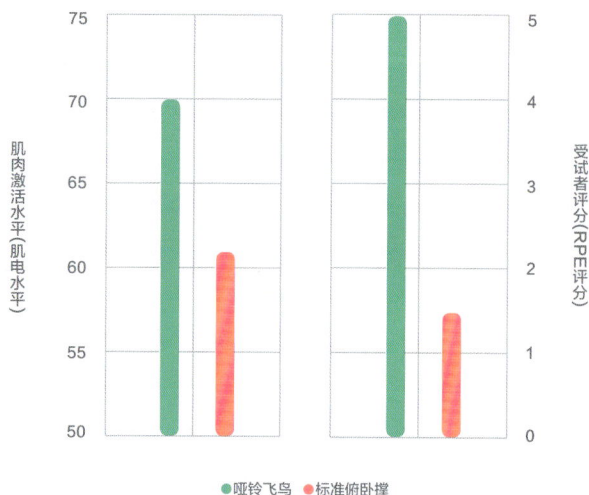

●哑铃飞鸟 ●标准俯卧撑

　　哑铃飞鸟与标准俯卧撑相比，肌肉激活水平更高，RPE评分也更高。哑铃飞鸟由于动作幅度大，关节运动相对孤立，训练重量也较小，还经常被用作胸部PNF拉伸动作，或者直接将小重量的哑铃飞鸟拉伸放到健身训练的最后一组，与力量训练同时进行，最大限度地激发身体的肌肉力量，增强增肌减脂的效果。

Tips

　　PNF拉伸，简单来讲，就是在静力性拉伸训练之后，增加主动收缩的训练，可以有效增加柔韧性和力量，促进肌肉围度的增加。

　　用哑铃飞鸟做PNF拉伸时，动作底端一定要尽量向下，尽可能地感受胸肌被充分牵拉开。

胸部拉伸动作

训练后进行拉伸，有助于增强你的健身效果，能更好地带你增肌减脂和增加肌肉力量。再者，拉伸可以更好地增加肌肉的整体协同性，肌肉增长的能力也会更强。（要注意的是，除了这两种常规拉伸外，弹力带夹胸和哑铃飞鸟也可以作为PNF拉伸动作，在胸部训练的最后一组或训练完成后进行。）

胸部单侧静态拉伸

1 面向墙站立，一只手掌抵住墙，腿蹬地，缓缓转动身体，使得大臂与身体的角度改变，拉伸胸大肌。

2 动作最底端，保持10~15秒，感受目标肌群拉伸，至有酸胀感；
胸肌主动发力推墙，缓慢回到初始姿势，建议时间4~6秒；
一侧做完换另一侧。

静力拉伸，是目前比较流行也最常见的拉伸方法：通过缓慢地将肌肉、肌腱、韧带拉伸开，更好地增强肌肉的整体协同性和肌肉的柔韧性。建议放在力量训练结束后进行。

扩胸弹振拉伸

1.
自然站立，腰腹收紧，背部挺直；
双臂向前伸直，平行于地面。

2.
直臂快速打开至最大，感受肌肉回弹，极限拉伸，动作过程中感受胸部的拉伸。

Tips

由于动态弹振拉伸法在动作过程中，能比较快速地拉伸肌肉筋膜，会对肌肉力量有比较大的影响，是最可能降低肌肉力量的拉伸方法，所以一般都要放到最后进行。

五、胸部训练计划：男性版&女性版

男性胸部整体打造计划

扫描二维码即刻开始训练

以增加胸部力量和拥有厚实方正的胸肌为主，雕刻上胸饱满度和中缝细节为辅。可以与肱三头肌训练一起进行。

动作	个数/时间	组数	组间休息（s）
击掌俯卧撑	力竭	3	2~5min
下斜窄距俯卧撑	15个	3	30~90
上斜宽距俯卧撑	15个	3	30~90
弹力带交叉夹胸	12个	3	30~90
弹力带对握夹胸	12个	3	30~90
弹力带反手夹胸	12个	3	30~90
弹力带屈臂夹胸	12个	3	30~90
胸部单侧静态拉伸	30s	4	30~90

女性胸部整体打造计划

扫描二维码即刻开始训练

以增加胸部围度、塑造胸形为主，聚拢胸部和提拉胸部高度为辅。可以与肱三头肌训练一起进行。

动作	个数/时间	组数	组间休息（s）
跪姿俯卧撑	10个	3	30~90
弹力带钻石俯卧撑	12个	3	30~90
弹力带交叉夹胸	12个	3	30~90
弹力带屈臂夹胸	12个	3	30~90
弹力带反手夹胸	12个	3	30~90
地板哑铃卧推	15个	3	30~90
健身球哑铃飞鸟	12个	3	30~90
胸部单侧静态拉伸	30s	4	30~90

参考文献

[1] 杨绍仪. (2013). 俯卧撑动作上肢肌肉及胸肌工作特征的肌电研究. (Doctoral dissertation, 宁波大学).

[2] 张素杭. (2010). 不同姿势与不同负荷卧推动作的肌电特征分析. (Doctoral dissertation, 天津体育学院).

[3]Schanke, W., Porcari, J. P., Felix, E., Hendrix, C., & Foster, C. (2012). Top 3 most effective chest exercises.

[4] Clark, R. A., Bryant, A. L., & Humphries, B. (2008). An examination of strength and concentric work ratios during variable range of motion training. Journal of Strength & Conditioning Research, 22(5)：1716-1719.

[5] R Engrazia，F Porto，G Sepúlveda. (2008). Electromyography analysis of three different types of chestexercises: inclined bench press, inclined dumbbell press and inclined dumbbellfly.ResearchGate.

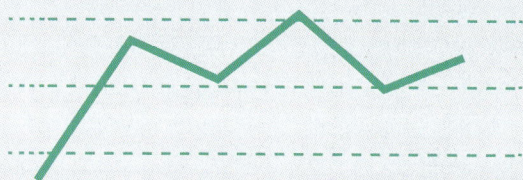

背，不但是你身材轮廓的重点，更是你身姿健康的关键——

男性的宽阔身形？女性的优美身姿？

探颈？高低肩？圆肩？驼背？脊柱侧弯？翼状肩胛？

完美背影，从此开始！

背一完美背影的关键!

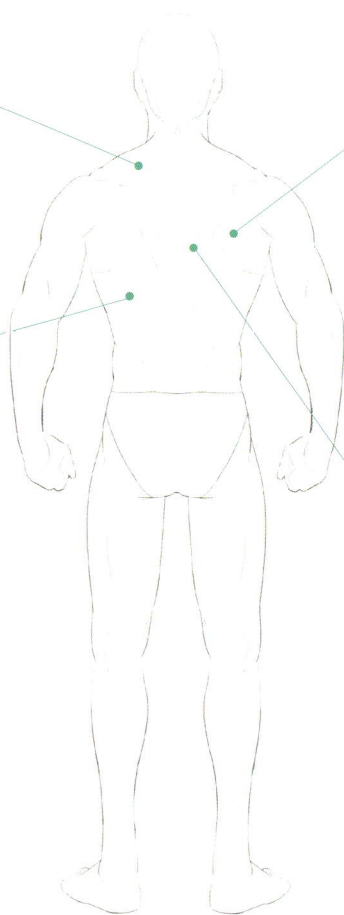

Chapter 5

斜方肌中上部

弹力带
低位对握划船

背部整体

正手宽距
引体向上
正手俯身
哑铃划船
颈后宽距
引体向上

背阔肌

反手窄距
引体向上
反手俯身
哑铃划船

斜方肌中下部

弹力带
高位对握划船

拉伸

跪姿伏地
背部拉伸

背部整体

正手宽距
引体向上

背阔肌

反手窄距
引体向上
反手俯身
哑铃划船

斜方肌中上部

弹力带
高位对握划船

拉伸

跪姿伏地
背部拉伸

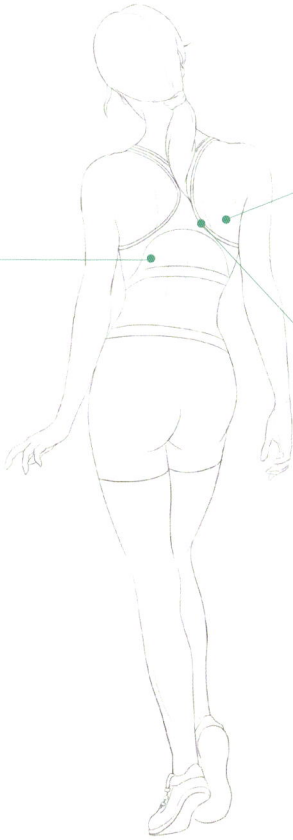

1M²
硬派健身
TOUGH
WORKOUT

5
Chapter

166

一、背部训练重点

		背阔肌	斜方肌			上背肌群（肩袖四肌和大圆肌）
			上部	中部	下部	
视觉效果	男	使得身形宽阔，"倒三角"的体形衬托得腰比较细。	让人看起来有力、霸道。	决定了背部的厚度和整体视觉。	决定了背部的厚度。	肩关节健康，优美的细节。
	女	美化整个上半身的身体形态和曲线美态。	一般人练习须有度，不然容易练成溜肩。	挺拔优雅的身姿。	挺拔优雅的身姿。	
推荐动作		颈后宽距引体向上、反手俯身哑铃划船、反手窄距引体向上、正手俯身哑铃划船、正手宽距引体向上、弹力带高位对握划船、跪姿伏地背部拉伸、弹力带低位对握划船。				
男性训练重点		√	√			大圆肌
女性训练重点				√	√	肩袖四肌

*竖脊肌将在第九章核心肌群部分介绍，属于上背肌群的三角肌后束将在第七章肩部章节介绍。

二、为什么要练背：身姿健康，身材轮廓的重点

说到运动健身，你更关心练哪儿？很多人刚开始时，想到的估计都是平坦的小腹、人鱼线、马甲线等，不过这只能算是对身材有所重视，并不算健身入门。

当男性开始雕塑方正有力的胸肌，当女性开始追求挺翘的胸部和臀部，也就意味着他（她）认识到力量训练对身材塑形减脂的重要性，开始正式踏入正确、科学的健身道路了。

那么如何判断一个人是否可以从新手成功晋级呢？意识到背部的重要性，就是很关键的一步。健身界流传很久的一句话"新手练胸，高手练背"，说的也就是这个道理。

事实上，在健身训练中，我们经常会发现这么一种现象，很多朋友在通过一定的训练后，已经拥有正面"看起来很有型"的身体，但这之后，无论怎么努力，整个身体姿态都没有变得更好，或在某个阶段停滞不前。

为什么？正是因为缺少了背部的训练，没有足够的背部力量来撑起你的整个身形！

背部，是决定你的身材与身姿好看与否的一个关键因素。男性宽阔的身形，女性优美的身姿，都和背部有很大关系。

而作为一个复杂而重要的整体，背部不但决定了你整个身体的轮廓基础，同时由于它连接脊柱，也影响着你的身姿和骨骼健康。大多数现代人各种难看的身姿问题，如探颈、高低肩、圆肩、驼背、脊柱侧弯、翼状肩胛等，也都跟背部肌群息息相关。

所以，背部训练很重要！

三、背部训练有重点，男女练背大不同

背部怎么练？这要从背部的构成说起。要知道，相对于胸肌只有一块大肌肉来讲，背部的构成实在是太复杂了。

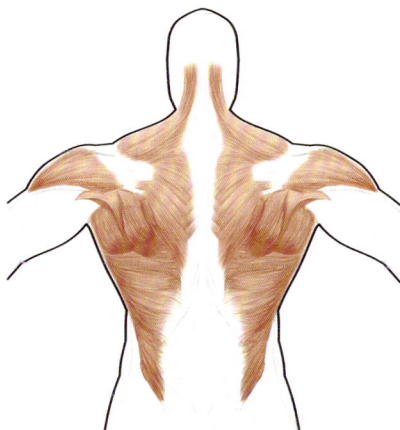

从上图中我们可以看到，背部的肌群非常多，线条复杂。表层肉眼可见的需要训练的肌群就有背阔肌、斜方肌、肩袖四肌、竖脊肌等，深层的还有菱形肌等与背部健康息息相关的重要肌群。

如果粗加分类，我们大致将背部分为背阔肌、肩袖肌群、斜方肌群、竖脊肌群四个大类。由于竖脊肌群会放在核心肌群章节介绍，所以下面就先简单介绍一下其他三个背部大肌群的作用及训练方式。

> **Tips**
>
> 竖脊肌（位于下背部，脊柱两侧）以及深层的多裂肌等，虽然是背部的重要肌群，但是我们一般更多地将其放在核心肌群当中去训练，具体可以参考本书第九章。

背阔肌，最宽阔的"翅膀"

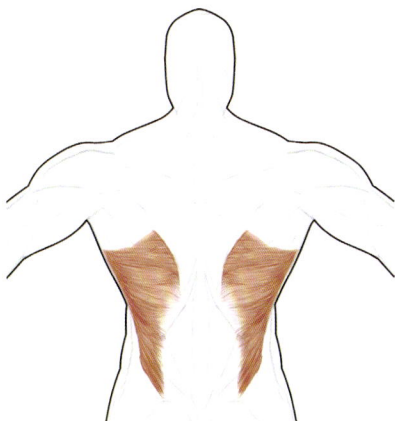

　　背阔肌，其拉丁语（及英语）名称"latissimus dorsi"意为"背部之最宽阔者"，是上半身最大的肌肉，也是上半身最有力的肌肉之一。另外，从身形上看，背阔肌直接决定着整个上半身的宽度和背部的整体形态。

　　女性背阔肌练得好，可以很有效地美化整个上半身的体态，显得整个身体富有曲线美。

　　而男性所追求的宽阔、有安全感的背部，很大程度上也是由背阔肌来决定的。无论是从正面还是背面看来，背阔肌都是"倒三角"体形的关键组成部分。背阔肌练得好，可以让你看起来肩宽腰细呈"V"字形，也更加有曲线感。

　　此外，背阔肌也决定着背部的整体力量的强弱。几乎所有的上半身或全身运动，都有背阔肌参与，而很多爆发力动作，比如拳击、抽击球等，很大程度上也都是由背阔肌的力量决定的。

Tips

背阔肌最佳训练动作
反手引体向上、颈后引体向上、反手俯身哑铃划船。
反手训练可以最大限度地刺激背阔肌整体。

斜方肌，男性背部厚度，女性优美身姿的关键

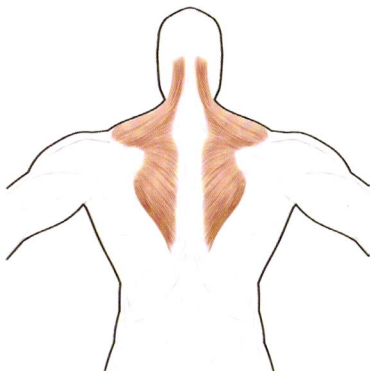

斜方肌

如果说背阔肌决定了背部是否宽阔，那么斜方肌群就是背部形态健康与否的关键。

斜方肌群：纵向从颈部一直延伸到胸椎下部，横向连接着肩胛骨，深层肌群则连接了肩胛骨和脊柱，对于我们的体形仪态很重要。

另外，位于斜方肌的中下部深层的菱形肌，也是影响着高低肩、探颈等身姿矫正问题的关键。不过由于菱形肌并不会单独活动，更多的是与斜方肌协作运动，所以在这里我们就把它与斜方肌的训练放在一起。

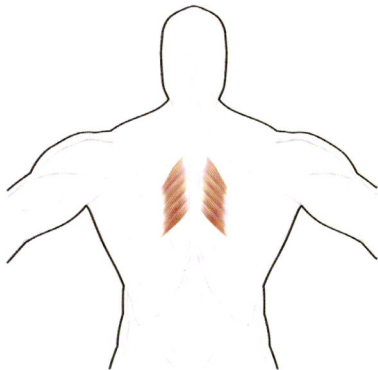

菱形肌

根据其肌纤维的走向，斜方肌一般被分为上、中、下三个部分。下面是为大家简单总结的斜方肌不同部位的具体作用及最佳训练动作。

Tips:斜方肌最佳训练动作			
	斜方肌上部	斜方肌中部	斜方肌下部
视觉作用	位于脖子两旁，练起来会让人看起来有力，一般人练习需有度，不然容易练成溜肩。	决定了背部的厚度和整体视觉，可以同时纠正探颈、翼状肩胛等身姿问题。	决定了背部厚度，以及高低肩、脊柱侧弯等身姿问题。
最佳训练动作	弹力带前平举 哑铃站姿前平举	哑铃俯身内旋侧平举 弹力带对握划船	哑铃俯身外旋侧平举 弹力带高位下拉

上背肌群，肩关节健康、优美的细节

上背肌群包括肩袖四肌和三角肌后束，一般认为其与肩关节的健康息息相关。

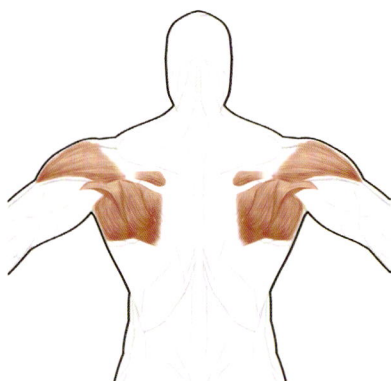

上背肌群

要知道，肩关节是个很特殊的部位，其发力肌群（胸大肌、三角肌前束等）相对都很牛×，而缓冲肌群（肩袖四肌、三角肌后束等）由于日常训练得较少，相对

1M²
硬派健身
TOUGH
WORKOUT

5
Chapter

172

则比较弱。所以肩关节非常不稳定，人们很容易得肩部撞击综合征或者脱臼等。

而练好上背肌群，强化肩关节的缓冲，就可以很好地解决这个问题。

另外，现代人由于工作学习的原因，长期不正确姿势久坐，或者健身只练胸不练背，导致身体前侧肌肉太强，后侧的肌群过弱，从而出现圆肩等上交叉综合问题，这也可以通过上背肌群的训练，得到很好的改善。

Tips

后天仪态问题，大多可以解释为肌力不平衡所致。改善和矫正的关键在于强化薄弱肌群，舒缓僵硬肌群。具体的训练动作和训练方式，我们会在第十章介绍。

Tips

上背肌群最佳训练动作
L侧平举、哑铃俯身侧平举、正手宽距高位弹力带下拉。
正手训练可以兼顾背阔肌和上背肌群。

前面我们介绍了背部肌群的三大部分、特点及最佳训练动作。总的来说，背部肌群是否均衡发展，是决定我们背部是否好看，体态是否优美的关键。

不过有同学可能要问了，既然背肌可以分为几大部分，那我如果觉得自己只有某一方面需要强化的话，可不可以只练背阔肌或者只练斜方肌这一个部分呢？

事实上，虽然我们一直说人体的构成是非常复杂的，但我们也一直强调，部位训练应该着重整体的协调和平衡。背肌训练也是一样的道理。虽然背肌构成很复杂，但在生理上，它却必须作为一个整体来作用。所以想要拥有好看的背肌，也必须各个部位都有所兼顾，注重整体性和协调性。

此外，从燃脂方面来讲，背部肌群数量众多，体积也很大，燃脂能力超强。练好了背肌，也可以帮助想要减脂塑形的你更好地实现拥有好身材的目标。

不过，背部训练也的确没那么简单，不单各个部位的训练方式不同，不同人群的训练要点和训练目的，也有所不同。

对于男性来讲，背部训练的重点在于让整个人的背部轮廓向外扩展，从而让体形看起来是完美倒三角形：肩宽、背厚、腰细，甚至不单单是美化你的背部，还可以从正面也清晰地看到它们，让它们更好地修饰你的身体。

一句话：男性练背的重点，在于大肌群向外部的扩展。

那么想要拥有这样宽阔有力的背部，男性朋友应该重点训练哪儿呢？首先当然要练背阔肌，它是背部也是上半身最大的肌群，直接决定了你上半身的宽度和背部的整体形态。

其次则应该练你的斜方肌上部以及大圆肌，它们决定着你背部的厚度，让你看起来更加霸气有力。（当然，如果你是高手，任何肌群都应该是你训练的重点，不该有所遗漏。）

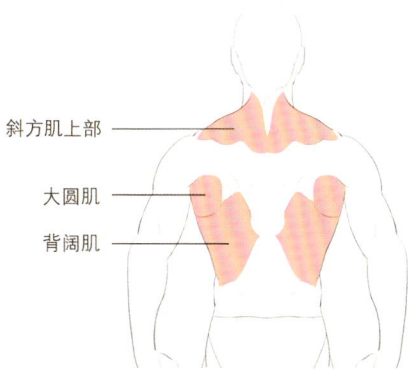

斜方肌上部
大圆肌
背阔肌

男性背部训练重点

从上图可以看到，男性背部训练的重点肌群都是身体轮廓最外边的肌肉。比如斜方肌是上背部轮廓的最外缘，大圆肌是手臂腋窝处的最外缘，而背阔肌则是腋下到腰际轮廓的最外缘。

所以，经由相关的训练，这些身体轮廓外缘的肌群发展，可以让你的整体轮廓向外打开，从而达到优化体形的目的。

而对女性来说，训练要点就完全不同了。很多女生虽然知道背部训练的重要性，但是总担心背没练好，反而把脖子练没了，或者把背练宽了，不但没练出优雅的背影，反而显得没脖子，虎背熊腰的。

所以女性练背的重点，应该在背部的中心区域，比如肩袖肌群、斜方肌的中下部、深层的菱形肌等。这些肌群可以让女性的背部看起来优雅、丰润、挺拔，

1M²
硬派健身
TOUGH
WORKOUT

5
Chapter

174

但又不会过于宽阔或发达。

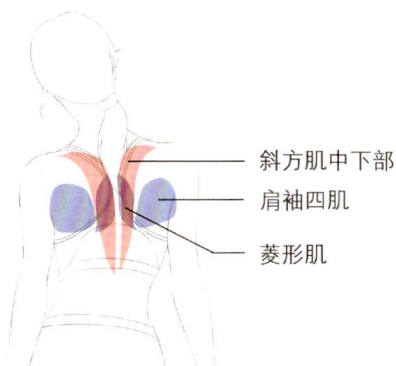

斜方肌中下部
肩袖四肌
菱形肌

女性背部训练重点

而容易让背部变宽的背阔肌，或者是容易练成溜肩的斜方肌上部这些肌群，女性不用过于锻炼。

另外，很多身姿问题，比如圆肩、高低肩、翼状肩胛等，并不是因为大肌群没力量（大肌群都很有力），而恰恰是中小肌群比较薄弱造成的。所以，对于想要改善身姿和体形的女性朋友而言，斜方肌中下部、肩袖肌群、三角肌后束等中小肌群，也是你们的背部训练重点。

Tips:男女背部的不同训练重点		
	男性	女性
训练目的	宽阔身形	优雅身姿
主训肌群	背阔肌 斜方肌上部 大圆肌	斜方肌中下部 肩袖四肌 菱形肌

四、有型背部，怎么练？

引体向上

说到背部训练，大家一定会首先想起引体向上。引体向上应该算是少数几个不用去健身房，也可以高效训练背部的动作了。在小区健身设施上、学校操场横杆上或者家里买个引体向上架子，都能比较方便地做到。

引体向上之所以如此有效，是因为其动作轨迹非常接近背阔肌本身的发力方式：攀爬。背阔肌生理上反向连接肱骨小结节嵴，主要负责在过头位时起作用，发力将肱骨拉向躯干。而引体向上正是过头位把肱骨向回拉的动作，所以非常符合其发力原理。

另外，引体向上有多种做法，按不同的握法、握距和身体位置，大致可以分为正握、反握、宽距、窄距、颈前和颈后四指握几大类，而不同握法和握距的引体向上，对背阔肌也会有不同程度的刺激。

先说结论，几种引体向上中，对背阔肌激活程度最高的，是颈后宽距引体向上，其次是反手宽距引体向上，再次是正手宽距引体向上，最后才是我们平时常用的正手窄距引体向上。[1]

引体向上最优动作排行榜

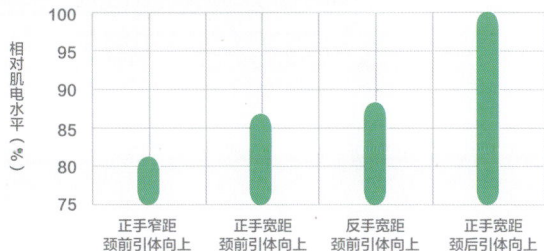

相对肌电水平（%）

正手窄距颈前引体向上	正手宽距颈前引体向上	反手宽距颈前引体向上	正手宽距颈后引体向上
80	86	88	100

从图中可以看到，颈后宽距引体向上比其他动作对背阔肌的激活水平都高。

颈后宽距引体向上

1

双手相距1.5倍肩宽，
掌心向前正握横杆；
身体自然下垂，背阔肌
充分伸长。

2

背阔肌发力收缩，带动身体向上拉起；
动作过程中不要借力摆动身体，一旦肩部
有异样，立即停止；
动作过程中感受背部的持续收缩与紧张。

3

拉至横杆接近或触及颈后时静止，
顶峰收缩1~2秒；
控制背肌力量，缓慢下降还原，重
复动作。

> > > > > > >

替换动作

弹力带颈后高位下拉

可能会出乎大家的意料，颈后宽距引体向上是对背阔肌最佳的激活动作。

实际上，背部肌群是一个非常复杂的构成。除了背阔肌以外，还有上背的六个肌群和斜方肌等。而一般在引体向上这种多关节大肌群的动作中，所有相关肌群都会协同发力，一起把自己举起来。

然而，参与的肌群越多，说明目标肌群的相对受力就可能越小。而颈后宽距引体向上最大的特点就在于，限制了其他肌群的发力，只依靠背阔肌的力量将自己举起来，所以它对背阔肌的训练效果最好。

举个例子，如果你是老板，想要一个员工充分发挥工作能力。那么你有两种选择，第一，给他配备最好的下属、同事，这样能让他得心应手地工作，但是工作强度可能并不大；第二，只配给他一两个必需的下属，还给他一个很高的工作要求。在这种情况下，他会全力以赴地完成自己的工作。这两种方法没有谁对谁错。第一种就好比在健身房训练，健身重量随便你调配，器械高位下拉，你可以选择100公斤或200公斤的重量来满足训练背阔肌的需求。不过在你公司缺钱缺人的情况下，第二种方式其实是最合适的。而自重训练，就是缺钱缺人的情况，你的训练重量局限于你自身的体重，所以你只能通过各种其他方式，来让背阔肌更多地参与发力。

当然，限制相关肌群发力并不是没有代价的，由于上背肌群的作用，肱骨好好地放在肩窝里，如果你限制上背肌群的发力，一心想要训练背阔肌，那么也就意味着你放弃了上背肌群对肩关节的保护。所以颈后引体向上，相对更容易损伤到肩关节，导致拉伤和脱臼。请大家在选择时，酌情考量自己的训练水平。

另外，如果你做不起来颈后宽距引体向上，也可以试着将弹力带一端连接腰带系在腰间，一端系在引体向上架子上，这样可以消去你一部分的体重负荷，同时保护你的肩关节，让你更容易完成动作，同时也更加安全。

Tips：颈后宽距引体向上	
目标肌群	刺激背阔肌，增强背阔肌力量。
适合人群	高阶训练者。
注意事项	容易损伤肩关节，训练过程中肩部如有异样，要立即停止。

1M²
硬派健身
TOUGH
WORKOUT

5
Chapter
178

反手窄距引体向上

1 ❯

掌心朝向身体，反握横杆；
身体自然下垂，背阔肌充分伸长。

2 🕐

背阔肌发力收缩，带动身体向上
拉起；
动作过程中不要借力摆动身体，
身体可略微后倾；
动作过程中意念集中在背阔肌。

3 ❯

动作最高点静止2~3秒，感受背
部的持续收缩与紧张。

>>>>>>

替换动作

弹力带反手窄距高位下拉

反手引体向上是对背阔肌刺激水平第二高的动作，然而，这个动作并不是通过限制上背肌群的发力角度来增强背阔肌训练效果的。反手引体向上之所以训练效果好，是因为它能使背阔肌更好地发力。

● 更适合背阔肌的反手动作

最佳的肌肉锻炼动作应该是符合肌肉本身的生理原理的。背阔肌的主要作用是将肱骨内收，也就是把肱骨拉回身体。

这和胸肌几乎一样，都是应对我们攀爬、投掷的主要肌群。因此两个大肌群的生长结构也很相似，是拧着止于肱骨小结节嵴的。

所以背阔肌和胸肌一样，对于反手和过头位（胳膊高于头上）动作的应激反应特别强。胸部训练动作，如反手拉索夹胸或反手俯卧撑等都是对胸肌刺激很强的动作，而背部就是反手引体向上和反手高位下拉。

也就是说，反手引体向上是一个接近"自然"的动作，这个动作相对更加安全，也更适合加大训练重量。高阶训练者可以尝试用弹力带增加阻力。

此外，反手引体向上还能很好地训练到肱二头肌[2]，对于男同学来说，这应该算是一个针对上半身肌群的综合最佳动作了。肱二头肌在反手窄距引体向上中有更高的贡献率，也就是说反手的握法对激活肱二头肌更有效。

肱二头肌在不同姿势引体向上中的贡献率

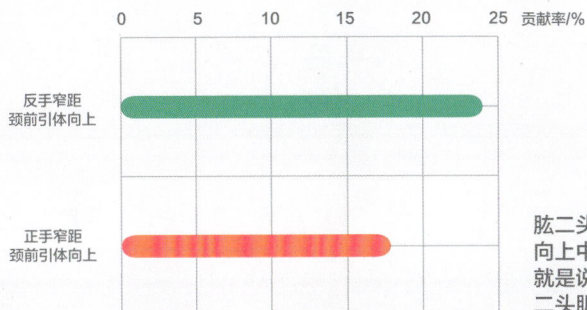

肱二头肌在反握的窄距引体向上中有更高的贡献率，也就是说反握的握法对激活肱二头肌更有效。

正手宽距引体向上

1 双手宽握，掌心向外正握横杆；
身体自然下垂，背阔肌充分伸长。

2 背阔肌发力收缩，带动身体向上
拉起，尽量避免胳膊发力；
动作过程保持背部反弓，身体可
略微后倾，不要借力摆动身体。

3 动作最高点胸部与横杆接
近，静止1~2秒。

>>>>>> 替换动作

弹力带低位宽距引体向上   弹力带高位宽距引体向上   弹力带正手宽距高位下拉

宽距引体向上的特点在于能够很好地综合训练背部和上背肌群，是所有健身者背部训练综合价值最高的一个。

对比正手窄距，正手宽距由于发力角度问题，拉起来的力量更大，所以训练效果也更好。这是高中物理的问题，我就不在这儿讲了。

另外，正手宽距不单刺激背阔肌，还更加考验上背肌群的发力，同时，它对三角肌后束的训练效果也更强[2]。

三角肌后束在不同姿势引体向上中的贡献率

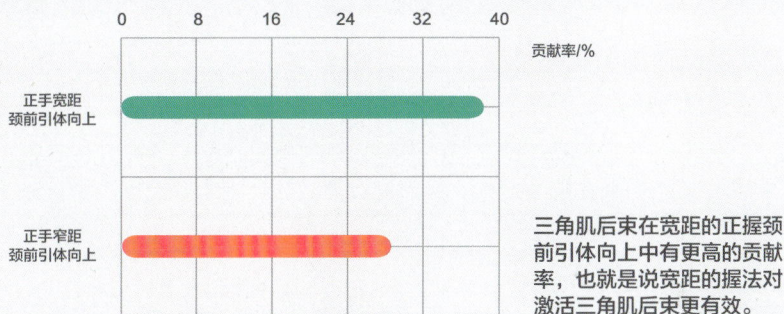

三角肌后束在宽距的正握颈前引体向上中有更高的贡献率，也就是说宽距的握法对激活三角肌后束更有效。

三角肌后束在正手宽距颈前引体向上中有着更高的贡献率，也就是说，宽距动作对激活三角肌后束更有效。

不过要记住，背一定要反弓，拉至胸口，这样对背阔肌的训练效果更好。

Tips

正手宽距引体向上，背部一定要保持反弓，这样对背阔肌、上背肌群和三角肌后束都有很好的训练效果。

1M²
硬派健身
TOUGH
WORKOUT

5
Chapter

182

哑铃划船

背部训练不比其他部位，最大的麻烦就在于，由于背部肌群的发力角度问题，在家真的很难有效训练。

Tips

背阔肌的作用是拉而非推，不能像做俯卧撑一样，用两只手就练了。居家很难做这类动作。

引体向上，体重过轻者做没有意义，大重量体重者又没有办法高效完成，虽然对背部综合很有效，却始终有一定的局限性。

而背部的其他经典动作，如高位下拉和拉索划船等，如果不使用弹力带，是无法在家进行的。

不过还好，如果你有一副哑铃，就可以选择哑铃划船。哑铃划船真是少数几个居家训练还能如此高效的动作。我们可以看到，根据实验测算，单讲对于背阔肌的刺激，反手和对握的哑铃划船比两种常规正手高位下拉还略胜一筹[3]。

在这几个动作中，反手俯身哑铃划船对背阔肌的激活水平最高。

不同动作对背阔肌激活水平的影响

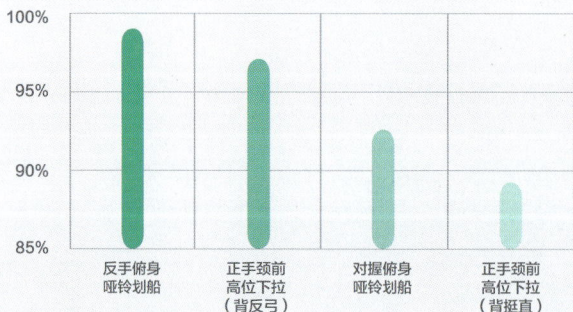

可以看出，反手俯身哑铃划船对背阔肌的激活水平比其他动作更高。

（图表横轴）反手俯身哑铃划船 | 正手颈前高位下拉（背反弓）| 对握俯身哑铃划船 | 正手颈前高位下拉（背挺直）

（图表纵轴）85% 90% 95% 100%

反手俯身哑铃划船

1°

俯身站立，腰腹收紧，背部挺直，膝盖微屈；
双手持哑铃自然下垂，掌心向上（反手）。

2°

保持上身不动，双臂沿体侧上拉哑铃至最高点，向上拉起哑铃时肘部尽可能贴近躯干；
顶峰收缩1~2秒，感受背部肌群的顶峰收缩，缓慢放下。

>>>>>> **替换动作**

弹力带低位反手划船

弹力带高位反手划船

弹力带横杆低位反手划船

反手哑铃划船是对背阔肌训练最为高效的一个划船动作。

首先，反手动作更适合背阔肌发力，所以反手的哑铃划船本身就对背阔肌有很好的刺激作用!

反手划船起始姿势

其次，与传统讲究上半身平行于地面的哑铃划船不同，反手哑铃划船最大的特点在于上半身与地面角度很小，采用半蹲姿势，上半身更直。这样可以大大减小腰背压力，也可以采用更大的训练重量来刺激背阔肌。要知道，背阔肌作为上半身第一大肌群，没有足够大的负荷，训练效果会大打折扣哦。

最后，反手哑铃划船在动作过程中，一定要注意夹紧背阔肌，也就是双手夹紧躯干，感受到背部收缩的过程，这样才可以全面地训练到背阔肌、上背、背部中心等背部整体肌群。

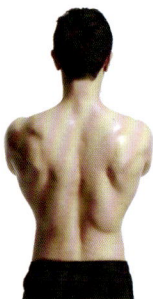

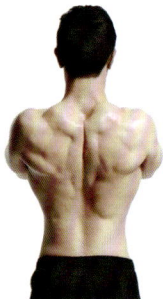

放松状态   肩胛夹紧状态

Tips

划船过程中，双肘一定要夹紧躯干，肘尖不要外扩，而要内夹。夹紧背阔肌可以更高效地训练背阔，否则压力就会向上背转移。

正手俯身哑铃划船

1 俯身站立，腰腹收紧，背部挺直，膝盖微屈；
双手持哑铃自然下垂，掌心朝向身体。

2 保持上身不动，双臂沿体侧上拉哑铃至最高点；
感受背部肌群的顶峰收缩，停顿1~2秒，缓慢放下。

>>>>>> **替换动作**

弹力带低位正手划船　　弹力带高位正手划船　　弹力带横杆低位正手划船

1M²
硬派健身
TOUGH
WORKOUT

5
Chapter

186

正手俯身哑铃划船，是针对斜方肌中下部以及上背部肩袖肌群的有效训练动作。女同学多做这个动作，可以使身姿优美，更好地雕塑背部细节。而对于男性来说，使用大重量训练做这个动作，也可以让背部的中心部分更加厚重，肌肉线条更加清晰。

另外，斜方肌的骨骼连接点在肩胛骨，所以斜方肌在生理上负责控制肩胛骨的移动。而正手划船的重点，不能只看手臂移动不移动，关键在于肩胛肌群的夹紧和收缩。

正手划船起始姿势

Tips

斜方肌上部决定着背部的厚度，可以让你看起来霸气有力，但是也会让你看起来溜肩、脖子粗、虎背熊腰。所以，女性朋友一定要尽量避免自己的训练重心偏移到斜方肌上部。

为了更高效的训练效果，建议大家在做正手哑铃划船时，要保证你的上半身前倾，尽量与地面平行，让手臂垂直于地面。这样可以将你的发力肌群，从斜方肌上部调整到斜方肌中下部分，既能避免训练到斜方肌上部，同时也能更好地感受肩胛收缩。

还需要注意的一点是，正手划船的训练重量不宜过大。由于动作本身需要上半身前倾，尽量平行于地面，以及对下背部有一定压力，太大的重量不但更容易导致训练后腰痛，也更容易受伤。

弹力带划船

前面我们介绍了引体向上和哑铃划船，正握反握姿势都有，但是大家可能发现了，我们并没有介绍对握姿势的练背动作。而对握可是训练我们背中肌的重点所在。

背中部，主要是指斜方肌，尤其是斜方肌中下部，以及菱形肌小菱形肌等。（一般人不建议专门训练斜方肌上部，因为一不小心容易练成溜肩。）

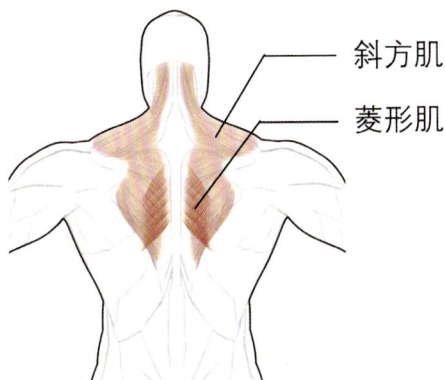

菱形肌位于斜方肌的中下部深层，一般与斜方肌协作运动

Tips：背中部主要肌群	
斜方肌中部	决定背部的厚度和整体视觉，同时纠正探颈、翼状肩胛等身姿问题。
斜方肌下部	决定了背部厚度，以及高低肩、脊柱侧弯等身姿问题。
菱形肌群	位于斜方肌中下部深层，和身姿问题相关，和斜方肌协作运动。

背中肌的训练也是背部的训练重点。无论是女性希望自己的背部线条看起来更优美，并且改善圆肩、高低肩等身姿问题，让身姿更挺拔优美，还是男性希望背部的线条能更加清晰，细节能更丰富，都和背部中心区域密切相关。

另外，练好背中肌，也可以使女性避免背部越练越宽的尴尬情况。所以，背中肌是非常重要的训练部位。

1M²
硬派健身
TOUGH
WORKOUT

5
Chapter

188

对握可以有效训练背中肌，但是在哑铃划船中，我们并没有介绍对握哑铃划船，为什么呢？主要是由于背部作为大肌群，需要足够大的训练重量才能有效刺激，而对握哑铃划船训练负荷较小，就不能达到很好的刺激效果了。

所以综合来看，弹力带对握划船自然就是居家背中肌的最优动作。

另外，弹力带划船还可以更换手柄和握法，正手反手都可以做，可以很好地训练到上背肌群和背阔肌，也是背部整体的一个很好的训练动作哦。

从训练过程来说，这也是一个可以让你很好地体会背部训练要点"挤压和静止"的绝佳动作。

奥林匹亚先生菲尔·西斯曾经称自己的背肌训练秘籍就是"挤压和静止"："静止"指的是顶峰收缩；而"挤压"则是动作过程中，肩胛骨感觉靠近、收缩，大臂后拉到极致，整个背部被挤压收缩在一起的状态。

对握划船的姿势有利于充分挤压背中肌，从而更有效地训练深层肌群，更利于身姿优美。

Tips：不同握法的针对肌群				
正握	反握	对握	高位	低位
上背肌群	背阔肌	斜方肌	背阔肌 斜方肌中下部	上背肌群 斜方肌中上部

弹力带高位对握划船

1°

腰腹收紧，背部挺直，膝盖微屈；掌心相对，手臂伸直，持弹力带手柄于身体前上方。

2°

上半身不动，双臂尽量紧贴身体，沿体侧下拉弹力带握柄；顶峰收缩1~2秒，感受背部肌群的挤压，缓慢恢复。

>>>>>> **替换动作**

哑铃俯身单臂划船

高位对握划船，适合初学者和女生的背中肌高效训练，它负荷相对较小，可以帮你更好地找到背中肌的收缩发力感觉。

动作过程中一定要注意两臂尽可能地靠拢，贴紧身体，尽可能地感受背中肌的充分收缩和挤压，这样训练效果会更好。

1M²
硬派健身
TOUGH
WORKOUT

5
Chapter

190

弹力带低位对握划船

1 腰腹收紧，背部挺直，膝盖微屈；掌心相对，手臂伸直，持弹力带手柄于身体前下方。

2 上半身不动，双臂尽量紧贴身体，沿体侧拉起弹力带握柄；顶峰收缩1~2秒，感受背部肌群的挤压，缓慢放下。

>>>>>

替换动作

哑铃俯身单臂划船

低位对握划船训练阻力相对更大，更适合有一定训练经验的朋友进行进阶训练。

动作过程中注意保证腰背挺直，动作顶峰强调背中肌的挤压和静止，这样训练效果更好。

背部拉伸

　　背部拉伸，放在背部训练后，有助于更好地促进背部肌群的生长。另外，日常生活中背部肌群过于薄弱、僵硬，导致体态有问题的同学，多做背部拉伸，也有助于放松僵硬的背部肌群，更好地矫正体态，使身姿优美。

跪姿伏地背部拉伸

1 跪姿俯卧在瑜伽垫上，双手伸直撑地。

2 手臂伸直，手掌位置不动，身体向后坐，匍匐于瑜伽垫，感受背部肌群被拉伸。

　　跪姿背部拉伸，也是瑜伽里面很常见的一个动作，可以有效拉伸到背部上方的整体肌群，有利于放松平时紧张的肩胛部位。

　　平时在办公室没有条件做这个动作的，也可以坐在椅子上，整个人向前倾至背部有拉伸感，来做椅子上的背部拉伸。

1M²
硬派健身
TOUGH
WORKOUT

5
Chapter

192

五、背部训练计划：男性版&女性版

男性背部塑形训练计划

扫描二维码即刻开始训练

以宽阔身形和塑造背部厚度为主，以雕刻上背部细节为辅。可以与肱二头肌训练一起进行。

动作	个数/时间	组数	组间休息（s）
反手俯身哑铃划船（热身）	12个	3	2~5min
正手宽距引体向上	12个	3	30~90
颈后宽距引体向上	10个	3	30~90
反手窄距引体向上	15个	3	30~90
弹力带低位对握划船	12个	3	30~90
弹力带高位正手划船	12个	3	30~90
正手俯身哑铃划船	12个	3	30~90
跪姿伏地背部拉伸	30s	3	30~90

女性背部塑形训练计划

扫描二维码即刻开始训练

以挺拔身姿和塑造优雅体形为主，以雕刻背部线条为辅。可以与肱二头肌训练一起进行。

动作	个数/时间	组数	组间休息（s）
正手俯身哑铃划船（热身）	12个	3	30~90
弹力带高位对握划船	12个	3	30~90
弹力带高位反手划船	10个	3	30~90
弹力带低位正手划船	15个	3	30~90
弹力带低位对握划船	12个	3	30~90
反手俯身哑铃划船	12个	3	30~90
正手俯身哑铃划船	12个	3	30~90
跪姿伏地背部拉伸	30s	3	30~90

参考文献

[1] Boeckh-Behrens, W. U., Beier, P., & Buskies, W. (2001). Fitness-Krafttraining: die besten bungen und Methoden für Sport und Gesundheit. Rowohlt-Taschenbuch-Verlag.

[2] 孙太华. (2010). 不同方式引体动作肌肉工作特征的比较研究. 北京体育大学学报, (5)：129-131.

[3] Androutsopoulos, J. K. (2011, July 21). SuppVersity EMG series-latissimus, trapezius & more: the very best exercises for back width & thickness [Weblog]. Retrieved from http://suppversity.blogspot.com/2011/07/suppversity-emg-series-latissimus.html

最有效率、收益最高的健身训练？

快速塑形，同时还能高效减脂的健身动作？

臀腿训练，必不可少！

成就你饱满圆润的臀部，修长笔直的双腿！

让你拥有更强爆发力、弹跳力！

臀腿——女性翘臀长腿，男性更强爆发力的重点！

6

Chapter

臀大肌

弹力带侧向行走
沙发深蹲
酒杯深蹲
弹力带深蹲
自重臀桥
哑铃罗马尼亚硬拉

大腿内侧肌群

弹力带腿内收
侧卧腿内收

拉伸

前弓步臀大肌拉伸
坐姿臀中肌拉伸
触地股二头肌拉伸
站姿股四头肌拉伸
盘腿内侧拉伸

股四头肌

臀中肌

弹力带翘臀分腿蹲
弹力带跪姿腿后踢
弹力带上台阶
自重单腿臀桥
弹力带腿外展

股四头肌

弹力带腿屈伸

股二头肌

弹力带腿弯举
哑铃直腿硬拉

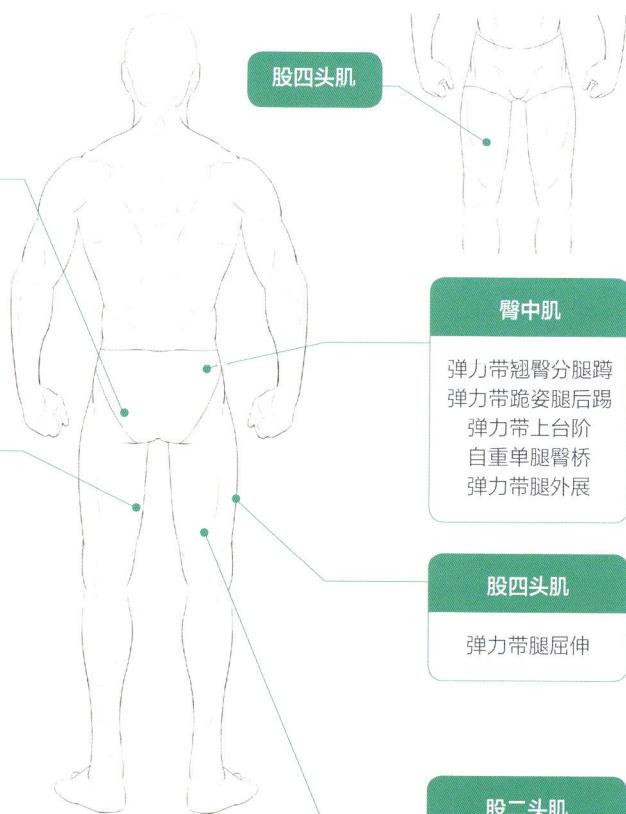

臀大肌

弹力带侧向行走
沙发深蹲
酒杯深蹲
弹力带深蹲
自重臀桥
哑铃罗马尼亚硬拉

大腿内侧肌群

弹力带腿内收
侧卧腿内收

拉伸

前弓步臀大肌拉伸
坐姿臀中肌拉伸
触地股二头肌拉伸
站姿股四头肌拉伸
盘腿内侧拉伸

股四头肌

臀中肌

弹力带翘臀分腿蹲
弹力带跪姿腿后踢
弹力带上台阶
自重单腿臀桥
弹力带腿外展

股四头肌

弹力带腿屈伸

股二头肌

弹力带腿弯举
哑铃直腿硬拉

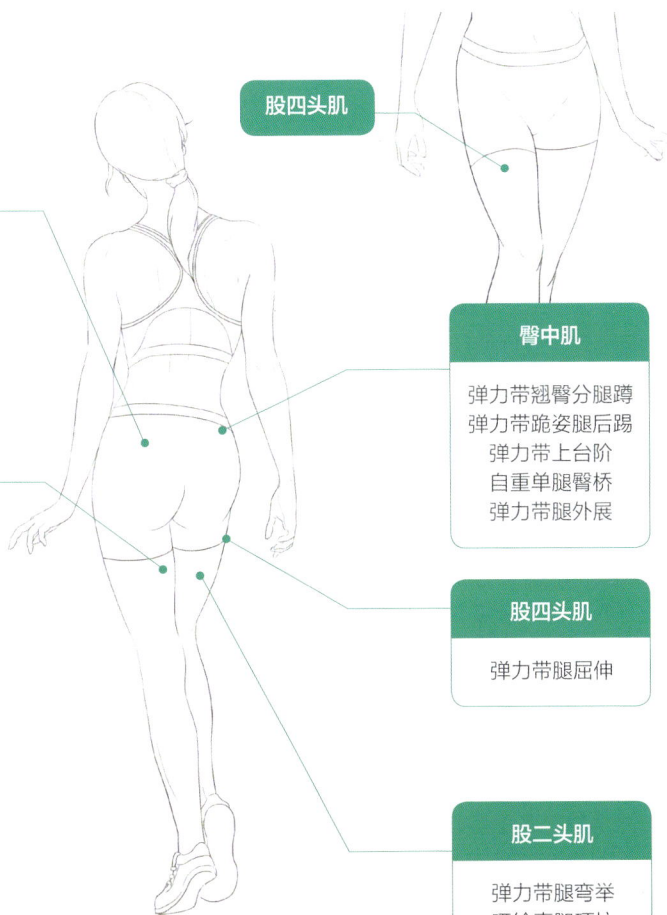

1M²
硬派健身
TOUGH
WORKOUT

6
Chapter

198

一、臀腿训练重点

臀部		
肌群	臀大肌	臀中肌
视觉效果	决定臀部的围度——圆、挺、饱满。	决定臀部的高度——翘、显腿长。
推荐动作	弹力带侧向行走（激活臀部，可用作热身）	
	沙发深蹲、酒杯深蹲、弹力带深蹲、哑铃罗马尼亚硬拉、自重臀桥、前弓步臀大肌拉伸	弹力带翘臀分腿蹲、弹力带跪姿腿后踢、弹力带上台阶、自重单腿臀桥、坐姿臀中肌拉伸
男性训练重点	√	√
女性训练重点	√	√

腿部					
腿形	脂肪腿	腿内侧，肥嘟嘟。	伪肌肉腿（大腿前外侧粗壮）	腿不直	腿不粗，肉乎乎。
原因	身体整体体脂高	大腿内侧肌肉力量弱，看上去没有线条。	生活中，无论跑、走、跳都过于依赖腿前侧的股四头肌，其他肌群不怎么出力，从而导致腿前后肌力不平衡。	见第十章。	缺乏运动
解决方法	HIIT减脂结合大肌群力量训练。	强化腿内侧肌群，紧致大腿内侧。	强化薄弱肌群如股二头肌、大腿内侧肌群等，平衡肌肉。		紧致腿部、雕刻阴影与线条。
推荐动作	见第三章。	弹力带腿内收、侧卧腿内收、盘腿内侧拉伸	哑铃直腿硬拉、弹力带腿外展、触地股二头肌拉伸		弹力带腿弯举、弹力带腿屈伸、站姿股四头肌拉伸

臀腿的重要性，根本不必多谈，我甚至不知道有多少人在购买本书后，直接跳过了前面几章内容，最先看的就是这一章。

如果让我说最近几年新一轮健身热潮开始的标志，我不会说是跑步，那是属于有氧运动的盛会；也不会说是练人鱼线、马甲线，那本质上依旧是追求"瘦"与"体脂低"，并不算健身。

我认为健身热潮的开始，是有一天朋友圈和微博开始全民晒深蹲，女性开始追求翘臀和有线条的腿部，男性开始晒起自己的深蹲成绩，并认识到臀腿力量与爆发力、弹跳力等之间的诸多关系。

臀腿肌群，简单说也就是下半身肌群，包括臀大肌、臀中肌、股四头肌、股二头肌和小腿肌群等，决定着女性的翘臀、细长直腿，以及男性追求的深蹲成绩、弹跳力、爆发力。

另外，臀腿肌群对全身的燃脂贡献和对内分泌的刺激作用也是无与伦比的。臀大肌是全身最大的肌肉，股四头肌是全身最有力量的肌群，小腿三头肌则是全身并列第二强的肌群（详见第八章）。

如果说有什么健身训练是最有效率、收益最高的，如果说有什么健身动作是能让你快速塑形，同时还能减脂的，那么这些动作一定包含臀腿的训练。

1M²
硬派健身
TOUGH
WORKOUT

6
Chapter

200

二、臀部：完美身材最重要的部位！

　　如果说，腰腹是你身材从正面看承上启下的重点部位，那么臀部，则应该是你身材从侧面看承上启下的关键了。

　　无论男女，完美的臀部都是身材的亮点。在英国《夏娃》杂志做过的一次调查中，39%的女性认为男性完美身材最重要的部位是臀部。

　　而在几乎所有文化、所有审美中，女性的腰臀比都是非常重要的一点。其原因可能是，相比所有其他动物，人类婴儿的头部特别大。所以在分娩时，骨盆较大的女性可能更加顺利。久而久之，这就成了健康和美的象征。现在，不少国家还兴起了美臀大赛，女孩们在比赛中秀出自己挺翘浑圆的臀部。

　　臀部主要由臀大肌和臀中肌这两个肌群组成，其中臀大肌决定了你的臀部是否饱满，而臀中肌决定了你的臀部是否挺翘。完美的臀部，饱满和挺翘，缺一不可！

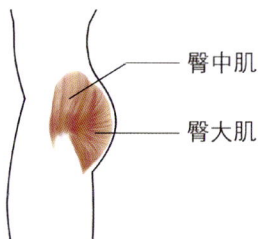

臀中肌

臀大肌

想要臀部既饱满又挺翘，训练过程中要注意臀部发力。感受臀部的激活很重要。

不过，一般健身者在刚开始做臀部训练时，总会遇到一个问题，那就是找不到臀部发力的感觉，经常觉得臀部好像没练到，反而练到了别的地方。比如做深蹲时屁股没感觉，只觉得腿吃力、酸痛等。

确实，臀部肌群本身应该参与到日常下半身大多数的行走跑跳中，但现代人由于长时间久坐，经常弯腰驼背趴在电脑前，导致了髂腰肌、股直肌缩短，让臀部肌肉被拉长、萎缩、松弛，使臀部肌群越来越弱，也越来越难在训练中找到臀部的发力感。

而如果找不到正确的臀部发力姿势，那么在大多数臀腿训练中（深蹲硬拉等基础动作），只能由大腿肌群来承担训练负荷，臀部却不能得到有效的训练，日久天长，只会粗腿，不能翘臀！

另外，找不到臀部发力感觉，也会使很多人在半蹲时不敢往后坐，而是重心向前偏移。这样对膝关节压力更大，也更容易导致膝盖出现问题。

所以在做大多数臀部训练之前，我们推荐先做这个激活臀部的动作——弹力带侧向行走！

激活臀部

弹力带侧向行走

1° 在膝关节或踝关节处绑上弹力带或弹力圈；腰背挺直，半蹲姿势，两脚尽可能分开。

2° 保持半蹲状态，单侧侧向行走，动作过程中感受臀部外侧的持续紧绷；一侧进行一组后换另一侧。

近几年国外非常强调臀肌的激活和参与，弹力带侧向行走就是现代体能研究领域提出来的一个新概念，在目前国外的职业体育热身环节，也经常能看到此动作的出现。

一项研究发现，侧向行走可以大幅提升臀部肌群在之后运动中的募集程度。经过此项运动热身，中枢神经控制下臀肌主动发力的肌电水平大幅提升[1]。

个人分析，弹力带侧向行走之所以有效，是因为半蹲本身就是臀部肌群发力的最佳角度，而侧向行走则是臀中肌等肌群的主要运动方式，所以该动作正好通过合理的发力姿势与运动方式激活了臀部肌群。因此在臀部训练前，用此动作热身，既可以避免练臀只练到腿的窘境，又能达到事半功倍的效果！

臀大肌，决定你的臀部大小和形状！

臀大肌，作为全身最大和第二有力的肌肉，很大程度上直接决定着你臀部的大小和形状。作为全身最大的肌肉，臀大肌是塑形训练的重点，也是你臀部整体围度和身材曲线是否玲珑有致的关键。

作为第二有力的肌肉，臀大肌代表着超强燃脂能力，同时还能显著地影响你身体里各种激素的分泌情况，让你不仅从热量消耗上，也从内分泌调节的角度，更好地增肌减脂。

如果你喜欢看体育运动，你还会发现，所有爆发力项目的运动员都拥有比常人更挺翘的臀部，比如百米飞人博尔特。而近些年的研究也认为，臀部肌群的使用正是爆发力训练的重点所在（博尔特速度超群就与跑步时用臀密切相关）。

Tips

臀大肌的作用

大肌群：决定你的视觉形象。

强有力：超强燃脂，调节内分泌，更好地增肌减脂。

深蹲

说到臀大肌训练，就不得不提深蹲。

接触健身运动的人一定对深蹲都不陌生吧，毫不夸张地说，作为最佳的全身训练动作之一，这几年的力量训练风潮，很大程度上也是由深蹲带动的。

网上疯传的"无深蹲不翘臀"这句话，引领着不少女孩子走上健身之路。而在职业体育领域，不练深蹲或负重深蹲的项目，除了棋牌类，估计也没有了。可见深蹲是一项多么重要和有效的运动。

深蹲除了能够提升整体的力量，最大限度地促进燃脂和身体健康外，还可以很好地塑造臀形和腿形。

不过，在教你完成一个好的深蹲前，我们先来讨论一下，什么是好的深蹲。尤其是一个困扰大家许久的问题——深蹲，膝盖到底要不要过脚尖？

● 过不过脚尖，看你到底想干吗

关于深蹲时膝盖到底能不能过脚尖的问题，已经有很多人讨论过了。不过有时候，看着大家的讨论根本没有在一个点上，各争各的，感觉就是鸡同鸭讲。

要讨论深蹲的脚尖问题，首先应该明确你是想做什么样的深蹲。要知道，深蹲并不是一个动作，而是一类动作的总称。按照细节的不同，可以分为健身深蹲、力量举深蹲、举重后蹲、奥林匹克深蹲等，而每种深蹲都有着各自的标准。

很多人说，深蹲如果想做得标准，脚尖是绝不可能不超过膝盖的。没错，如果你做的是力量举深蹲、奥林匹克深蹲这一类，脚尖不超过膝盖是绝对不可能的。

因为这些深蹲动作，都要求大腿低于水平线，甚至大腿要碰到小腿。在这种情况下，除非你"骨骼清奇，天赋异禀"，不然脚尖不可能不超过膝盖就完成动作，也就谈不上要不要过脚尖的问题了。

不过健身类的深蹲就不同了。以健身为目的的深蹲，是想让大肌群更好地被训练和刺激到，所以动作过程中，大腿基本平行于地面或稍高一点都没问题（为了让大肌群更好、更多、更安全地发力）。

当然，即使是以健身为目的的深蹲，也没有教科书明确规定一定要保证膝盖不过脚尖，这只能说是大家在平时训练中约定俗成的吧。

也就是说，健身深蹲的幅度要明显小于力量举深蹲或者奥林匹克深蹲。在这种情况下的深蹲，膝盖过或不过脚尖，就是训练的选择问题，而非生理结构所限了。

Tips:健身深蹲与（力量举深蹲&奥林匹克深蹲）		
项目	健身深蹲	力量举深蹲&奥林匹克深蹲
目的	塑形减脂	发展极限力量和专业成绩
大腿位置	平行于地面或者更高一些	大腿低于水平线
脚尖与膝盖相对位置	可以控制	膝盖必然会超过脚尖

● 为什么不建议膝盖过脚尖

健身深蹲过程中，一般建议膝盖不超过脚尖，主要有两个原因：

1.当膝盖超过脚尖时，膝关节（韧带、关节软骨、半月板等）承受的压力就会明显更大，更容易造成膝关节的损伤；

2.在膝盖不超过脚尖的动作中，为保持身体平衡，臀部必须向后坐，这样臀部激活程度会更高，臀部承受的力量也更大，因此可以翘臀而不必担心粗腿。

膝盖过脚尖与膝盖不过脚尖

为对比深蹲过程中，不同足部位置情况下膝关节的受力差异，一项实验以小腿垂直于地面，膝关节不超过脚尖的深蹲动作作为基准，分别测试了膝关节在脚后80mm，或者足前移80mm、超过脚尖80mm和超过脚尖160mm四种情况下的膝关节力矩变化[2]。

深蹲中脚尖位置四种情况

实验中，基准状态和足前移+80mm的状态下，膝盖都不超过脚尖（这里要说明一下，该实验中，测试器械为史密斯机，所以能做到足部足够向前而不摔倒，一般是做不到+80mm这种情况的）。

研究人员发现，当膝盖超过脚尖后，膝关节所受到的力矩明显变大，而力矩是衡量膝盖压力的一个关键指标。也就是说，膝关节超过脚尖，会使膝盖的压力变大，从而增加对韧带、关节软骨和半月板等的压力，更容易造成膝盖损伤。

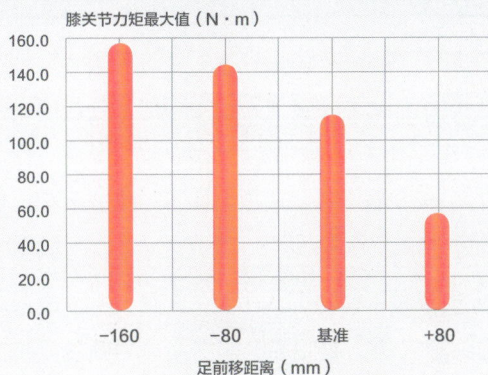

不过，脚的位置太向前也不好，虽然对膝关节的压力更小了，但是臀部等肌群也很难发力了。此外，脚前移这种动作在没有外界器械帮助的情况下也很难完成，所以在这里并没有太大的参考价值。

说完了膝盖不过脚尖对膝关节的好处和保护，那么对翘臀不粗腿有没有帮助呢？

有研究表明，膝关节不超过脚尖的动作，对大腿后侧的股二头肌和臀大肌也有更好的激活作用。[3]

动作姿势对肌电水平的影响

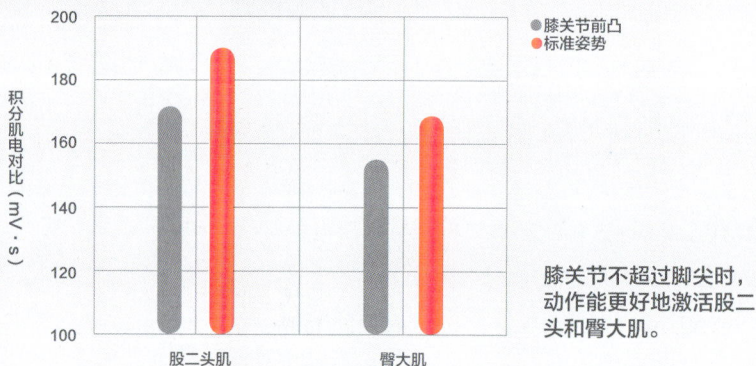

● 膝关节前凸
● 标准姿势

膝关节不超过脚尖时，动作能更好地激活股二头和臀大肌。

这主要是因为，在深蹲动作过程中，身体做的总功是一定的（由负重、身体自重和下蹲程度决定），如果你的膝关节（腿部前侧肌群）受力大了，髋关节（臀部肌群）受力必然就小；而膝关节（腿部前侧肌群）受力变小，髋关节（臀部肌群）受力就必然变大。

膝盖不超过脚尖，膝关节受力更小，从而让髋关节受力变大，也就能翘臀不粗腿，所以这也是正确的。因此，在以塑形为目的的居家训练里，深蹲时膝盖最好不要超过脚尖，这样不仅能高效训练臀部，翘臀不粗腿，也更加安全，更加不伤膝盖哦！

然而，有人说了："斌卡，你说深蹲不过脚尖，非我不为也，实不能也。通俗点说就是，臣妾做不到啊！我无论怎么蹲，膝盖都会过脚尖，要是硬要膝盖不过脚尖，那可就扑通一声摔地上了啊！"

没关系，在一开始就做出一个完美的深蹲，的确是一件非常困难的事情。不过，少年，我看你骨骼清奇，所以我要把我的独家秘诀传授给你，这就是沙发深蹲。

Tips ▶

完美的深蹲训练进阶路线

| 沙发深蹲 | 酒杯深蹲 | 弹力带深蹲 |

沙发深蹲

1° 双手置于脑后，自然站立于沙发前。

2° 正视前方，保持上半身挺直，背部微反弓；臀部向后，慢慢坐向沙发。

3° 臀部往沙发深处挪动，向里坐一下；动作过程中保证上半身挺直，切勿弯腰驼背。

4° 臀大肌发力，蹬地起身，重复动作；动作过程中，保持腰背挺直，起身时膝盖不要超过脚尖。

﹥﹥﹥﹥﹥﹥

替换动作

徒手深蹲

弹力带横杆深蹲

沙发深蹲是我最推荐初学者练的深蹲秘诀，因为它安全、无痛，更能找到深
蹲发力感觉。

前面我们说过，想要深蹲有效地练到臀部，重心需要向后坐，膝盖不过脚
尖。这其实都是为了让你的髋关节尽可能大地折叠。因为臀部肌群的生理作用就
是改变髋关节角度。所以，臀部后撅，腰背挺直，也是我们在深蹲动作中一直强
调的重点。

很多初学者，由于臀部和大腿后侧力量不够，总担心向后蹲时摔倒，无法完
成一个标准的深蹲。此时，沙发深蹲就可以完美解决这个问题啦。

Tips

选沙发时，最好选取与自己膝盖等高的，这样做出的动作会更标准。

更好的训练姿势：由于有沙发的存在，你可以更往里坐，重心可以更靠后。
此时，臀大肌能更好地发力，也不怕摔倒（摔也是摔在软软的沙发上）。

更安全：另外，沙发深蹲也有助于你更好地观察自己的脚尖是否超过了膝
盖，从而判断训练动作是否标准。

更无痛：沙发深蹲的另一大特点是，由于下蹲过程中，有沙发接着，减少了
离心阶段对肌肉的拉力，训练后肌肉酸痛的感觉会少一些，更有利于初学者坚持
训练。

当然，如果你感觉做沙发深蹲时，由于坐得太靠里，站直时很困难，不妨尝
试在腰背挺直的情况下，爆发力作用于脚跟，然后用臀部把自己带起来，或者在
保证膝盖不过脚尖的情况下，稍微减少一点坐深的程度，以便更好入门。

酒杯深蹲

1° 自然站立，双脚略比肩宽，双手持一哑铃置于胸前。

2° 保持背部挺直，臀部向后撅起，屈膝下蹲至大腿平行于地面，保持2~3秒，感受目标肌群的持续发力；
下蹲过程中尽量做到平稳可控，控制肌肉发力；
臀腿发力，蹬地起身，返回起始位置，重复；
动作过程中保持腰背绷紧、上半身紧张的状态，切勿含胸和弓背。

>>>>>>

替换动作

弹力带横杆颈前深蹲

　　掌握了正确的徒手深蹲姿势，为了更好的训练效果，就要进阶负重深蹲了。不过不少同学在尝试过负重深蹲后，都跟我说："斌卡啊，练完负重深蹲第二天，臀部不疼，就是腰疼，感觉都直不起腰来了。"

　　为什么负重深蹲会腰痛呢？原因就在于很多初学者下背肌群比较薄弱，负重深蹲过程中不能保证脊椎挺直反弓，这样不但容易动作不标准，使背部弯曲，也更容易受伤，而且对臀部的训练效果也不好。

　　要知道，在深蹲过程中，为兼顾膝关节的力量和髋关节的力量，需要把整个身子向后折叠，借助臀部的力量把屁股撅起来。

1M²
硬派健身
TOUGH
WORKOUT

6
Chapter

210

　　然而，就算你已经把臀部撅起来了，也把重心后移了，如果上身的下背部脊柱部分不能做到反弓、挺直、锁定，那么依旧不能用臀部发力。这就意味着你不可能举起很大的重量，因为臀部至少承担了一半的发力职责。

　　不仅如此，在运动的过程中，弯曲的背部还会在负荷很大的情况下活动，从而让下背部的竖脊肌等肌纤维承担不小的负重。这不仅会导致你在深蹲完第二天会下背部疼痛，而且严重时的突发情况，很可能还会让你受伤，轻则闪腰，重则半身不遂（当然这种情况很少发生）。

　　而我们介绍给你的深蹲进阶第二式——颈前酒杯深蹲，最大的特点就在于：负重前置，相应地减少和分解了对腰椎的压力，动作更安全！

　　负重深蹲对腰部的压力主要由负重对腰椎的力矩决定，力臂越小，力矩越小。在负重不变的情况下，相对于颈后深蹲，颈前深蹲时髋关节的力臂相对更短，对腰椎的压力自然也更小。

　　所以酒杯深蹲能让你在腰背挺直、不疼痛的基础上，更好地适应负重深蹲，为进阶做准备。

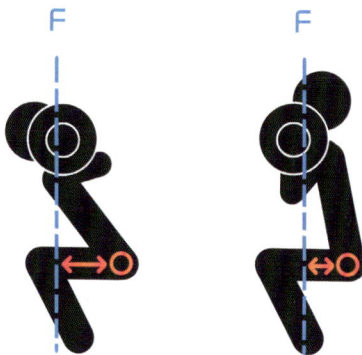

颈后深蹲与颈前深蹲

弹力带深蹲

1° 抬头挺胸，目视前方，手持弹力带握柄于肩部两侧；双脚与肩同宽，膝关节微屈，不要锁死。

2° 保持背部挺直，臀部向后撅起蹲下，重心始终在脚后跟；

下蹲至动作最底端，静止片刻，臀腿发力起立，恢复初始姿势，重复动作；

动作全程保持腰背绷紧，切勿含胸和弓背，脚后跟不离开地面；

膝盖与脚尖保持同一个方向，不要内扣或外翻。

>>>>>>

替换动作

弹力带横杆深蹲

弹力带深蹲——进阶训练第三式。它是提高你臀大肌力量的高效动作，同时还能有效地检视你的训练成果。

稍微有点运动经验的人都知道，半蹲的负重比全蹲大得多。有经验的运动员，全蹲也许只有200多公斤，半蹲却有可能蹲起400多公斤。这是因为我们动作越向上，身体的力量也就越大，臀部也更容易发力。

然而我们不可能只做半蹲，因为这样不仅燃脂效果不佳，训练出来的臀形也不够好看。那么又该怎么办呢？

1M²
硬派健身
TOUGH
WORKOUT

6
Chapter

212

　　弹力带的特点在于，可以全程根据你的深蹲姿势，同步最优调节阻力：在动作最低端，你的力量最小，弹力带的阻力也最小。在运动过程中，随着臀大肌收缩的增强，弹力带阻力也相应增强。

　　所以，弹力带深蹲可以看作一种"等动收缩"，运动范围内都能产生最大的张力，这自然对于提高肌肉力量和训练水平有很好的效果。

　　从安全性上看，由于弹力带深蹲的负重是在身体两侧，也不会对你的腰背肌群施加太大的压力，而且离心阶段，阻力相对减少，训练后的酸痛程度也更小。你可以安心、无痛地练出标准深蹲和挺翘有力的臀腿。

硬拉

　　如果说能训练全身200多块主要肌群的深蹲，是力量训练的主角，那么硬拉怎么着也算是"男二号"或者"宿敌君"（训练的肌群几乎相同）。从下图中可以看出，在一定条件下，硬拉的臀大肌激活水平高于深蹲[4]。

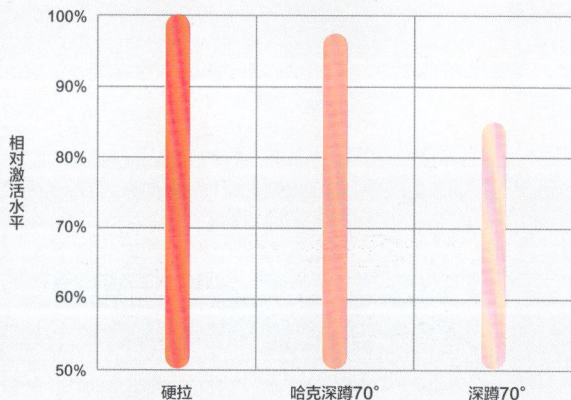

不同动作对臀大肌激活水平的影响

况且，就如同"男二号"有时更抢风头，硬拉在某些方面比深蹲具有更好的臀腿塑形效果。特别是对于想要翘臀不粗腿，或者想要挺拔身姿的女性，硬拉更是一个必须掌握的王牌动作！

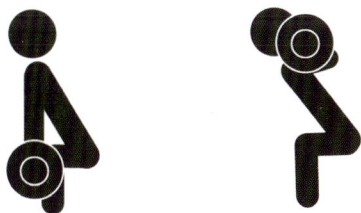

标准硬拉与深蹲

先说标准硬拉。无论是训练肌群，还是训练动作，标准硬拉都和深蹲很接近：都是中低臀位，膝盖弯曲较大，能同时训练大腿前侧和臀部肌群。差别主要在于这两个动作的负重起点不同，标准硬拉的重点在于将负重拉起，所以背部肌群参与得更多一些。

标准硬拉几乎适合所有人，但会较多地使用股四头肌（大腿前侧）的力量。所以不希望大腿粗的女生，最好不要把它作为主要训练动作。如果你想翘臀又不粗腿，那么罗马尼亚硬拉是你更好的选择。

1M²
硬派健身
TOUGH
WORKOUT

6
Chapter

214

哑铃罗马尼亚硬拉

1 ‹
自然站立，背部挺直，两脚与肩同宽；
双手持哑铃，手臂自然伸直。

2 ⌐
髋关节向后折叠，屈膝俯身，哑铃沿小腿前侧下落，动作最低点停顿2~3秒，感受臀部肌群被拉伸；
动作过程平稳可控，避免爆发力。

3 ‹
腰背绷直，臀部发力收紧，提铃拉起直至身体站直；
动作过程中，髋关节折叠弯曲，膝关节几乎不变，改变角度很小；
手臂只用来固定负重，不要用手臂发力。

> > > > > >

替换动作

酒杯相扑硬拉   弹力带横杆罗马尼亚硬拉

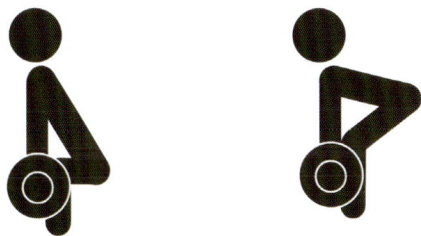

标准硬拉与罗马尼亚硬拉

相比标准硬拉，罗马尼亚硬拉是高臀位，更接近半蹲。在动作过程中，膝盖只微微弯曲，膝关节基本没有什么变化。所以大腿前部的股四头肌参与较少，不容易练粗腿。

另外，罗马尼亚硬拉中，髋关节角度变化很大，相对更针对臀部和下背部，臀大肌、臀中肌更容易找到发力感觉，所以对臀部的刺激效果也更好，让你翘臀的同时不粗腿！

臀桥

前面说过，臀部和腿部肌群，作为下半身最重要的两大肌群，很多时候都是协同发力的。很多臀部的综合训练动作，也都需要腿部肌群的配合。

但对于大多数初学者来说，这就带来了一个问题，由于我们的股四头肌（大腿前侧）比起臀部，实在是有力量太多了，日常生活中也太习惯使用它们了。所以很多人在使用臀腿综合动作练臀时，找不到臀部感觉，反而练臀不成反练腿，结果导致臀部没有练翘，腿部却越练越粗。

所以一开始就拿臀腿综合动作来练翘臀，并不是一件简单的事情。对于初学者来说，想要更好地激活训练臀部，应该考虑从只训练臀部肌群的孤立动作练起。而臀桥，就是一个单独练臀的绝佳动作！

1M²
硬派健身
TOUGH
WORKOUT

6
Chapter

216

自重臀桥

1 ❯
屈膝仰卧平躺，脚掌着地。

2 🕐
收缩臀大肌，向上挺起臀部，直到膝、臀、肩在一条直线上，稍停片刻，感受臀大肌的顶峰收缩；
保持臀部紧张状态，缓慢有控制地还原，重复动作。

❯❯❯❯❯❯

替换动作

自重单腿臀桥

臀桥最大的特点在于，在动作过程中，除了髋关节外，没有其他关节的明显运动，所以只针对臀部训练，不必担心会粗腿。

另外，臀大肌作为全身第二有力的大肌群，必须要足够强度的刺激才能有效促进其增长。所以自重臀桥熟练后，为使训练效果更好，也可以在胯部放一个哑铃，做对臀部激活最高效的负重臀桥。

不同动作的臀大肌激活效果

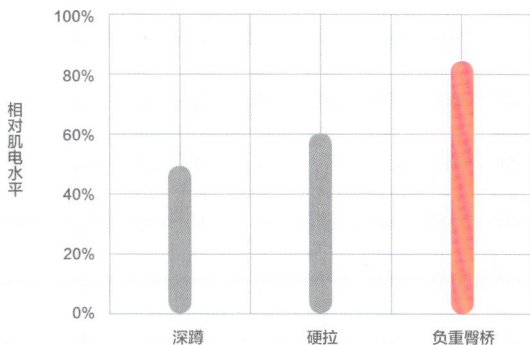

相对肌电水平

100%

80%

60%

40%

20%

0%

深蹲　　硬拉　　负重臀桥

负重臀桥是非常好的臀大肌训练动作，更针对臀部，翘臀的同时不粗腿。

国外臀部训练很有名的运动专家布雷特·孔特雷拉斯（Bret Contreras）在他的著作*Advanced techniqes in qlutei maximi strengthening* 里，就将负重臀桥作为最佳臀部训练[5]。

顺带一提，自重臀桥的另一个进阶动作单腿臀桥，除了可以训练臀大肌，还可以有效训练到臀中肌，让你的臀不光大，还更翘！

前弓步臀大肌拉伸

一脚在前，一脚在后，上半身贴近大腿前侧；
感受到臀部的拉伸，坚持10~30秒（静态拉伸）；
感受臀部的拉伸，并微微弹振（动态拉伸）。

　　训练后有效的拉伸，可以促进肌肉生长，让训练效果更好。所以臀大肌训练后，一定要好好拉伸，动作过程中尽可能感受臀大肌的伸展。

臀中肌，翘臀长腿就靠它！

　　完美的臀部，不光要大，更要翘。如果说臀大肌决定了你的臀部大小，那么想要臀部翘，臀中肌就是你的训练要点了！

没有训练过的臀部　　　只训练臀大肌　　　整体训练过的臀部

臀部下垂　　　　　臀部不翘　　　　　臀部挺翘
腿短又显老　　　　仍显腿短　　　　　拉高视觉焦点
　　　　　　　　　　　　　　　　　　腿长臀翘曲线美！

　　臀中肌，是撑起臀部上半部分的关键肌肉。臀中肌练得好，可以提高下半身的视觉焦点，让你的腿部显得更长，身材比例更完美。

　　另外，臀中肌也是决定我们日常生活中良好的走路站立姿态的重要肌肉。你行走过程中，提腿跨步的动作主要就是靠臀中肌的收缩抬高来完成的。

　　由于臀中肌在生理上主要负责外展和单腿的动作，所以单腿动作也是训练臀中肌的好动作！

弹力带翘臀分腿蹲

1 ❯
双手持弹力带握柄于肩侧；
背向健身凳站立，单腿着
地，另一条腿置于凳上；
抬头挺胸，腰腹收紧。

2 ❮
上身前倾，髋关节向后折
叠至最大角；
感受臀部发力，顶峰收缩
2~3秒；
动作过程中保持背部挺
直、核心紧绷；
控制肌肉发力，缓慢恢复
初始位置。

>>>>>>

替换动作

保加利亚分腿蹲

哑铃翘臀分腿蹲

箭步蹲（推荐男性来做）

1M²
硬派健身
TOUGH
WORKOUT

6
Chapter

220

翘臀分腿蹲是训练臀中肌的有效动作。单腿动作本身就能高效刺激臀中肌，而且动作过程中，髋关节角度从0°~120°发生改变，而膝关节只有20°~40°左右的变化，这就重点练了臀，基本不练腿。

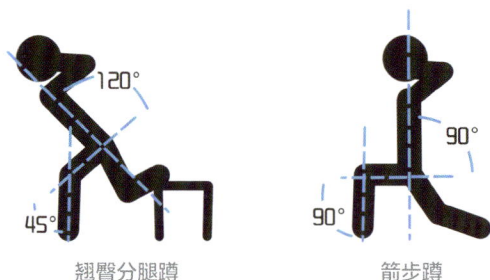

翘臀分腿蹲　　　　　箭步蹲

另外，膝关节角度变化小，也不会对膝关节产生过多剪切力，更加安全不伤膝。而且这个动作不需要器械，在家就能做，无论男女老少，都非常适合。

弹力带跪姿腿后踢

1 手臂撑地，跪在瑜伽垫上，双手持宽幅弹力带，脚踩弹力带另一头，确保其稳定。

2 控制臀部发力，一条腿向后上方抬起至动作最高点；
顶峰收缩，保持1~2秒，感受臀部和大腿后侧的肌肉收缩；
一侧做完一组换另一侧。

>>>>>>

替换动作

跪姿腿后踢　　　　　弹力带站姿腿后踢

跪姿腿后踢，以训练臀中肌和大腿后侧肌群为主，是臀中肌居家最强激活动作。

　　跪姿后踢过程中，大腿前侧股四头肌不发力也不会借力，直接针对的就是臀部目标肌群，而且动作本身完全符合臀中肌的发力方式，因此有最强的激活效果。同时，该动作对臀大肌也有不错的激活效果[4]。

几种动作对臀大肌激活水平对比

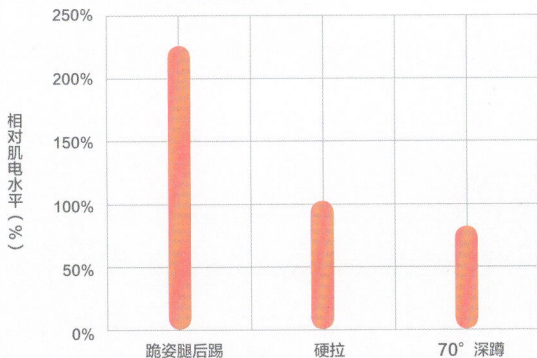

*负重为自重的硬拉为100%基准

跪姿腿后踢对臀大肌激活水平极高，几乎是硬拉和深蹲的2倍!

　　另外，臀部肌群较弱者，一般大腿后侧也比较薄弱。跪姿后踢也能很好地训练到大腿后侧，让你更好地翘臀美腿!

1M²
硬派健身
TOUGH
WORKOUT

6
Chapter

222

弹力带上台阶

1 保持上半身直立，单脚踏上板凳，膝盖尽量不要过脚尖。

2 臀部发力于脚跟，带动全身踏上板凳；
回到起始位置，换脚重复。

>>>>>>

替换动作

上台阶

上台阶也是一个燃脂超强，同时还可以高效翘臀的居家好动作。在动作过程中，单腿提臀的动作非常符合臀中肌的发力方式，对臀中肌具有超强激活效果。

传统深蹲与上台阶对臀部肌群的激活水平对比

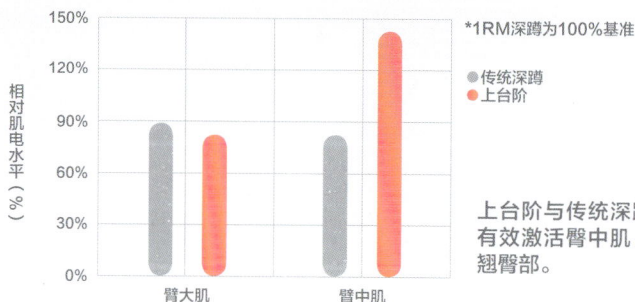

相对肌电水平（%）

150%
120%
90%
60%
30%
0%

臀大肌   臀中肌

*1RM深蹲为100%基准

⬤ 传统深蹲
⬤ 上台阶

上台阶与传统深蹲相比，更能有效激活臀中肌，助你拥有挺翘臀部。

从上图可以看到，相比传统深蹲，上台阶虽然对臀大肌的刺激效果略弱，但是对臀中肌的训练效果可是超过深蹲很多的哦！[6]

另外，想要训练效果更好，选择合适的台阶高度，步子迈得大一些是关键。

在上台阶过程中，台阶高度可以保证重心更靠后，不会直接对膝盖等产生冲击，更保护膝盖。

而步子迈得大，腰背保持挺直，动作过程中髋关节的角度改变也就大，对于臀部的刺激也更大。也就是说，上台阶时，足够高的台阶高度以及更大的步子（髋角改变更大），能更好地刺激臀部肌群。

坐姿臀中肌拉伸

1 坐在椅子上，右脚踝关节抬起放置在左腿大腿，双手放在小腿上保持固定。

2 上身下压至胸部靠近大腿处；
感受臀部明显的拉伸感，保持拉伸动作30~60秒（静态拉伸）；
感受臀部的拉伸，并微微弹振（动态拉伸）；
一侧拉伸完换另一侧，重复动作。

臀中肌拉伸不但可以促进训练后的臀部肌群生长，还可以缓解日常生活中过于紧张僵硬的臀中肌，帮助你更好地找到日常行走时臀中肌的发力感觉。

另外，臀中肌拉伸也有利于缓解因为大腿内侧肌群弱，臀中肌和梨状肌紧张导致的O形腿。

1M²
硬派健身
TOUGH
WORKOUT

6
Chapter

224

三、大腿：成为男神女神的必要条件！

腿，应该是大家最感兴趣、最在意的身体部位了。拥有一双纤细匀称的美腿，可谓所有女性的梦想。我见过的女性朋友，十个中有九个都天天嚷着自己的腿粗、肌肉腿，想要我告诉她们快速瘦腿、美腿的方法。

没错，毫不夸张地说，一双美腿绝对是你成为女神的必要条件。有美腿的不一定是女神，但女神没有一双美腿却是万万不行的。

关于瘦腿，网上也流传着各种"瘦腿大法"，什么跑步瘦腿法、按摩瘦腿法、深蹲翘臀瘦腿法、拉伸瘦腿法，等等。

不过，不少同学在尝试过其中的一种或几种后，都表示：坑爹呢！腿不但没瘦，还感觉越来越粗了！

如果你觉得自己的腿粗，那实际上它可能是真的粗。但是，虽然都是粗，十条粗腿九不同，没弄明白自己的腿是哪儿出了问题，就开始瞎练，最后很可能不但没有成功瘦腿、美腿，反而越练越粗。

所以瘦腿第一步是认清自己的腿到底是哪种粗。

腿粗有很多粗法，前粗？后粗？外粗？内粗？是摸着软乎乎都是肉的粗呢，还是硬邦邦很结实的粗？不过，最常见的腿形问题，大致可以分为脂肪腿（真胖）、摸起来硬邦邦的肌肉腿、腿部不直、腿部没线条（腿不粗、肉乎乎）。

Tips

标准腿围（cm）=身高（cm）×0.26+7.8，标准腿围量法，在大腿的最上部，臀折线下。

● 腿形一：脂肪腿

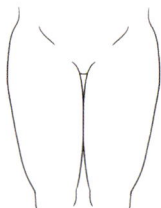

脂肪腿，说白了就是胖，看起来整个大腿都没什么线条，软乎乎的，一捏还能捏出一把肥肉来，一般还伴有全身哪儿的肉都多，以及体脂百分比过高的特点。

想瘦脂肪腿，减少大腿脂肪就可以了。我们说过，脂肪是全身一起减的，无法定向局部减，所以全身减脂是关键。脂肪腿的同学，请跳转到第三章，看高效减脂的HIIT。

● 腿形二：肌肉腿

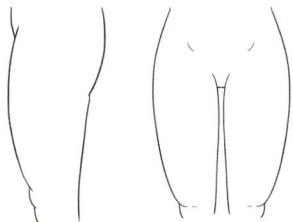

肌肉腿应该是大多数女同学觉得自己腿粗的根本原因了。

不过说实话，真正的完全肌肉腿我是没见过几条。真正的肌肉腿，必须足够大负荷，足够大强度才能练出来，男同学都不一定能练成，女性朋友那种每天一坐就是半天，爬个三楼就喘得不行的小运动量，就更不可能了。

事实上，宣称自己是肌肉腿的人，大多只是因为在日常生活中，跑步走路都过于依赖大腿前侧的股四头肌，其他大腿肌群不怎么出力，从而导致肌肉前后不平衡，出现"伪肌肉腿"。

Tips

"伪肌肉腿"的表现：大腿前面和内侧看着粗，大腿后面和臀部则平平的没有线条。

所以解决这种类型的粗腿，对症下药，强化薄弱肌群是关键。

● 腿形三：腿部不直

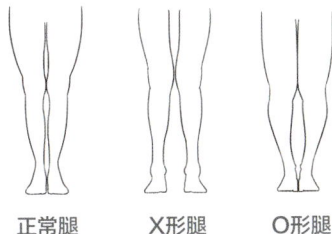

正常腿　　　X形腿　　　O形腿

1M²
硬派健身
TOUGH
WORKOUT

6
Chapter

226

　　另外，也有本身腿部脂肪并不多，但由于日常不正常的走路、站立等姿势，导致腿不直，腿部看起来显粗的情况。

　　腿形问题本身也是和相关肌力不平衡有关。不过腿形问题更容易导致压力集中于膝盖内外侧，从而造成膝关节疼痛或者关节炎。这已经不单影响美观，而且成为健康问题了。所以我们放在了矫正章节，大家可以翻到本书第十章查看。

● **腿形四：腿不粗，肉乎乎**

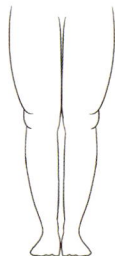

　　最后，还有一类腿形，看起来也不是特别粗，腿围的绝对值也不大。但是腿部没有线条，看上去也是肉乎乎。尤其是一在椅子上坐下，整条腿就像一堆肉一样，摊在凳面上，不紧致，没形状。这种类型的腿，是因为大腿肌肉含量过少，建议用小重量训练你的股四头肌。

　　股四头肌作为全身力量最强的肌肉，一般的小重量并不会让它增长很大。另外，小重量训练还可以让你的腿部线条变得更加好看，拉展你膝盖附近的皮肤，让你的膝盖看起来精致玲珑，立体的线条产生的阴影也会让你的腿显得更细。

Tips: 不同腿形的解决方法					
腿形	脂肪腿	腿内侧，肥嘟嘟	伪肌肉腿（大腿前外侧粗壮）	腿不直	腿不粗，肉乎乎
原因	整体体脂高	大腿内侧肌肉力量弱，看上去没有线条。	生活中，无论跑、走、跳都过于依赖腿前侧的股四头肌，其他肌群不怎么出力，从而导致腿前后肌力不平衡。	见第十章。	缺乏运动。
解决方法	HIIT减脂，见第三章。	强化腿内侧肌群，紧致大腿内侧。	强化薄弱肌群如股二头肌、大腿内侧肌群等		紧致腿部，雕刻阴影与线条。

进行腿部训练时，不同的训练重点可以强化相应肌群、改善肌力不平衡的问题。所以下面，我们就从不同类型的大腿胖突破！

前面粗，大腿硬邦邦？

开始讲之前，我们先来做一个假设：假设有一根水管（水管本身有弹性），每小时要走900m³的水，那这根水管必然就比较粗吧。

如果现在有3根水管，来平分这900m³的水，也就是每根水管只要走300m³的水，那么每根水管就没那么粗了吧。

大腿前外侧胖，也是一样的道理。如果把我们的下半身肌群（大腿前后侧、臀部）想象成刚才的水管，正常情况下，下半身臀腿肌群是应该一起发力，来完成走路、爬楼、跑步着地等动作的。但是大多数人由于习惯了大腿前外侧发力和受力，在日常生活中，大腿前外侧被训练到的概率越来越高。

这就好比原来的三根水管，有两根被弃用了，只能用一根。所以大腿前外侧自然也就越来越粗了。

所以想要瘦大腿前侧和外侧，就要重新找到臀部和大腿后侧的发力感觉，并在日常生活中尽可能多地去让它们分担受力。这样不仅能有效瘦腿，还能练就翘臀，更显腿细长！

Tips

大腿前外侧胖

成因：生活中，无论跑、走、跳都过于依赖腿前侧的股四头肌，其他肌群不怎么出力，从而导致腿前后肌力不平衡。

解决方式：强化大腿后侧和臀部肌群，改善肌力不均衡的情况。

哑铃直腿硬拉

1
自然站立，两脚与肩同宽；
背部挺直，微微反弓；
双手持哑铃，手臂自然伸直。
Tips：进行该动作前请充分热身，避免拉伤。

2
沿小腿缓缓下放哑铃至最低点；
动作过程中保持膝盖不弯曲，动作最低点感受大腿后侧被拉伸。

3
腰背绷直，臀部发力收紧，提铃拉起至恢复初始姿势；
运动过程中避免手臂发力，始终自然垂直。

>>>>>>

替换动作

站姿直背体前屈　　　　　站姿触地体前屈

　　直腿硬拉，是指膝关节不弯曲的硬拉，由于动作过程中膝关节没有改变，大腿前侧不参与发力，而大腿后侧的拉伸幅度很大，对股二头肌有很好的刺激效果。

　　另外，整个动作还可以有效训练到臀部和下背肌群，对于挺拔身姿也很有用。

弹力带腿外展

1 自然站立，训练腿向内系上弹力带。

2 支撑腿撑地，训练腿向身体外侧尽量抬高，感受臀部外侧收缩；
动作顶点坚持1~2秒；
有控制地缓缓下放训练腿，重复动作。
Tips：如果站不稳可以扶墙，不会影响动作效果。

臀中肌训练，在前面也已经介绍过几个了，不过，弹力带腿外展作为臀中肌的针对训练动作，也是你绝不可错过的经典动作。

由于臀中肌在生理上就负责着臀部的各种外展，弹力带腿外展完全符合臀中肌发力原理，激活水平自然超高。而强化臀中肌不但可以帮你瘦大腿外侧，还可以预防跑步膝，让你翘臀不伤膝哦！

触地股二头肌拉伸

自然站直，双脚打开与肩同宽，膝盖微屈；
身体前倾，臀部陌稍向后，用手够地；
感受股二头肌被拉伸，保持30秒（静态拉伸）；
感受股二头肌被拉伸，微微向下弹振（动态拉伸）。

股二头肌薄弱的同学，日常生活中大多还伴随着股二头肌过度紧张。而拉伸股二头肌，除了可以帮你强化大腿后侧外，还有助于股二头肌的本体感觉恢复，让你在日常生活中更好地感受和使用它。

内侧胖，大腿肥嘟嘟？

理想的美腿，大腿内侧要紧致有线条。很多人甚至还追求两腿并拢时大腿之间的那条缝隙，显得非常迷人。可是低头看看自己，大腿内侧却总是松松的，用手一抓一把肉。

大腿内侧胖，首先肯定是因为脂肪多。其次，大腿内侧的肌肉弱也是关键原因。

不知道大家有没有听过"髀肉复生"的典故，我个人认为这个词完美地解释了大腿内侧胖是怎么回事。由于三国时期没有马镫，稳定身体全靠大腿内侧夹住马身子。所以刘备骑马的日子，大腿内侧根本没肉。结果安居乐业后，好久不骑马就"髀肉复生"，大腿内侧的肥肉全长出来了！

大腿内侧的肌群，主要在跳跃落地或者左右变向时经常被利用到，所以夹马也是很好的锻炼动作。而内侧松，则是因为缺乏相应的锻炼。那么针对大腿内侧进行专门的锻炼，紧致大腿内侧，就是解决之道了。

Tips

大腿内侧胖

成因：大腿内侧肌肉力量弱，看上去没有线条。

解决方式：强化大腿内侧肌群，紧致大腿内侧。

弹力带腿内收

1 自然站立，弹力带系于训练腿外侧。

2 支撑腿站稳，训练腿向内合拢直至两腿并拢，感受大腿内侧肌肉收缩，坚持2~3秒；
缓慢有控制地恢复初始位置，重复动作。
Tips：如果站不稳可以扶墙，不会影响动作效果。

>>>>>>

替换动作

侧卧腿内收

弹力带腿内收，模拟器械腿内收的姿势，在整个动作过程中，主要就是内收肌群发力，不用担心练到股四头肌导致粗腿。

另外，这个动作也可以最快最方便地找到大腿内侧的训练感觉，可谓最佳腿内侧训练动作。

1M²
硬派健身
TOUGH
WORKOUT

6
Chapter

232

侧卧腿内收

1 身体侧卧在垫子上，单臂屈肘撑住上半身；
两腿之间夹一个足够大、弹性足够强的枕头
作为阻力。
Tips：也可以使用2~3个枕头叠起来。

2 训练腿向内夹紧，停顿1~2秒，感受腿
内侧肌肉完全收紧；
恢复初始姿势，重复动作；
动作过程中保持身体稳定，腰腹收紧。

＞＞＞＞＞＞

替换动作

弹力带腿内收

　　侧卧腿内收的动作难度相对较小，只要一个枕头就能完成，看电视或看书
时，随时随地都能做。

　　做侧卧腿内收时，一定要用力将枕头夹紧，感受大腿内侧的发力，如果找不
到训练感觉，枕头可以选得厚一点，这样更利于训练。

盘腿内侧拉伸（盘腿伸展）

1° 坐在垫子上，腰腹收紧，背部挺直；双脚脚底相互贴紧，膝盖向外。

2° 双手抓住双脚脚踝，上半身尽量下压；感受大腿内侧明显的拉伸感，保持姿势15~30秒，放松，重复动作（静态拉伸）；感受大腿内侧被拉伸，微微向下弹振（动态拉伸）。

大腿内侧拉伸，不单可以有效放松大腿内侧肌群，对于放松臀部肌群，也有很好的效果。对于找不到大腿内侧发力感觉的同学，日常生活中经常做一些锻炼和拉伸内收肌的训练，也可以时不时地刺激并训练它，更有助于它的本体感觉恢复。

没线条，大腿肉乎乎？

除了上述几种粗腿，还有一种腿形，腿围实际测量起来绝对值也不大，但是由于缺乏运动，腿部不够紧致，整条腿没有线条，感觉也是肉乎乎的，很显胖。

这种腿形的缺陷，在椅子上坐下时表现得尤其明显：整条腿就像一堆肉一样，摊在凳面上，不紧致，没形状。

而对于这种类型的腿，用小重量训练刺激你的大腿前后侧，练出能紧致腿形的肌肉线条，就是很好的解决办法。

大腿肌群很有力，所以小重量训练不会过分地刺激大腿肌群，也不会练粗你的腿围，同时，还可以通过紧致线条，让你的腿部侧面和后面显出线条和淡淡的阴影，让整条腿看上去也更加圆润、紧致、立体。

弹力带腿弯举

1 面朝椅子，一脚系弹力带，扶椅站稳。

2 以膝盖为支点，小腿向后用力做弯举动作，收缩股二头肌，最高点停住2~3秒；
有控制地缓慢下放至起始位置，不要用惯性，重复动作。

股二头肌位于大腿后侧，是我们日常生活中很少运动的肌群。另外，股二头肌一般与臀部肌群一起被训练到（在硬拉、体前屈等过程中），而臀部肌群比股二头肌有力一点，所以日常单独训练股二头肌也比较困难。

弹力带站姿弯举，动作过程中髋关节角度改变更小，臀部发力更少，所以对股二头肌刺激更好。

顺带一提，作为股二头肌的训练动作，动作过程中都不用过大地打开髋角，但要注意感受大腿后侧肌群的充分紧张和收缩。

弹力带腿屈伸

1 腰腹收紧，背部挺直，坐在椅子上，膝关节正常弯曲；
一脚（或两脚）系上弹力带。

2 小腿用力抬起，伸直膝关节和腿部到最高点，静止片刻；
缓慢有控制地下放，重复动作；
运动过程中确保你始终平坐在椅子上（即不要向上抬起你的身体进行借力）。

　　股四头肌是全身最有力量的肌群，燃脂能力超群，对你的健康也有很大益处。而弹力带腿屈伸主要就是用于塑造大腿前侧的股四头肌。

　　弹力带腿屈伸，训练重量不大，不会过分增长腿围，反而可以为你的腿部塑造出线条和阴影，让你的大腿看起来更立体、更紧致。

站姿股四头肌拉伸

单脚着地，另一条腿向后弯曲，用手在身后抓住脚踝，朝臀部方向扳动；

感受股四头肌被拉伸，坚持30秒换另一侧（静态拉伸）；

感受股四头肌被拉伸，微微拉动小腿靠近大腿进行弹振（动态拉伸）；

动作过程中注意挺胸抬头收腹，身体保持直线状态。

日常生活中，由于行走、跑、跳都会大量运用到股四头肌，所以我们的股四头肌大多处于紧张的状态。拉伸股四头肌，有助于放松过于紧张的大腿前侧，让大腿前侧的肌肉线条更加好看自然！

四、臀腿训练计划

完美臀腿训练计划

扫描二维码即刻开始训练

打造翘臀长腿和紧致的下半身，让你一步成为男神女神！			
动作	个数/时间	组数	组间休息（s）
弹力带侧向行走（热身）	15个	3	30~90
弹力带深蹲	15个	3	30~90
哑铃罗马尼亚硬拉	12个	3	30~90
弹力带站姿腿后踢	15个	3	30~90
弹力带跪姿腿后踢	8个	3	30~90
弹力带腿内收	15个	3	30~90
弹力带腿外展	15个	3	30~90
哑铃翘臀分腿蹲	15个	3	30~90
触地股二头肌拉伸	30s	3	30~90
站姿股四头肌拉伸	30s	3	30~90
前弓步臀大肌拉伸	30s	3	30~90
坐姿臀中肌拉伸	30s	3	30~90

1M²
硬派健身
TOUGH
WORKOUT

6
Chapter

238

翘臀不粗腿训练计划

扫描二维码即刻开始训练

在塑造完美挺翘臀部的同时，尽量避免训练到大腿。针对训练，让你翘臀不粗腿！			
动作	个数/时间	组数	组间休息（s）
弹力带侧向行走（热身）	15个	3	30~90
弹力带站姿腿后踢	12个	3	30~90
弹力带腿外展	15个	3	30~90
弹力带跪姿腿后踢	12个	3	30~90
自重臀桥	15个	3	30~90
自重单腿臀桥	15个	3	30~90
哑铃翘臀分腿蹲	15个	3	30~90
前弓步臀大肌拉伸	30s	3	30~90
坐姿臀中肌拉伸	30s	3	30~90

POWER UP! 腿部爆发力训练计划

扫描二维码即刻开始训练

以打造强健有力的下半身为主，提高爆发力和运动能力，让你跳得更高，跑得更快。以塑造翘臀、长腿为辅，低位增加爆发力，高位增加弹速。

动作	个数/时间	组数	组间休息（s）
弹力带侧向行走（热身）	15个	3	30~90
沙发深蹲跳	8个	3	120
弹力带（低位）纵跳	8个	3	120
弹力带深蹲	15个	3	30~90
弹力带前后跳	15个	3	30~90
弹力带（高位）纵跳	15个	3	30~90
触地股二头肌拉伸	30s	3	30~90
站姿股四头肌拉伸	30s	3	30~90
前弓步臀大肌拉伸	30s	3	30~90
坐姿臀中肌拉伸	30s	3	30~90

改造伪肌肉腿训练计划

扫描二维码即刻开始训练

动作	个数/时间	组数	组间休息（s）
弹力带侧向行走（热身）	15个	3	30~90
自重臀桥	12个	3	30~90
哑铃罗马尼亚硬拉	12个	3	30~90
弹力带腿外展	15个	3	30~90
弹力带站姿腿后踢	15个	3	30~90
弹力带翘臀分腿蹲	15个	3	30~90
哑铃直腿硬拉	12个	3	30~90
触地股二头肌拉伸	30s	3	30~90
站姿股四头肌拉伸	30s	3	30~90
前弓步臀大肌拉伸	30s	3	30~90
坐姿臀中肌拉伸	30s	3	30~90

有效针对大腿前外侧粗。

紧致腿内侧训练计划

扫描二维码即刻开始训练

有效强化大腿内侧肌群。

动作	个数/时间	组数	组间休息（s）
弹力带侧向行走（热身）	15个	3	30~90
哑铃罗马尼亚硬拉	12个	3	30~90
弹力带腿内收	15个	3	30~90
侧卧腿内收	15个	3	30~90
沙发深蹲	15个	3	30~90
弹力带翘臀分腿蹲	12个	3	30~90
盘腿内侧拉伸	30s	3	30~90
触地股二头股拉伸	30s	3	30~90
站姿股四头肌拉伸	30s	3	30~90

1M²
硬派健身
TOUGH
WORKOUT

6
Chapter

242

腿部线条雕塑计划

扫描二维码即刻开始训练

有效美化臀腿线条。			
动作	个数/时间	组数	组间休息（s）
弹力带侧向行走（热身）	15个	3	30~90
沙发深蹲跳	12个	3	30~90
哑铃罗马尼亚硬拉	12个	3	30~90
弹力带腿弯举	15个	3	30~90
弹力带腿屈伸	15个	3	30~90
翘臀分腿蹲	12个	3	30~90
触地股二头肌拉伸	30s	3	30~90
站姿股四头肌拉伸	30s	3	30~90
前弓步臀大肌拉伸	30s	3	30~90
坐姿臀中肌拉伸	30s	3	30~90

参考文献

[1] 师玉涛, 李光军, 刘颖, 崔永霞. (2013). 对臀肌激活的干预手段的肌电实验研究. 第十六届全国运动生物力学学术交流大会（CABS 2013）论文集.

[2] 齐瑞波. (2013). 负重蹲起的动力学仿真研究. 北京体育大学.

[3] 唐光旭, 赵丽,董衡葵. (2014). 三种深蹲动作模式肌电特征的研究. 四川体育科学, 33(3):31-34.

[4] Androutsopoulos, (2011, August 4). SuppVersity EMG series-gluteus maxiumus, quadriceps femoris, gastrocnemius, soleus& more: the very best exercises for tree-trunk legs and herculean calves [Weblog]. Retrieved from http://suppversity.Blogspot.com/2011/08/suppversity-emg-series-gluteus-maxiumus.html

[5] Contreras. B. Advanced techniques in glutei maximi strengthening: the secret to top speed sprinting, back and knee injury prevention, and a better butt.

[6]Anders, M. (2006) Glutes to the max: Exclusive ACE research gets to the bottom of the most effective glutes exercises.

让男性身形整体上更宽阔，更有气概的关键？

让女性魅力高、气质佳、优雅挺拔的上半身重点？

肩部，你不能错过的身材细节！

肩——
挺拔身姿，
更有气质！

Chapter **7**

三角肌整体

弹力带推举
哑铃站姿推举
弹力带阿诺推举
哑铃阿诺推举

三角肌后束

弹力带俯身交叉
内旋侧平举
哑铃俯身
内旋侧平举

三角肌前束

弹力带前平举
哑铃站姿前平举

三角肌中束

弹力带交叉侧平举
哑铃站姿侧平举

拉伸

肩部单侧拉伸

三角肌整体

弹力带推举
哑铃站姿推举

三角肌后束

弹力带俯身交叉
内旋侧平举
哑铃俯身
内旋侧平举

三角肌前束

弹力带前平举
哑铃站姿前平举

三角肌中束

弹力带交叉侧平举
哑铃站姿侧平举

拉伸

肩部单侧拉伸

一、肩部训练重点

肌群	三角肌整体	三角肌后束	三角肌中束	三角肌前束
生理功能	让整个肩关节外展、上提。	向后伸展和水平外展肩关节。	协同其他肌群让肩关节外展、上提。	让肩关节水平内收、内旋。
推荐动作	弹力带推举	弹力带俯身交叉内旋侧平举	弹力带交叉侧平举	弹力带前平举 哑铃阿诺推举
替换动作	哑铃站姿推举	哑铃俯身内旋侧平举	哑铃站姿侧平举	弹力带阿诺推举
训练技巧	多次数、多组数、力竭，一般人推荐用中等或小重量。	内旋肩关节可以避免在动作过程中借力斜方肌和背阔肌。但内旋增加了一定的肩关节受伤风险，所以建议采用小重量。	侧平举类动作训练重量不要过大，举起时手臂不要伸直，手肘可以弯曲150°~166°。	在胸部和背部训练中，三角肌前束一般已经得到很好的刺激，日常训练采用小重量使之线条清晰即可。
男性训练重点	√		√	√
女性训练重点	√	√	√	

不溜肩与溜肩

开始本章之前，先和大家玩个小游戏，上面这两张图片中的人，哪个看上去更有气质呢？

我猜90%的人都会选择左边这张吧。然后大家再来找找碴儿，左右两张图，区别在哪儿呢？没错，肩部！只是修改了一下肩部，不用看脸，整个人的气质和感觉都不一样了！

二、为什么练肩？你最容易忽略的美丽！

肩部应该算是大家平时训练中比较关注，却很少去认真研究的部位。

很多人可能觉得，肩部肌群不像我们经常说的胸、背、臀等大肌群一样够大、够引人注目，所以并不是很重要。

然而，我们向往并羡慕的那些好身材，那些看起来身形宽阔霸气的男星，或者身姿挺拔、形体优雅的女星，似乎又都是因为拥有能平衡身材整体感觉的肩部而成就了他们的好身材。

没错，肩部肌群就是决定你身姿形态是否开阔完美的关键，而且它还和你的健康息息相关！

不少男性朋友，即使练得再久，身材看起来也不够宽阔，就是因为其肩部肌群没有得到相应的训练，所以整个人会看起来又小又臃肿，轮廓也窄。

而不少女性朋友，想通过健身来让身姿更优雅，却又担心练肩把肩部练得太宽，只敢做深蹲或卧推等训练。结果肩部肌群太弱，不能起到应有的挺拔身姿的效果，导致身体整体的肌力不平衡，整个人像窝在一起一样打不开，甚至还会产生圆肩、溜肩等体态问题，看起来既不美也不自信。

我们常说，舞者的身姿很好，尤其是她们那永远自信打开着的肩膀，看起来更有魅力和气质！而这其中的关键，就在于舞蹈动作中的"开肩"，成就了她们优雅挺拔的上半身！

所以，本章我们就来说说你身姿的关键部位——肩部，怎么练！

三、肩部构成：肩部分三块，作用各不同

肩部肌群，狭义上指的就是肩部三角肌，是个很奇妙的肌群。从外观上来看，三角肌是圆润的一整块，但从实际生理功能和训练角度来看，三角肌却可以分为三块不同的羽状肌群：三角肌前束、三角肌中束、三角肌后束。

从外形上来看，这三块肌肉在身材上所起的视觉效果，也并不相同。

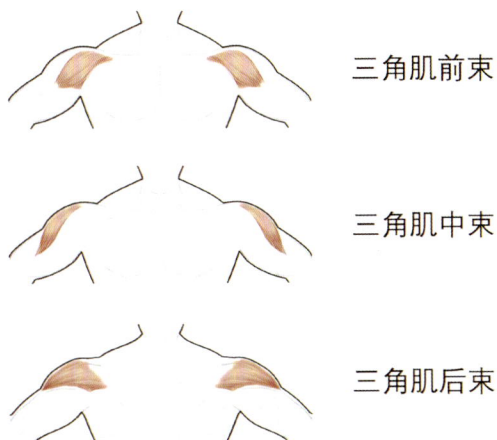

三角肌前束

三角肌中束

三角肌后束

另外，男性和女性由于追求不同的体形目标，对于肩部训练的侧重也各有不同。

对于男性而言，需要更多地训练三角肌中束和前束。三角肌前束保证了你的肩部整体从前方看起来更霸道。对男性而言，如果你有了足够强壮的胸肌和背肌，却没有足够强壮的三角肌前束，整个人看起来就会过于向中心聚拢，没有过渡。

三角肌中束作为你身体宽度的最外围，决定了你整体上看起来是否足够宽阔、有男子气概。而三角肌后束的强弱，直接决定你是否有圆肩等身姿问题。

1M²
硬派健身
TOUGH
WORKOUT

7
Chapter

252

Tips

　　对高阶者而言，三角肌整体都很重要，三角肌后束还是这几年健美比赛的新热点，不少奥林匹亚健美先生的竞争者都把重心挪到了后束。但传统上，男性训练者更关注三角肌前束和中束，它们能让男性的身形看起来更宽阔。

　　女性为了挺拔身姿，应该更多地训练三角肌中束和后束。

　　很多女孩可能担心肩部训练会让自己看起来很壮，但其实肩部训练只会让你的身材更好，更优雅挺拔。

　　比如三角肌中束，它就决定了你是否溜肩。就像本章一开始的图片一样，只是单纯地改善一下溜肩的情况，整个人看起来就会更挺拔，更有精气神儿。

　　训练良好、美丽有型的三角肌前束和中束，也正是大家所说的"玉润香肩"。同时，淡淡的肩部线条阴影，还能让你的整体轮廓看起来更有层次。

　　而三角肌后束则是女性身姿重点中的重点。很多人觉得跳舞的女孩子身材和气质很好，条儿很顺，很大原因是"开肩"让她们看起来更挺拔优雅。而开肩不仅需要良好的肩部柔韧性，三角肌后束也是你需要训练的重点部位。

四、肩部，怎么练？

三角肌整体

三角肌三束虽然不同的部位有不同的训练侧重点，但整体上都是负责让整个肩关节外展、上提的。所以外展上提的动作，对三角肌整体都有很好的训练效果。

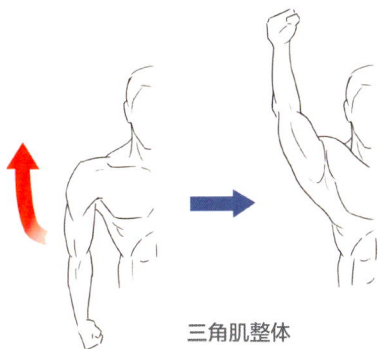

三角肌整体

另外，三束协同发力的动作能举起的重量更大，综合训练效果自然也更好。而推举就是训练三角肌整体的最佳动作。

弹力带推举

1

双手持弹力带握柄，掌心向前，置于肩部两侧；大臂与小臂呈"W"形，与身体处于同一平面；抬头挺胸，腰腹收紧，背部挺直。

2°

肩部发力，向上推举弹力带手柄高过头部，静止1~2秒；

动作过程中，发力缓慢有控制，顶点肘关节不要锁定；

运动过程中，手臂与身体始终处于同一平面；

身体保持挺直，不要反弓借力。

>>>>>>

替换动作

弹力带横杆推举   哑铃站姿推举

推举的特点在于，动作过程中三角肌三束都参与发力，所以综合训练效果好。但总体而言，推举更加侧重前束和中束的发力[1]。

哑铃推举对三角肌不同位置的激活水平

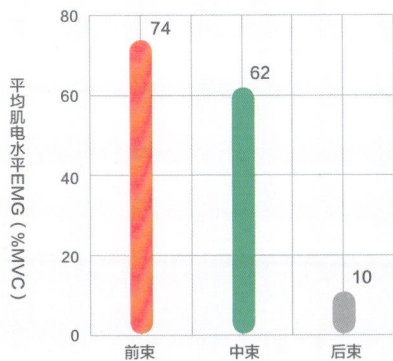

平均肌电水平EMG（%MVC）

前束: 74
中束: 62
后束: 10

*EMG: Electromyography 肌电水平
MVC: Maximum voluntary contraction 最大自主收缩

　　推举动作对三角肌，尤其是前束和中束有不错的激活水平，是综合训练三角肌整体的优选动作。

　　而且由于三束协同发力，不会因为某一束的力量弱就举不起来，所以训练重量也可以更大，适合在肩部训练的开始作为基础动作。

Tips

　　推举是肩部训练效果综合最佳的动作。

躯干与手臂在同一平面

　　动作过程中，要保证手臂，尤其是大臂跟躯干始终处于同一个平面。切不可为了推举大重量而弓背向前侧推举，这样不但不容易训练到三角肌整体，只侧重了三角肌前束，而且会有一定的危险，更容易在动作中受伤。

肩部整体训练技巧

　　肩部三角肌属于羽状肌群，本身力量跟爆发力就很强。大重量围度训练只能练到力量和围度，不能很好地雕塑线条和形态。

　　如果只用大重量练肩，练出的三角肌是没有线条的一整块，看上去并不美观。

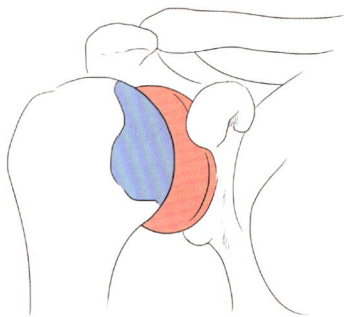

球窝结构

　　另外，肩关节也是全身灵活性最好和稳定性最差的关节[2]。有人形容肩关节的结构是把一个网球放在高尔夫球的球座儿上。所以肩关节是人平时最常用也最容易受伤的关节。肩部脱臼、肩部拉伤在运动过程中非常常见。而越大的训练重量越不容易控制，也更容易受伤。

　　所以肩部三角肌训练，建议采用中等重量、多次数、多组数、力竭的方式，来雕刻它的形态。

三角肌后束

我们一直提到，舞蹈演员之所以看起来身姿挺拔优雅，是因为她们日常训练中的"开肩"这一训练。而开肩，主要练的就是三角肌后束。

练好三角肌后束，可以让你平时团在一起，显得很没有自信的肩部向后展开，整个人看起来也就更加挺拔优雅。

另外，有力的三角肌后束还能避免上交叉综合征带来的探颈、圆肩等身姿问题（详见第十章）。

Tips ▶

上交叉综合征，大多为不良姿势引起的上半身肌肉不平衡（一部分肌肉过紧，一部分肌肉过于软弱无力），多表现为圆肩、探颈等身姿问题。

从训练角度来看，练好三角肌后束，打开肩关节，也有助于做深蹲时将杠铃更好地放在合适的位置，是深蹲有效性的保障之一。

三角肌后束在生理上主要负责向后伸展和水平外展肩关节，所以能锻炼到后束的有效动作是类似于俯身侧平举这类向后、向外展的。

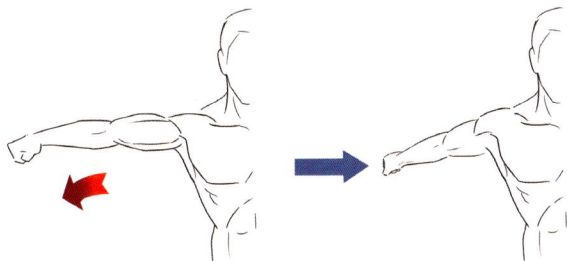

1M²
硬派健身
TOUGH
WORKOUT

7
Chapter

258

弹力带俯身交叉内旋侧平举

1°

上半身前倾约90°，腰腹收紧，背部挺直；
肩关节内旋90°，握住弹力带手柄将弹力带抻直；
弹力带交叉可以使得阻力精准作用于目标。

2°

举起双臂至最高点，感受大臂后侧三角肌后束发力；
动作过程中保持躯干稳定，背部挺直，不要弓背借力。

>>>>>>

替换动作

弹力带俯身交叉侧平举

哑铃俯身侧平举

哑铃俯身内旋侧平举

三角肌后束训练技巧

很多朋友在练三角肌后束时，可能没有后束的训练感觉，反而觉得后背斜方肌被练得很酸。事实上，没找到后束训练感觉，的确有可能肩没打开，脖子反而越练越粗。

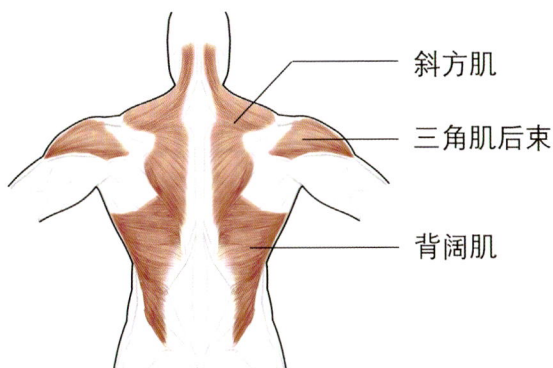

练后束不成反粗脖子，是因为在水平外展的动作里，除了后束，还有背阔肌和斜方肌这两个力量和体积巨大的肌群参与其中。

由于这两个肌群都是训练重量在百余公斤级的大肌群（想想引体向上，背阔肌能拉起一个人），而三角肌后束一般的训练重量却只有3~5公斤，与它们一对比简直弱爆了！所以一旦背阔肌和斜方肌在训练中借力，肩自然就很难被有效训练了。

Tips

背阔肌在生理上也可以伸展肩关节，而斜方肌则负责着整个肩胛肌群的活动，很容易在动作中借力，导致三角肌后束没有受到良好的刺激，最后反而可能都练了斜方肌上部，粗了脖子。

想要专注练肩，避免借力，有一个很好的小技巧：尝试在动作过程中稍稍向里转一下手，也就是所谓的内旋肩关节。

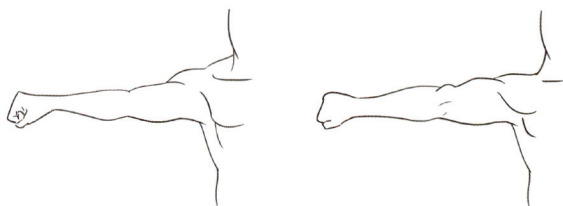

普通姿势   内旋

肩关节内旋90°时，斜方肌和背阔肌处于发力不便的姿势，所以会很少参与到肩关节的活动中。取而代之的是肩胛四肌里的小圆肌和冈下肌，这两个肌群对于身姿的改善同样大有好处。

不过，由于内旋的手臂动作少了大肌群的借力，虽然可以更好地针对三角肌后束，但动作过程中也更容易角度不稳定，增加了一定的危险性，容易造成肩关节拉伤等问题。

所以内旋手臂训练时，建议尽量选择小重量，并且在练习过程中要注意安全。

三角肌中束

三角肌中束作为身体的最外侧，直接决定了男性身形是否足够宽阔，女性手臂线条是否足够优美。

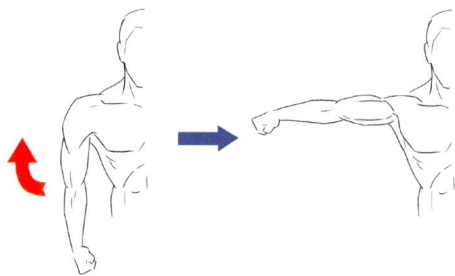

三角肌中束在生理上负责协同其他肌群让肩关节外展、上提，所以锻炼三角肌中束最好的动作莫过于侧平举。

弹力带交叉侧平举

1

腰腹收紧，背部挺直；
双手于身侧交叉握住弹力带握柄，将
弹力带抻直；
弹力带的交叉有助于使阻力精准作用
于目标。

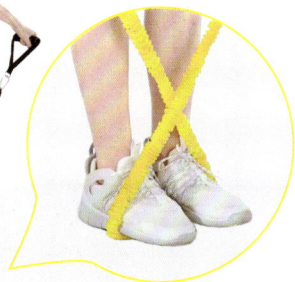

2

肩部发力，双臂向两侧缓慢打开至大臂与
地面平行；
动作过程中保持肘部微弯，实验表明[3]，
手肘微微弯曲（150°~166°）与完全
伸直（180°）状态下的肌刺激水平相差
不多；
不要耸肩、挺腰或借助其他肌群力量，不
要使用爆发力。

>>>>>>

替换动作

哑铃站姿侧平举

1M²
硬派健身
TOUGH
WORKOUT

7
Chapter

262

相比哑铃侧平举，弹力带交叉侧平举的动作过程中，阻力方向始终相背于你的肌肉发力方向。这样可以保证三角肌中束始终有效地得到刺激，训练效果自然也更好。

对比两个动作对三角肌中束的刺激水平，弹力带（拉索类）交叉侧平举虽然只比哑铃侧平举略高一些[1]，但是在动作顶点，弹力带动作对目标肌群却有持续的刺激。所以相对更有效，对塑形效果自然也更好。

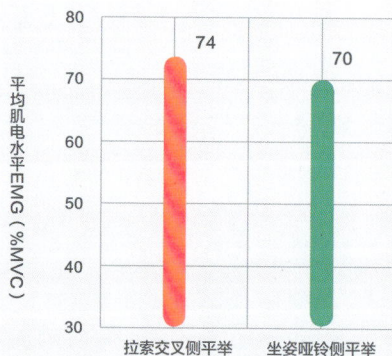

不同动作对三角肌中束的激活水平

平均肌电水平EMG（%MVC）

拉索交叉侧平举　74
坐姿哑铃侧平举　70

*EMG: Electromyography 肌电水平
MVC: Maximum voluntary contraction 最大自主收缩

弹力带交叉侧平举比哑铃侧平举能更好地激活三角肌中束，是训练三角肌中束的优选动作。

三角肌中束训练技巧

1.训练重量不要过大

事实上，三角肌中束并不需要太大的重量，三角肌本身就习惯一起发力。你用大重量练它，其他部位也会借力，还可能会用到膝盖、斜方肌的力，这样不但不能好好地练到三角肌中束，而且很容易受伤！

一般来说，无论是为了安全还是为了效率，都不建议侧平举训练重量过大。普通人如果能找到三角肌中束的发力感觉，每侧0.5~3公斤足矣。

Tips

如何判断是否借力、是否重量过大？

最简单的方法是，如果坐姿侧平举不能举到平时站姿侧平举使用重量的90%，就是借力了。

2.侧平举，手臂要不要伸直

研究发现，从对三角肌中束的刺激水平来看，手肘微微弯曲（150°~166°）与完全伸直（180°）状态下的肌肉激活水平差距并不大[3]。

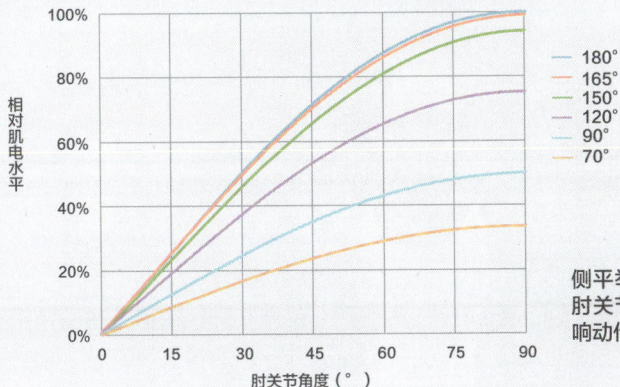

肘关节角度对三角肌中束的激活水平影响

（图例：180°、165°、150°、120°、90°、70°；纵轴：相对肌电水平 0%~100%；横轴：肘关节角度（°）0~90）

侧平举动作中，为了保护肘关节而微微屈肘并不影响动作效果。

侧平举动作中，为了保护肘关节而微微屈肘并不影响动作效果。

肘部实际上是一个相对脆弱的关节，肘部的韧带很容易在重心不稳的情况下受伤。如果在侧平举的过程中肘部总是保持平直，没有给肌肉留下缓冲的余地，全靠关节处韧带、肌腱和骨骼承受重量，那就很容易受伤。

所以，我们建议大家在做侧平举时，肘关节不要锁死，保持微屈即可。这样大部分的重力由肌肉承受，更安全，训练也更高效。

三角肌前束

三角肌前束在肩部的正面，它的强弱，不但决定着你的门面，还和胸部训练动作密切相关。

> **Tips**
>
> 从视觉上看，三角肌前束作为门面肌群之一，直接决定男性的身形从正面看起来是否足够宽阔，肌肉线条是否足够清晰。前束也是女性追求的纤细紧致的手臂线条的一部分。
>
> 从功能上看，三角肌前束练得好，对于胸肌和三角肌中后束的力量提升也很有帮助，可以帮你提升推举、卧推的训练水平。

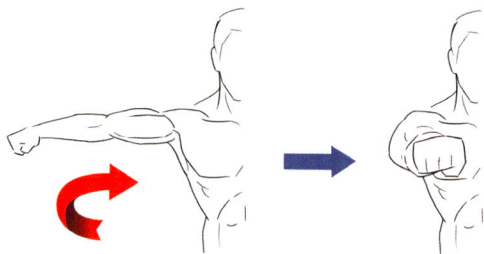

三角肌前束的主要作用是让肩关节水平内收、内旋。

水平内收这个动作，大家应该比较熟悉了。我们在卧推或俯卧撑动作中，都需要用到水平内收。也就是说，胸肌训练本身就可以让三角肌前束得到很好的刺激，所以一般的训练者并没有必要花太多时间训练三角肌前束。

俯卧撑对三角肌不同位置的激活水平

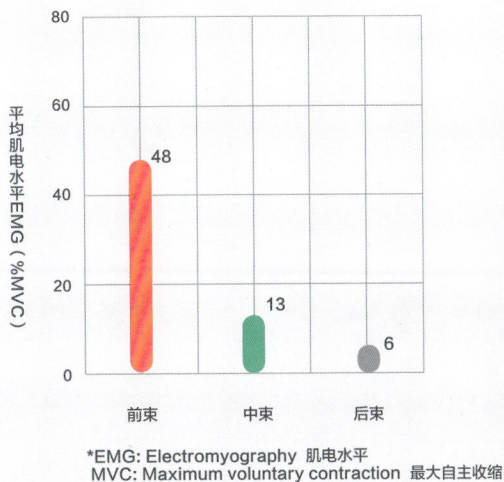

*EMG: Electromyography 肌电水平
MVC: Maximum voluntary contraction 最大自主收缩

　　如图所示，在胸部训练动作俯卧撑中，三角肌前束能得到充分刺激。

　　对于三角肌前束，我们要做的是通过训练让它的线条更加清晰。练前平举就是为了达到这一目标。

弹力带前平举

1°

手心向下握住弹力带手柄，在身
体前侧抻直弹力带，腰腹绷紧，
背部挺直。

2°

肩部发力带动两臂向上抬起至与地
面平行；
动作过程中保持肘关节微弯；
动作中切勿弓背耸肩借力。

> > > > > >

替换动作

弹力带横杆前平举　　　哑铃站姿单臂前平举　　　哑铃站姿前平举

前平举的动作完全贴合三角肌前束自身的生理作用，对前束有很好的雕塑效果[1]，是训练前束的高效动作。

哑铃前平举对三角肌不同位置的刺激水平

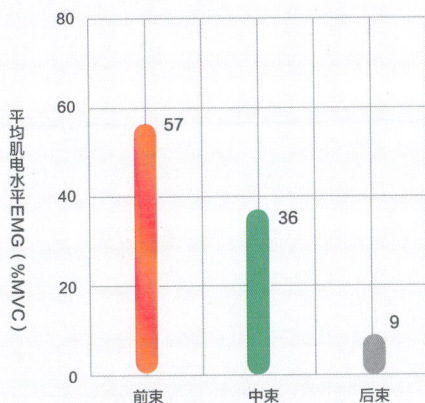

*EMG: Electromyography 肌电水平
MVC: Maximum voluntary contraction 最大自主收缩

前平举是居家训练三角肌前束的优选动作，对三角肌前束的刺激水平较高。

由于前束的训练目标是线条更清晰，形态更美观。所以前平举训练并不需要过大的重量刺激前束生长。中小重量、多次数、多组数的训练方式更加有效！

哑铃阿诺推举

1 抬头挺胸，腰腹收紧，背部挺直；
手持哑铃垂直于地面，掌心向前。

2 肱二头肌发力，弯举哑铃
至顶点；
发力过程缓慢有控制，切
忌斜方肌或腿部借力。

3 旋转肩关节带动大臂向两侧打开；
正面看两臂呈"W"状，与身体处
于同一平面。

4 肩部三角肌发力，举起哑铃过头
顶（此时掌心向前）；
动作顶点肘部依旧保持微弯，不
要耸肩，顶峰收缩1~2秒；
恢复初始姿势，重复动作。

＞＞＞＞＞＞

替换动作

弹力带阿诺推举

阿诺推举，是曾担任美国加州州长的好莱坞明星阿诺·施瓦辛格独创的肩部动作（阿诺本人的肩臂在当时也达到了一个历史新高度）。

阿诺推举的特点在于一次就能针对训练手臂肱二头肌、三角肌前束、三角肌中束三个部位，而且只要有哑铃就可以完成，适合居家训练，是高效的肩臂综合动作，对于雕塑肩臂线条效果非常好！

另外，动作过程中注意不要过度摇晃或使用爆发力，整个动作要有控制地精准打击。弯举时要感受到肱二头肌发力，推举时，躯干与大臂要保持在同一水平面。

三角肌拉伸

肩部拉伸有助于在肩部训练后放松肩部肌群，并刺激其生长。

另外，由于现在很多人工作学习时的姿势不正确，肩部肌群相对薄弱又紧张，很容易含胸驼背，体态不正。所以平时多做一些肩部拉伸或者开肩的动作，也有助于放松相关肌群，矫正体态！

开肩动作，具体是指让肩膀在自然放松的状态下，尽量向后、向外打开。想象肩部向后延展，两个肩胛骨尽可能靠紧的感觉。

肩部拉伸姿势也一样，在拉伸过程中，尽可能地打开和延展目标肌群，增加肩部柔韧性，缓解肩部紧张状态。

开肩

1M²
硬派健身
TOUGH
WORKOUT

7
Chapter

270

　　平时肩部肌群尤其是三角肌后束薄弱的朋友，日常多做开肩和拉伸动作，也可以帮你打开肩部，让你不再含胸、圆肩，让你抬头挺胸，整个人气质大增！

　　不过要注意，由于肩部是非常脆弱的关节，任何不经充分热身的拉伸都会导致肩部拉伤。同时，训练前的拉伸可能会导致你的力量下降与受伤概率增加，所以建议开肩与肩部拉伸要在运动结束后或平时充分热身后进行。

肩部单侧拉伸

1
自然站立，腰背挺直；
一条手臂弯曲钩住另一条伸直的手臂。

2
弯曲的手臂向后侧抻直另一条
手臂，后者感受被拉伸，保持
20~30秒（静态拉伸）；
感受被拉伸，并微微弹振（动
态拉伸）。

五、肩部训练计划：男性版&女性版

　　下面是以弹力带为主的肩部整体训练计划，分为男女两版，男性全面针对三角肌整体，女性更侧重三角肌中后束，符合男女不同的身材特点。

　　肩部训练要点：

　　1.训练前要充分热身。肩关节比较脆弱，充分热身可以避免肩关节在运动中受伤；

　　2.建议一开始不要采用太大重量，推荐重量仅供参考，以自己尝试为主，以免受伤。另外，肩部肌群属于羽状肌群，中小重量、多次数、多组数的力竭训练更有效；

　　3.所有弹力带动作都可以用哑铃替代，不过弹力带阻力垂直，训练效果更好。

1M²
硬派健身
TOUGH
WORKOUT

7
Chapter
272

男性肩部整体打造计划

扫描二维码即刻开始训练

以打造宽阔、厚实如肩甲一般的三角肌整体和中束、前束为主，以平衡身姿的后束为辅。可以与臀腿一起训练。

动作	个数/时间	组数	组间休息（s）
哑铃阿诺推举（热身）	12个	3	30~90
弹力带推举	8个	3	30~90
弹力带交叉侧平举	15个	3	30~90
哑铃站姿前平举	15个	3	30~90
弹力带俯身交叉侧平举	15个	3	30~90
弹力带俯身交叉内旋侧平举	15个	3	30~90
肩部单侧拉伸	30s	3	30~90

女性肩部整体打造计划

扫描二维码即刻开始训练

以塑造优雅平衡的肩部中束、后束为主，以肩部整体为辅。可以与臀腿一起训练。

动作	个数/时间	组数	组间休息（s）
哑铃阿诺推举（热身）	12个	3	30~90
弹力带交叉侧平举	15个	3	30~90
哑铃俯身侧平举	15个	3	30~90
弹力带俯身交叉侧平举	15个	3	30~90
弹力带俯身交叉内旋侧平举	15个	3	30~90
哑铃俯身内旋侧平举	15个	3	30~90
肩部单侧拉伸	30s	3	30~90

参考文献

[1] Sweeney, S., Porcari, J. P., Camic, C., Kovacs, A., & Foster, C., (2014). Shoulders above the rest?

[2] Jancosko, J. J., & Kazanjian, J. E. (2012) Shoulder injuries in the throwing athlete. Physician & Sportsmedicine, 40(1):84–90.

[3] SuppVersity EMG Series –M. Deltoideus , M. Infraspinatus, Supraspinatus and Teres Minor: The Very Best Exercises for Broad Shoulders and Capped Delts. (2011). Retrieved from http://suppversity.blogspot. jp/2011/07/suppversity-emg-series-musculus.html

手臂和小腿，作为生活中最容易暴露在外的部位，

虽小，却是决定你健身成败的细节，

也是决定你与别人差距的所在。

练好这两个部位，让你近看和细看起来，也经得起琢磨！

手臂&
小腿——
让身材
更完美的
细节！

8

Chapter

肱二头肌

哑铃集中弯举
弹力带弯举
哑铃重锤弯举

肱三头肌

钻石俯卧撑
弹力带颈后臂屈伸
弹力带下压
肱三头肌撑起

腓肠肌

哑铃站姿提踵
坐姿直膝小腿拉伸

比目鱼肌

哑铃坐姿提踵
坐姿屈膝小腿拉伸
站姿阶梯小腿拉伸

拉伸

手臂拉伸
坐姿直膝小腿拉伸
坐姿屈膝小腿拉伸
站姿阶梯小腿拉伸

肱三头肌

钻石俯卧撑
弹力带颈后臂屈伸
弹力带下压
肱三头肌撑起

比目鱼肌

哑铃坐姿提踵
坐姿屈膝小腿拉伸
站姿阶梯小腿拉伸

拉伸

手臂拉伸
坐姿屈膝小腿拉伸
站姿阶梯小腿拉伸

1M²
硬派健身
TOUGH
WORKOUT

8
Chapter

278

一、手臂&小腿训练重点

手臂	肱二头肌		肱三头肌	
	肱二头肌长头	肱二头肌短头	肱三头肌外侧头	肱三头肌长头
视觉效果	长头一般决定了手臂从外侧看的形态。 两个头一起决定了肱二头肌整体是否饱满、有力度。	短头则决定了肱二头肌从内侧看的线条。	对于男性来讲，外侧头决定了你的身材轮廓是否足够宽阔。 对于女性来讲，外侧头可以让你的手臂看起来有一道淡淡的阴影，立体有型。	练好长头，可以紧致大臂底侧线条，告别"拜拜肉"。 男性练出有型的肱三头长头，能使臂围更大，更有力量。
推荐动作	哑铃集中弯举 弹力带弯举 哑铃重锤弯举		钻石俯卧撑 弹力带颈后臂屈伸 弹力带下压 肱三头肌撑起	
男性训练重点	√		√	
女性训练重点			√	

小腿	比目鱼肌	腓肠肌
视觉效果	显小腿瘦	显小腿粗，腿肚子大
推荐动作	哑铃坐姿提踵	哑铃站姿提踵
拉伸动作	站姿阶梯小腿拉伸 坐姿屈膝小腿拉伸	坐姿直膝小腿拉伸
男性训练重点	√	√
女性训练重点	√	

手臂和小腿——细节让身材更完美！

你身上的每一个部位、每一块肌肉，都有它自己的特点和作用。从身材上来讲，既然有大肌群作为身材的主体，就自然有小肌群来修饰我们的细节。

大部位、大肌群，比如臀腿、胸、背等，决定着我们的整体形象和给人的第一印象；而小肌群、小细节，比如手臂、小腿等，则让你近看和细看起来，也经得起琢磨。

这就好比你看一个人的穿衣打扮。假设现在你对面走过来一个大老板，穿着一身定制的Armani（阿玛尼）西装，iPhone 6s 在手，乍一看还挺有范儿是吧。结果走近了低头一细瞧，他脚上的皮鞋却是脏兮兮、皱巴巴的，握手时他一伸手，腕间居然露出了便宜的电子表。恐怕这时之前的好印象早已消失殆尽，你只会怀疑他的品位，或者心里默默吐槽一句"暴发户！"就连身上那价格不菲的西装和手机，看起来估计也会大打折扣。

没错，小肌群就好比皮鞋和手表，是决定你健身效果的关键细节，尤其是在你的大部位已经有相当不错的训练效果时，练好小肌群更是决定你与别人差距的关键所在！

而小肌群中，我们的手臂和小腿作为日常生活中最容易显露在外面的两个部位，也是最值得大家好好训练的地方。

想一想，作为女生，当你在夏天逛街时，穿着及膝洋装小裙，裙摆下露出一双笔直纤细、线条优美的小腿；或想一想，作为男生，当你在篮球场上挥汗如雨，穿着无袖T恤，肱三头肌线条在阳光下清晰可见。没错，很多时候，一个人的性感就在这不经意间流露。

虽然我个人更推荐大家多多关注大肌群的训练，不必一开始就着重训练小肌群。不过健身有主就有次，训练的负荷也是有重就有轻。在一天的大肌群、大负荷训练后，在下一次训练时来雕塑手臂、小腿等细节，这样不仅可以让肌肉休息和恢复得更好，也可以起到比较好的调整身体节奏的作用。同时对于更好、更均衡地发展身材，也更加有效哦！

所以，本章我们就来详细讲讲，如何拥有更性感完美的手臂和小腿。

二、曝光度最高的手臂，如何打造更有型？

　　首先，我们来说说手臂。手臂绝对可以说是全身曝光度最高的部位之一了。无论男生夏天日常穿T恤，还是工作时穿着薄薄的衬衫，无论女生正式场合穿无袖礼服，还是约会逛街时穿可爱小衫儿，最容易露在外面的身体线条，不是腿，不是胸，不是臀，而是胳膊！

　　对男性而言，没有肌肉、软塌塌的手臂，怎么看都不美观。瘦，带着一种无力的薄弱感，胖，则有种痴肥傻愣之感。而有力量、有块头的手臂，是男性魅力的象征。毕竟大家都说，女人最温暖的港湾，就是她所爱男人的臂弯嘛。

　　对女性而言，如果胳膊上多出一团"拜拜肉"，也是怎么看怎么显胖。虽然我们说脂肪是从全身减的，但是针对手臂的专项训练，至少可以显露线条，让手臂看起来更纤细、紧致。

　　一般来说，我们将手臂训练按肌群和视觉的不同，分为内（肱二头肌）外（肱三头肌）两侧。尤其是手臂外侧的肱三头肌，更容易被人关注，是对男女都很重要的一项视觉加分或减分项，绝对是你不能忽视的训练重点！

肱三头肌

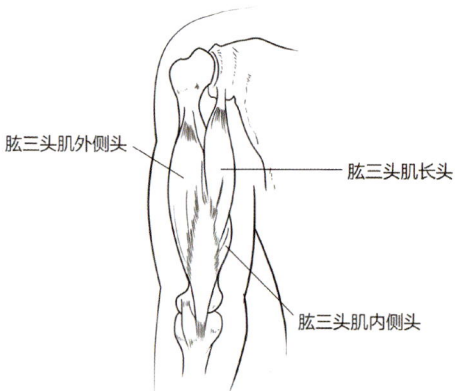

肱三头肌外侧头

肱三头肌长头

肱三头肌内侧头

肱三头肌位于大臂后侧，是决定你身材轮廓最外缘和侧面身姿的重要肌群。它的主要作用是控制肘关节活动，伸直和伸展手臂。从肌群角度来看，肱三头肌，顾名思义由三个头构成：内侧头、外侧头、长头。

一般来讲，肱三头肌的内侧头不能也不会单独训练，所以肱三头肌的训练重点在于外侧头和长头。

外侧头和长头对大臂外侧起到不同的修饰效果，综合训练肱三头肌时，应该同时兼顾这两个头。另外，侧重点不同，训练动作也有所不同。下面是给大家的简单归纳总结。

	肱三头肌外侧头	肱三头肌长头
生理位置	位于身体外侧	接近身体内侧
视觉功能	对于男性来讲，外侧头决定了你的身材轮廓是否足够宽阔。 对于女性来讲，外侧头可以让你的手臂看起来有一道淡淡的阴影，立体有型。	练好长头，可以紧致大臂底侧线条，告别"拜拜肉"。 男性练出有型的肱三头肌长头，能使臂围更大，更有力量。

钻石俯卧撑——综合练三头最佳

1 两手手掌尽量靠近，大拇指和食指组成一个钻石般的菱形，这样可限制三角肌前束的发力；
腰腹绷紧，身体呈一条直线。

2 屈肘下沉身体，下沉过程缓慢有控制；
保持身体挺直，切勿拱背塌腰。

3 动作最低点停顿2~3秒；
发力撑起，恢复起始动作。

>>>>>>

替换动作

弹力带颈后臂屈伸

跪姿钻石俯卧撑

钻石俯卧撑是训练肱三头肌整体的最佳动作。

不过估计有人要说了："钻石俯卧撑不是在讲胸部训练时介绍过了吗？当时还吹了一遍钻石俯卧撑是多么好的胸肌训练动作，怎么又在肱三头肌这儿用，还最好的动作？偷懒啊你！"

您先别急，没错，我们当时说到钻石俯卧撑是胸肌训练的好动作。不过，您还记得原因是什么吗？是因为钻石俯卧撑最大的特点在于"超窄距限制了三角肌前束的发力"啊。

也就是说，本来由胸肌、三角肌前束、肱三头肌这三个肌群一起发力来完成的俯卧撑动作，去掉了一个三角肌前束，胸肌和肱三头肌自然就得承担更多，也就有更好的激活效果了。

肱三头肌综合最佳训练动作

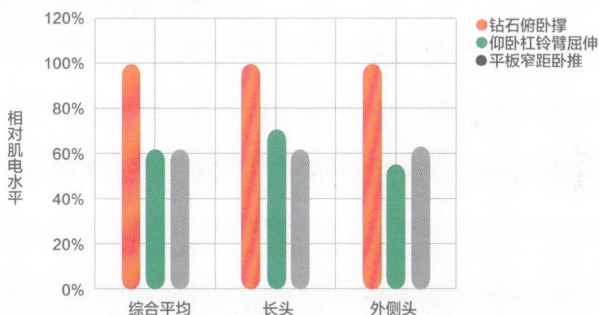

*以钻石俯卧撑为100%基准值
*数值为整个向心和离心收缩动作过程中的平均肌电水平

无论是肱三头肌的长头还是外侧头，钻石俯卧撑都能很好地激活，它是肱三头肌的综合最佳训练动作。

另外，做俯卧撑时，手间距越窄，对肱三头肌的刺激也就越大，因而钻石俯卧撑对肱三头肌整体的训练效果也最好，所以是综合最佳的肱三头肌训练动作[1]。

不过要注意，钻石俯卧撑需要更强的肱三头肌发力感觉，所以对于初学者有一定的难度，建议采用循序渐进的训练方式。大家在一开始可以采用弹力带助力或者跪姿的方式减轻负荷和训练难度。

Tips

钻石俯卧撑进阶等级（易→难）

弹力带跪姿钻石俯卧撑	弹力带钻石俯卧撑	钻石俯卧撑	下斜钻石俯卧撑
上斜跪姿钻石俯卧撑	跪姿钻石俯卧撑	钻石俯卧撑	下斜钻石俯卧撑

弹力带颈后臂屈伸——雕琢手臂外侧

1 双手握住弹力带手柄，置于脑后，感受大臂被拉伸。

2 肱三头肌发力举起弹力带，动作中只有小臂移动，肘部和身体其他部位保持静止，身体不能前后晃动。

> > > > > >

替换动作

哑铃颈后单臂屈伸   哑铃颈后臂屈伸

事实上，大多数肱三头肌训练动作都能很好地刺激到长头，但较难刺激到外侧头。这就导致了很多人的手臂都是长头较强，外侧头则比较弱。

不过，我们在前面也说了，如果肱三头肌长头决定了你大臂举起时手臂底下的线条，那么肱三头肌外侧头对绝大多数人来说则更加重要，因为它位于身体外侧，直接决定着你最常被人看到的手臂线条。

另外，虽然钻石俯卧撑是综合最佳的肱三头肌训练动作，但对于手臂肌肉比较薄弱的人来说，这个动作难度也较大，如果完成度不高，同样会降低训练效果。我见过不少想要尝试钻石俯卧撑的朋友，如果没有弹力带的辅助，通常都是一个"狗吃屎"趴在地上。

所以初学者想要训练肱三头肌外侧头，均衡手臂线条，我们建议从颈后臂屈伸入门，这样效果更佳[1]。

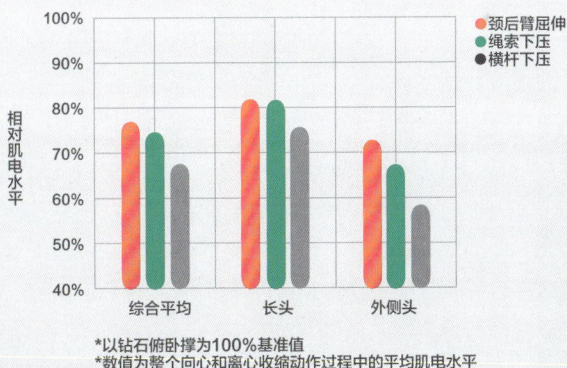

肱三头肌长头最佳训练动作

*以钻石俯卧撑为100%基准值
*数值为整个向心和离心收缩动作过程中的平均肌电水平

颈后臂屈伸能够有效激活肱三头肌，是肱三头肌长头最佳训练动作。

颈后臂屈伸动作比较简单，用哑铃、弹力带甚至矿泉水瓶都可以完成。也没有场地限制，无论是居家还是在办公室都可以做，非常适合初学者用于雕塑手臂线条入门。

　　而且在动作中，颈后臂屈伸可以更好地让你体会肱三头肌的发力感觉，尤其是动作最低点的时候，能明显感觉到大臂后面是被拉伸的。要知道，拉伸本来就可以使肌肉的力量和形态得到很好的增长。所以这个拉伸感，也是颈后臂屈伸作为雕塑手臂的入门动作优于其他动作的原因之一。

　　需要注意的是，颈后臂屈伸由于动作过程中关节不固定，相对稳定性较差，如果训练重量过大，很容易受伤。所以一开始应尽量采用小重量，稳定可控地训练，也可以用另一只手扶住训练手的肘部，以增强稳定性，避免受伤。另外，动作顶端千万不要完全伸直，否则重量将完全压在肘关节处，更容易受伤。

Tips

手臂训练要点

　　手臂训练，泵感是关键。因为手臂平时就一直在活动，只是普通的训练并没有好的效果。使用中等重量、多次数、短间歇的训练可以更好地刺激肌群，达到充血和泵感。

弹力带下压——紧致手臂线条

1 手心向上握住弹力带手柄；
肘部夹紧身体两侧。

2 肱三头肌发力，双手下压至手臂接近伸直；
动作过程中保持大臂不动。

弹力带下压，是一个针对肱三头肌长头的好动作[1]，练好这个动作，有助于你在日常生活中，举手投足都有好看的手臂线条！

绳索下压对肱三头肌的激活水平

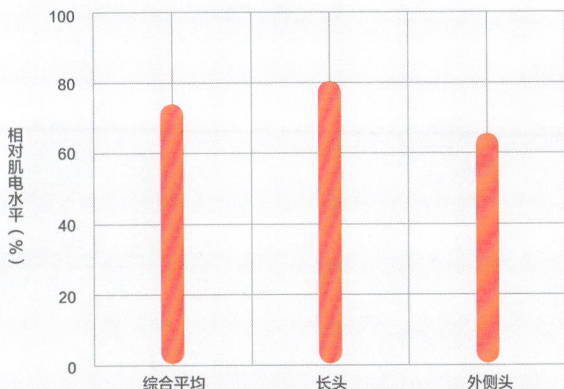

*以钻石俯卧撑为100%基准值
*数值为整个向心和离心收缩动作过程中的平均肌电水平

绳索下压对肱三头肌有很高的激活水平，居家训练中，可用弹力带作为绳索。

另外，相比其他肱三头肌训练动作，弹力带下压对肘关节的控制更强，相对也更安全，可以更好地预防肘关节的韧带受损。而且动作过程中，负荷始终集中在肱三头肌上，可以帮你更好地找到肱三头肌的训练感觉。

Tips
肘关节是相对比较容易受伤的肌群。所有大负荷（钻石俯卧撑）或者不稳定（颈后臂屈伸）的动作，都可能导致肘关节的韧带受损。

1M²
硬派健身
TOUGH
WORKOUT

8
Chapter

288

肱三头肌撑起——徒手练肱三

1 身体下沉，双肘弯曲
背向撑在椅子上；
肘部向后，不要向两
边打开。

2 肱三头肌发力撑起身体，直
至手臂接近伸直；
缓慢恢复步骤1，重复动作。

不同动作对肱三头肌的激活水平对比

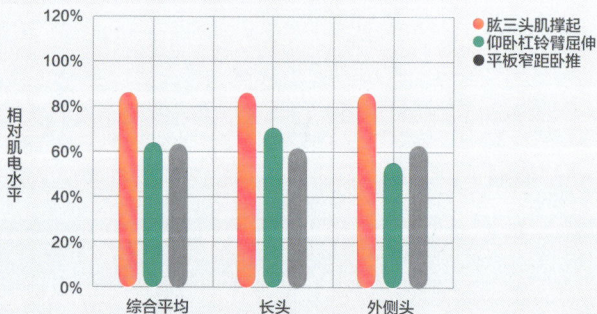

*以钻石俯卧撑为100%基准值
*数值为整个向心和离心收缩动作过程中的平均肌电水平

肱三头肌撑起，也是一个徒手肱三头肌的高效训练动作。特别是对于那些觉得颈后臂屈伸训练强度太小、钻石俯卧撑又太难的朋友，肱三头肌撑起可以作为一个很好的过渡和补充动作。

从图中可以看到，肱三头肌撑起对长头和外侧头都有相对较高的激活水平，综合练臂效果好[1]。

另外，这个动作在训练过程中，可以通过微调来实现不同的难易程度，满足不同的训练人群和不同的强度要求。比如初学者在训练开始可以用腿借力，减轻对三头的负荷，而进阶者则可以尝试将腿完全伸直，甚至垫高角度，让负荷更多地集中在肱三头肌上。

肱二头肌

肱二头肌对男士的重要性已经不必多说。我在很多场合都听女孩子说，"在办公室里看到那个男生饱满的肱二头肌被衬衫包裹住，伸手去拿东西的时候，看着他鼓起的肌肉在薄薄的衣衫下跳动，特别性感……"。另外，发达的肱二头肌，也是肌肉强健的标志之一。它不仅被看作男性强壮的标准，也是动物界的袋鼠雄性魅力的认同标准之一。

小趣闻：澳大利亚科廷大学和莫道克大学的科学家研究调查发现，雄性袋鼠会通过摆造型来秀自己强壮的肱二头肌，希望泡到袋鼠妹子，真是我辈中人！

而对女性来讲，大臂内侧有肱二头肌细细的线条，也可以让手臂有个类似"S"形的弧线，看上去更立体，更有美感。

除了改善手臂线条外，从实际作用来看，因为人类所有的力量训练，都是从大肌群传导到末端的，所以手臂肌群也是大家最习惯用来发力的部位，比如高位下拉、硬拉、俯身飞鸟等，都需要用肱二头肌协调发力。而薄弱的肱二头肌会影响训练重量，让动作不标准，甚至还容易让你在训练中受伤。所以，训练肱二头肌很重要！

肱二头肌位于肱骨（大臂这块骨头）上，有两个头（长头和短头），所以就叫肱二头肌。

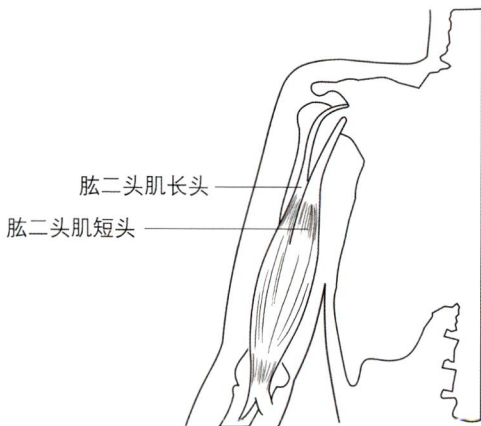

肱二头肌长头
肱二头肌短头

肱二头肌的两头决定着其肌肉的整体形状和特点，从外观上来讲，长头一般决定了你的手臂从外侧看是否强壮；而短头则决定了你的肱二头肌从内侧看是否霸气。两个头一起决定了你的肱二头肌整体是否饱满、有力度。

Tips
长头决定手臂外侧围度；
短头决定手臂内侧围度；
长短两头决定手臂整体围度。

另外，对男性而言，好看的肱二头肌不光要大，还要兼具细节形态。这个细节就包括厚度、峰度和长度。

● **厚度**
厚度，简单说就是看起来够不够大，这主要取决于长短头的训练程度。饱满有力、有足够厚度的肱二头肌，能轻松撑起整个上臂围，让你看上去充满雄性魅力。

Tips

厚度训练，负荷和泵感是关键。中等重量、多次数、短间歇的训练，可以更好地刺激肱二头肌，达到充血和泵感，让围度生长更好。

● 峰度

峰度，指肱二头肌的长短头在交接处形成的肌峰（小山尖），决定着肱二头肌是否有型，是你手臂画龙点睛的地方。

峰度训练主要取决于长短头的平衡。不同的弯举，可以对长短头有不同程度的刺激，让肱二头肌线条更加清晰有型。

● 长度

长度，指肱二头肌最下延展到什么位置，决定着肱二头肌整体形态，是最基础，最难练，但也对肱二头肌美观程度影响最大的部分。长度练得好，肌肉就显得长而有力，很是帅气！

从生理上看，肱二头肌长头负责着手臂内旋和外展，短头则负责前倾和内收。所以它们的整体作用是让前臂向上臂靠拢，同时屈肩屈肘。

各种弯举是训练肱二头肌的经典动作，因为弯举本身就是将前臂向上臂靠拢，完全符合肱二头肌的生理特点。另外，不同的弯举根据器械、角度和细节的不同，训练效果也各有不同。

1M²
硬派健身
TOUGH
WORKOUT

8
Chapter

292

哑铃集中弯举——最佳肱二动作

1 坐在凳子上，上半身略微前倾；掌心向内单手持哑铃，持哑铃侧将肘部贴近同侧大腿内侧。

2 收缩肱二头肌，前臂向上举至最高点，挤压肌肉并保持顶峰收缩2~3秒。

哑铃集中弯举，其移动角度更适合肱二头肌发力，激活水平也最高，是最佳肱二头肌训练动作。

要知道，肱二头肌在收缩时，两头的运动轨迹并不是直上直下的。有研究发现，掌心侧向身体，前臂内旋的弯举动作，更适合肱二头肌的发力角度，有着相对更高的肌电水平[2]。

而集中弯举就是非常符合肱二头肌发力角度的内旋弯举，训练效果自然也最好。

此外，小肌群训练最忌讳"悠"，也就是在做动作过程中，没有专注于小肌群发力，而是用大肌群借力把重量甩起来，这样既不能有效训练目标部位，又增加了受伤的可能性。

不同动作对肱二头肌激活水平的影响

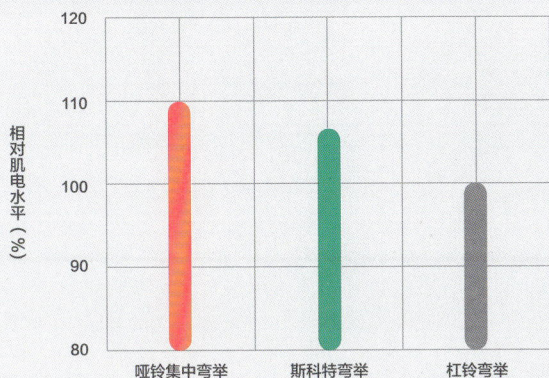

从图中可以看出，哑铃集中弯举是训练肱二头肌很高效的动作。

　　而哑铃集中弯举的肘部稳定有支撑，可以保证在整体训练中，大肌群不会借力进行无效动作，这样训练更高效，训练动作也更安全！

弹力带弯举——全程高效刺激

1 身体直立，腰背挺直，掌心向上手持弹力带握柄。

2 保持大臂紧贴身体，肱二头肌发力向上举起小臂至动作最高点；动作顶端感受肱二头肌的挤压，顶峰收缩2~3秒。

1M²
硬派健身
TOUGH
WORKOUT

8
Chapter

294

〉〉〉〉〉〉

替换动作

弹力带横杆弯举 哑铃弯举

弹力带弯举动作全程都有良好负荷刺激，对肱二头肌训练效果更好。

弹力带的特点在于，其阻力方向一直都垂直于肱二头肌的发力方向，所以可以始终有效刺激肱二头肌。

比如在哑铃弯举顶峰收缩过程中，想象一下，哑铃举到最高处，重力是垂直于地面的，其实负荷都压在了小臂和负责手臂整体的上背肌群，对大臂训练毫无效果。而弹力带弯举动作中，阻力方向始终相背于肱二头肌发力方向，全程都可以刺激肱二头肌，训练效果自然更好！

Tips

顶峰收缩

在动作的最高点暂停2~4秒，延长肌肉的发力。
注意不要锁定关节，保持训练重量一直压在目标肌群上。

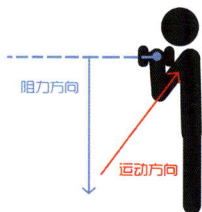

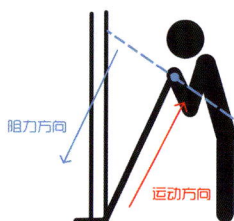

哑铃弯举与弹力带弯举

> **Tips**
>
> 哑铃弯举过程中，哑铃提供的阻力并不是始终垂直于肱二头肌发力方向的。哑铃弯举在动作最顶端时，肱二头肌就完全不会发力了；而弹力带弯举提供的阻力一直都是有效刺激，所以训练效果也很好。

此外，弹力带弯举的另一个好处是全程与肱二头肌的发力强弱一致。本来在弯举过程中，肱二头肌就是一开始发力最小，动作顶端发力最强的，而弹力带提供的阻力大小也与其一致（开始时阻力最小，随后渐渐变大），这就保证了弹力带弯举的全程都得到了最佳刺激，自然比同等重量的哑铃弯举效果更好！

哑铃重锤弯举

1 手心相对持哑铃，两臂自然下垂。

2 两臂弯举哑铃至最高点，停顿2~3秒，感受肱二头肌收缩；动作过程中大臂固定不动，以免借力。

锤式弯举和反手弯举一样，对肱二头肌有很好的激活水平，并远高于正手弯举[2]。

1M²
硬派健身
TOUGH
WORKOUT

8
Chapter

296

不同姿势对弯举动作肌电水平的影响

相对肌电水平

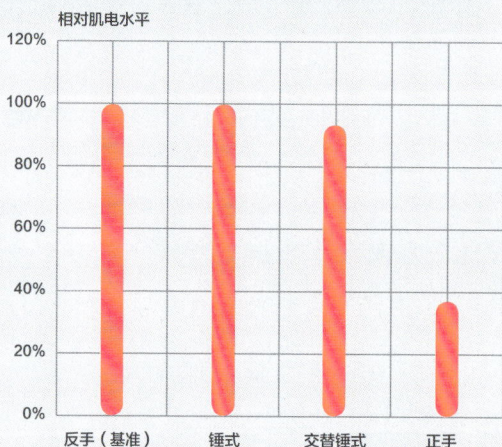

从图表可以看到，锤式弯举的效率远远高于正手。

另外，从激活肌群方面来看，锤式弯举更加着重于长头和肱肌，决定着从外侧看起来你手臂的线条和围度。所以，对于想要更好地塑造形状者，可以在反手弯举训练后，加1~2组锤式弯举着重塑形。

手臂拉伸

左手拉住右手置于脑后；
拉动右手感受手臂外侧被拉伸。

训练结束后进行有效的拉伸，对于促进肌肉增长以及臂围增长很有帮助。所以，想要你的臂围在训练后得到有效的增长，手臂拉伸不可少。

三、紧致有型、纤细匀称的小腿，性感的标志！

小腿应该也算是无论男女，都相当关心的一个部位了。虽然就那么短短一截儿，但绝对不可小觑哦！

对男性而言，紧致有力、线条分明的小腿，是让你在视觉上显得肩宽腿长、身材完美的一大法宝！小腿太细？显得肌肉太少，缺乏男子气概；小腿太粗？整个人看上去直接就矮了一截儿。

对女性而言，无须多说，一双纤细而匀称的小腿，绝对是比腰围还要显瘦的利器，应该也算是所有女生的梦想了。另外，迷人的小腿，据说也是女性最性感的标志之一。

不过，小腿也是很多人觉得最难减的部位。尤其是到了夏天，哪儿都瘦下来了，小腿摸起来却还是硬邦邦的。而专项的小腿训练，更是让很多人避之不及，觉得会越练越壮。

到底该拿粗壮的小腿怎么办呢？有人说，拉伸吧，大家不都说跑后拉伸可以瘦小腿吗？很遗憾地告诉大家，在本书的第二章，我们就提到过，训练后拉伸，只能促进肌肉围度生长，不能减少肌肉围度哦！另外，目前学术界也并没有找到有效瘦小腿的方法。

怎么办？小粗腿就没救了？为什么别人都能靠跑步后拉伸，使小腿变细了呢？这就要提到小腿这个部位的特殊性了。

小腿，不像腰腹、大腿等部位那样，容易堆积脂肪。小腿上的脂肪含量本身就不多，所以即使你高效减脂，也不能缩减掉多少围度。小腿，在很大程度上只能通过调整相关肌肉的形状来改变，至少让它看起来更加匀称显瘦。这也是很多人误以为拉伸可以瘦小腿的主要原因哦（没错，只不过是正好拉伸对了肌肉）。

从肌群来看，小腿肌可分为三群，前群、后群和外侧群。其中后群肌中的小腿三头肌，是决定小腿形态最主要的肌肉，也是决定你的小腿看起来粗或细的最

1M²
硬派健身
TOUGH
WORKOUT

8
Chapter

298

根本因素。

　　小腿三头肌又可以分为两大块：一块大的圆球状的肌肉，相对靠外，叫作腓肠肌，也就是我们俗称的小腿肚子；另一块则是长而扁平的肌肉，在小腿的深层，叫作比目鱼肌。

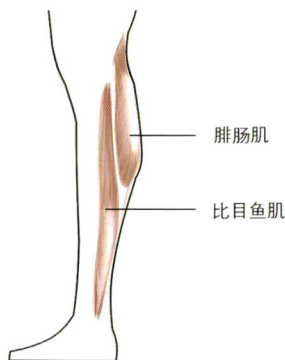

　　腓肠肌决定着我们腿肚子的大小，而比目鱼肌则决定了小腿后侧中下部的紧致程度。大多数时候，我们说的小腿粗，就是指小腿肚子大，整体没线条。其主要原因就是我们很多人的小腿腓肠肌比较发达，比目鱼肌则相对较弱，肌肉发展不平衡，从而使小腿看上去又粗又壮，不好看。

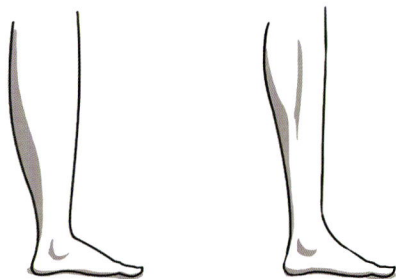

胖小腿与瘦小腿

　　如果能让腓肠肌和比目鱼肌在发展程度上取得平衡，就能紧致小腿，整体的视觉效果也会有一个明显的提拉，从侧面看还会有淡淡的层次和阴影，在视觉上自然特别显瘦。

　　那么为什么我们大多数人的小腿，都会出现这两块肌肉的不平衡？这就要从腓肠肌和比目鱼肌不同的生理作用说起了。

　　从生理作用上看，腓肠肌在站姿直立或者膝关节较直时蹬足发力较多，比如站立、行走和慢跑等；比目鱼肌的主要发力情况，则是膝关节弯曲时的提踵，比如快跑、跳高等。

　　为什么会有这种差异呢？这其实和这两块肌肉本身的起点位置有关。从下图中我们可以看到，腓肠肌的起点位于膝关节之上，所以当膝关节伸直时，收缩腓肠肌可以提踵，也就是踮脚。

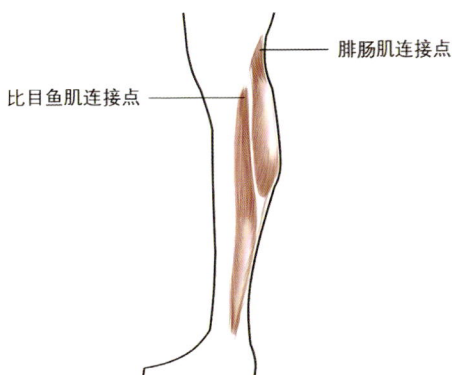

比目鱼肌连接点　　　　腓肠肌连接点

　　而比目鱼肌的起点位于膝关节之下，膝关节伸直时，它并不怎么发力，只有当膝关节弯曲时，才能靠比目鱼肌的收缩提踵。

　　简单讲，就是当你站立时提踵（踮脚），练的就是小腿上面的腓肠肌（小腿肚子），如果负重还大，很可能就会使你的小腿越练越粗。

　　而当你弯曲膝盖提踵时，由于肌肉的结构问题，你练的主要是比目鱼肌。比目鱼肌可以帮助调整你的小腿形态，让小腿整体上看起来更细长匀称。

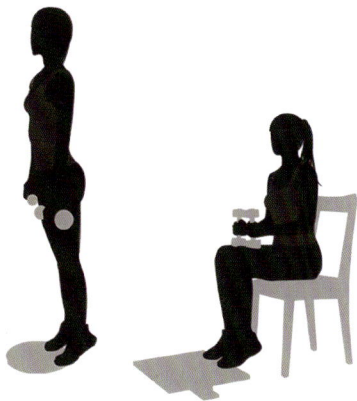

站姿提踵和坐姿提踵

短跑运动员和篮球运动员的小腿普遍看起来较长，就是因为他们在屈膝蹦跳过程中，主要锻炼的是比目鱼肌。

芭蕾舞演员一般都有着大家公认的好身材，长腿、纤腰、长胳膊，美得像仙子一样，但唯一的缺憾就是"萝卜腿"（小腿肚子很大，脚踝很细）。

完美的九头身

Tips

芭蕾舞演员的挑选标准都是九头身，也就是身体是自己九个头的长度。所以我们看芭蕾舞演员也都是长腿、纤腰、长胳膊，美得像仙子一样。

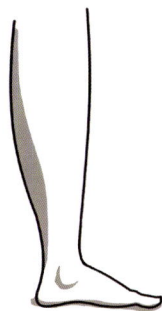

萝卜腿

为什么拥有女性梦想的身姿的芭蕾舞女演员会有一双粗粗的"萝卜腿"呢？罪魁祸首就是芭蕾舞中很多的站姿提踵动作。如我们刚才所讲的，站姿提踵主要就是用来锻炼小腿肚子腓肠肌的。所以在经过多年的芭蕾舞训练后，细细的小腿也练成了萝卜腿。

明白了小腿的肌肉结构及作用，我们就知道该如何"对症下药"了，就放心大胆地练小腿吧!

比目鱼肌细小腿

对于想要瘦小腿的女性来说，只针对比目鱼肌，不会刺激到腓肠肌的坐姿提踵，应该算是最佳选择了。它能帮你紧致小腿线条，却不粗小腿肚子!

哑铃坐姿提踵

1 坐在平凳或其他稳定的物体上，
前脚掌垫于高处；
大腿平行于地面，小腿垂直于大
腿，双手持哑铃置于膝盖上。

2 小腿用力慢慢抬高脚后跟到达最高点，感
受到小腿的收缩，并停顿1~2秒；
缓慢下放至最低点，感受小腿后侧拉伸；
停顿1~2秒，重复动作；
每次提踵都要充分抬高和下压脚后跟，使
小腿肌群得到充分锻炼。

小腿肌肉是非常有力的肌肉，所以在家做哑铃提踵时，可以尝试采用重一些
的哑铃，并多做几次（20~50次，3组），每组尽量做到力竭，这样能更好地刺激
比目鱼肌，训练效果也更好。

另外请注意，虽然我们建议中等重量，但是多次数的力竭更重要！绝对不要
为了大重量，每组只做几个。要知道，我们的目标不是把比目鱼肌练得特别粗、
特别大，而是着重于激活比目鱼肌的肌肉感觉，让它在你的生活中，无论行走、
跑跳，都能分担腓肠肌的压力。

同时，多次数的力竭训练，也可以更好地紧致整条小腿，让小腿从侧面看有

线条、有阴影、有层次，这样的小腿才能看起来更加细、长、美。

　　另外，日常生活中经常做一些屈膝拉伸比目鱼肌的训练，也有助于找到比目鱼肌的发力感觉，并且更好地塑造小腿形态。那些认为跑步后拉伸可以瘦小腿的人，可能就是幸运地拉伸对了比目鱼肌哦。

站姿阶梯小腿拉伸

单脚站立，拉伸腿的前脚掌垫于高处，后半部分保持悬空，两手扶墙保持平衡；
放松整个脚掌使得脚后跟往下压，感受整个小腿后侧有拉伸和酸痛感；
保持拉伸动作30~60秒，然后换另一侧；
拉伸时要保证拉伸腿处于屈膝状态。

坐姿屈膝小腿拉伸

坐姿，拉伸腿保持膝盖弯曲，两手扶住拉伸腿的前脚掌保持平衡；
使前脚掌尽量向身体方向靠拢，感受拉伸腿小腿后侧有拉伸和酸痛感；
保持拉伸动作30~60秒，然后换腿，重复动作。

腓肠肌壮小腿

有女性嫌自己小腿太粗，也有男性嫌小腿太细，让自己的男子汉气概大打折扣……

男性朋友们想要找回男子汉气概，让身材更加完美，加强腓肠肌的锻炼，让小腿看起来更粗壮一些是关键。

另外，小腿肌肉能不能通过锻炼增大，也是因人而异的。腓肠肌和比目鱼肌天生较长的人，通过锻炼可以使其增大，而那些腓肠肌和比目鱼肌较短的人，即使通过训练，也很难使其增大。不过，对小腿肌肉进行专项锻炼，至少可以让它更加强健有力，让肌肉线条更加紧致，小腿形状也更加优美。

虽然在国内不常见，但在国外，针对小腿腓肠肌（也就是小腿肚子这块）的训练，可是健美运动员着重注意的。很多黑人运动员羡慕白人运动员，就是因为他们有"粗壮如钻石"的小腿腓肠肌。而黑人由于肌腱太长，小腿肌肉不容易起块。

嗯，可以说是"汝之蜜糖，彼之砒霜"吧。还记得我们前面提到的芭蕾舞女演员吗？她们不完美的萝卜腿，就是因为舞蹈训练中过多的站姿提踵动作，造成了腓肠肌太过发达。不过反过来看，对于小腿过于细弱的男性，站姿提踵可是强壮小腿很好的选择哦。

坐姿直膝小腿拉伸

坐姿，拉伸腿伸直；
将前脚掌尽量向身体方向靠拢，感受拉伸腿小腿后侧被拉伸；
保持拉伸动作30~60秒，然后换腿，重复动作。

哑铃站姿提踵

1 身体直立，抬头挺胸并保持腰腹部收紧，手持哑铃自然垂于身侧。

2 小腿用力慢慢抬高脚后跟到达最高点，感受到小腿的收缩，动作顶点停顿2~3秒。
Tips：可以在脚尖垫杠铃片或其他有一些高度的物体，使脚后跟悬空。

日常生活中，我们有很多时间都处于站姿直立状态，我们走路抬脚，每走一步，小腿肌肉就将整个身体的重量举起一次。想想你每天要走多少步，小腿就将你举起了多少次。

所以我们的腓肠肌其实是非常强健而有力的。在训练过程中，想要达到足够有效的刺激，建议可以用哑铃增加负重，这样训练强度更大，训练效果自然也更好。

另外，训练后或平时，适当地多进行一些腓肠肌的拉伸训练，也有助于找到腓肠肌的训练感觉，增加小腿围度。

四、手臂&小腿训练计划

男性计划

以塑造强健饱满的肱二头肌和肱三头肌为主，雕塑手臂形态为辅。肱二肱三一起训练时，可以互相穿插作为超级组；肱二肱三单独训练时，肱二结合背部训练，肱三结合胸部训练，效率更高，效果更好。

男性肱二头肌增肌计划

扫描二维码即刻开始训练

动作	个数/时间	组数	组间休息（s）
哑铃集中弯举	12个	3	30~90
哑铃重锤弯举	15个	3	30~90
哑铃弯举	10个	3	30~90

男性肱三头肌增肌计划

扫描二维码即刻开始训练

动作	个数/时间	组数	组间休息（s）
钻石俯卧撑	10个	3	30~90
肱三头肌撑起	10个	3	30~90
弹力带颈后臂屈伸	12个	3	30~90

女性计划

以紧致手臂，去掉"拜拜肉"为主，以打造手臂线条和阴影为辅。合并可相互穿插，组合成超级组单独训练，分拆时，肱二头肌可与背部同日训练，肱三头肌可与胸部同日训练。

女性手臂塑形计划·肱二头肌

扫描二维码即刻开始训练

动作	个数/时间	组数	组间休息（s）
哑铃集中弯举	15个	3	30~90
哑铃弯举	10个	3	30~90

女性手臂塑形计划·肱三头肌

扫描二维码即刻开始训练

动作	个数/时间	组数	组间休息（s）
跪姿钻石俯卧撑	10个	3	30~90
弹力带颈后臂屈伸	12个	3	30~90
弹力带下压	12个	3	30~90
哑铃颈后臂屈伸	12个	3	30~90

1M²
硬派健身
TOUGH
WORKOUT

8
Chapter
308

小腿训练安排

　　小腿肌群日常生活中经常使用，而力量又非常大（与臀大肌并列全身第二）的肌肉，大家对其训练方法一直有所争议。

　　一方面，一些人认为小腿的训练应该单独进行，要大重量、大负荷；另一方面，一些人认为小腿日常就耐力超群，可以每天多组数训练。

　　由于居家练习中，没有太大的训练重量（职业选手小腿都是几百公斤的负荷），而大家的训练目的也不是练肌肉块，而是雕塑线条，让小腿在视觉上显瘦，所以我个人建议，大家可以在大多数训练完成后，添加一个小腿的训练动作，次数以30~40次为1组，做3组为宜。

参考文献

[1] Boehler,B.,Porcari,J.P.,kline,D.,Hendrix,c.R.,Foster,C., & Anders,M. Terrific Triceps.
[2] Boeckh-Behrens, W. U., Beier, P., & Buskies, W. (2001). Fitness-Krafttraining: die besten   bungen und Methoden f ü r Sport und Gesundheit. Rowohlt-Taschenbuch-Verlag.

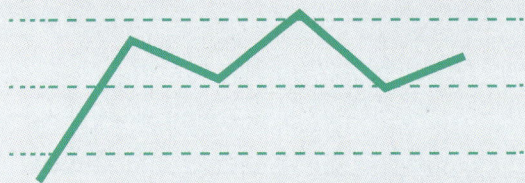

想要纤纤细腰，想要看得见的马甲线、八块腹肌

做仰卧起坐却没有效果？

练腹却越练越粗腰？

正确的腰腹训练姿势，到底是什么？

腰腹，除了看，真正的作用到底是什么？

腰腹
核心——
身材
承上启下
的关键!

9

Chapter

腹直肌

悬腿卷腹
空中单车
弹力带腹肌轮
弹力带卷腹
健身球卷腹
弹力带伏地登山

其他核心部位

平板支撑
十字挺身
站姿直背体前屈
弹力带绳索伐木

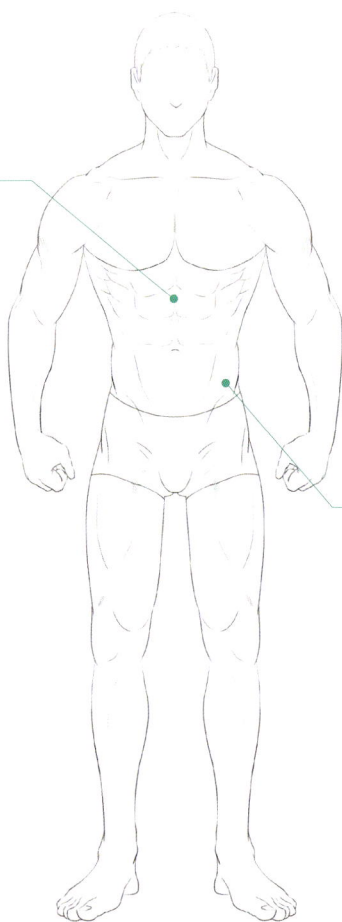

拉伸

站姿腹直肌拉伸
仰卧竖脊肌拉伸

腹直肌

悬腿卷腹
空中单车
弹力带腹肌轮
弹力带卷腹
健身球卷腹
弹力带伏地登山

其他核心部位

平板支撑
十字挺身
站姿直背体前屈

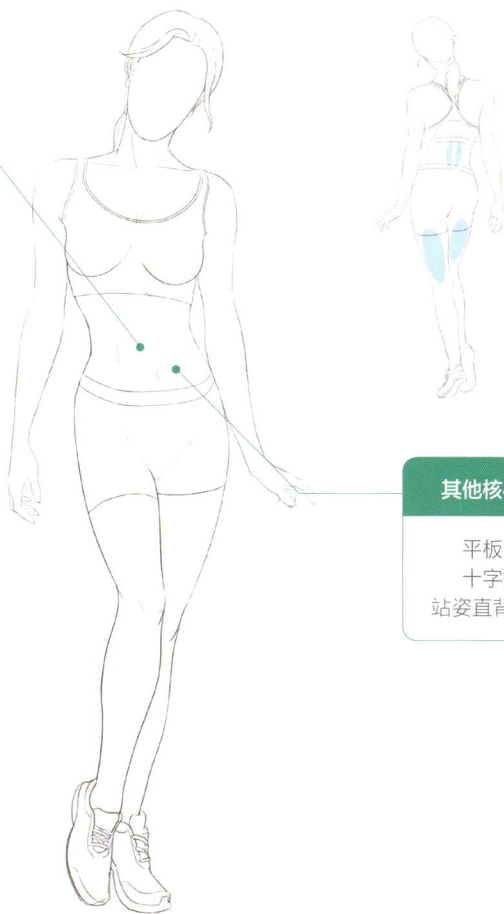

拉伸

站姿腹直肌拉伸
仰卧竖脊肌拉伸

1M²
硬派健身
TOUGH
WORKOUT

9
Chapter

314

一、腰腹核心训练重点

	腹直肌	核心整体	
		腹斜肌	竖脊肌 深层核心等
生理作用	卷曲腹部	扭转身体	传承力量等
视觉效果	马甲线、川字腹肌、块状腹肌等	人鱼线（腹外斜肌）等	背部曲线、背沟（竖脊肌）等
推荐动作	悬腿卷腹（腹肌上部最优） 空中单车（腹肌整体最优） 弹力带腹肌轮 弹力带卷腹 健身球卷腹 弹力带伏地登山 站姿腹直肌拉伸	弹力带绳索伐木	平板支撑 十字挺身 站姿直背体前屈 仰卧竖脊肌拉伸
替代动作	反向卷腹 站姿肘击膝 标准腹肌轮 跪姿腹肌轮 伏地登山	俄罗斯转体	两头起 小燕飞 侧向平板支撑 站姿触地体前屈
男性训练重点	√	√	√
女性训练重点	√		√

二、八块腹肌、马甲线，秀身材就靠它！

如果说胸背是人体上半身的重点，臀腿是下半身的重点，那么很遗憾，没有一个脂肪含量低、线条分明的腰腹核心，你从上到下一样宽，什么重点都毫无意义！

想象一下，即使你有方正的胸肌、宽阔的背肌，却挺着一个将军肚，穿起衣服来，人家也只会觉得你是个死胖子。

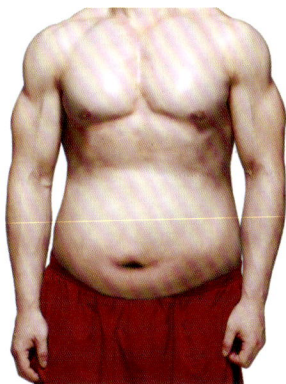

女性也是，即使你有翘臀和"大长直白腿"，但如果挺着一个大肚子，也没人觉得你是女神，反而会觉得你像一只细胳膊、细腿、大肚子的小青蛙。说不定上地铁还会有人给你让座，认为你已经身怀六甲。

腰腹核心部位对于你的整体身形至关重要，是你身材承上启下的关键！

对于男性朋友来说，现代女性都更喜欢有胸肌、腹肌的异性身材，所以胸腰比（WCR）是男性非常重要的身材标志。

有调查显示，人们已经不像过去那样推崇所谓象征权力与气势的将军肚、啤酒肚了。越是现代化、都市化的地区，对代表男性健康的大胸肌、翘臀、清晰腹肌越欢迎，男性的胸腰比也就越重要[1]。

对女性而言，合适的腰臀比(WHR)也是完美身材的标志之一。一般认为，腰臀比在0.7左右的女性，具有更强的吸引力。

腰臀比之所以是如此重要的女性美标志，很可能是因为其与健康和生育潜力等潜在的择偶标准有关[2]。要知道，在分娩过程中，骨盆较大（表现为臀围大）的女性相对更容易分娩，也不容易难产（翘臀训练见第六章）。另外，纤细的腰部还代表着你拥有健康的体脂，是年轻的象征（因为从生理上讲，绝经后女性的腰围会迅速上升）。

更重要的是，腰围除了和你身材的美感密切相关，也和健康密切相关。大量研究表明，腰围的大小和高血糖、高血脂等多种代谢综合征有直接关系[3]。

对于很多爱好运动的朋友来讲，腰腹肌群作为"动力链"传导过程的枢纽[4]，不仅代表着健康和好身材，更是所有运动能力的基础。没有强大的核心肌群负责将你下半身的力量传递到上臂末端，即使你弹跳再好，也投不准篮。

三、核心的作用：力量传递的关键

简单来说，核心肌群主要是指核心区域（人体中段）内，负责核心力量稳定性的相关肌群。

一说到"核心肌群"这四个字，很多人的第一反应估计就是八块腹肌、人鱼线、马甲线等，这也算是大家最熟悉、也最关心的肌群了。不过，它们并不能代表所有的核心肌群。

广义的核心肌群，包括了腹部的腹直肌、腹内外斜肌、下背部肌群、大腿的正面和内侧肌群，以及身体深层的肌群，如髋关节附近的肌肉等。

而我们平时说的人鱼线、马甲线，指的只是核心肌群中的腹直肌和腹内外斜肌。

对于核心肌群，不少人可能会以为，它们除了用来看、用来炫耀，并没有什么实质性的作用。事实上绝非如此，我们在前面也稍稍提到，在现代运动理论中，核心力量作为传导系统的枢纽，就像腰腹在身材中起到的关键性作用一样，承上启下，至关重要。

甩鞭子时，末端突破音壁

先举个例子，不知道大家有没有看过玩抡鞭的？抡鞭子时，发力的是手，然后通过鞭子传导到鞭尾，只要力量传导得好，就能发出很大的响声。

不过你知道吗？那个巨大响声，不是别的，正是鞭梢超越音速，冲破音壁产生的声音。细细想想，我们的手部动作再快，也不可能赶得上声音的时速——1224公里每小时吧？而经过鞭子的一系列传递，从我们手部发出的力量，居然能

1M²
硬派健身
TOUGH
WORKOUT

9
Chapter

318

超越音速，突破音壁，这是何等神奇！

有人问了，可这跟我有什么关系？这跟运动以及核心力量，跟腹肌又有什么关系呢？

网球扣杀与甩鞭子

其实，我们的身体就像鞭子一样，也存在着这样一个力量传导系统，叫作动力链系统。如果把下肢看成抽鞭子时的柄与手，是力量的来源，那鞭头就是最后力量传达的部位，比如球拍或拳头等，而核心力量（腰、腹、腿、背等躯干部位核心的肌群力量）就是鞭子中段的部分，负责传导、加速等关键作用。

也就是说，如果你的核心不够强健，臀腿力量就无法很好地传导到上身和手臂末端，那么无论是深蹲硬拉，还是网球抽击和拉杆上篮，你都无法好好完成哦。

另外，核心肌群还负责保持脊椎的稳定性，是保证你身姿挺拔优雅的关键。如果核心肌群弱，那么驼背、骨盆前后倾等仪态问题，通通会找上你，甚至还会影响到肝肾等内脏的健康！

所以，无论是为了你们的八块腹肌、人鱼线、马甲线，还是女同学为了更优雅挺拔的身姿，或是男同学想要提高深蹲硬拉成绩、使球技更佳，都需要好好地强化你们的核心肌群。

下面，我们就从腹直肌（大家最关心的块状腹肌）和核心整体，分别来介绍核心肌群怎么练才最好。

四、核心，怎么练?

腹直肌

腹肌从生理上看其实并不是一块单独的肌肉，而是对腹部肌群的统称，包含腹直肌、腹外斜肌、腹内斜肌和腹横肌几大块。不过我们一般说的腹肌，主要指的是腹直肌。

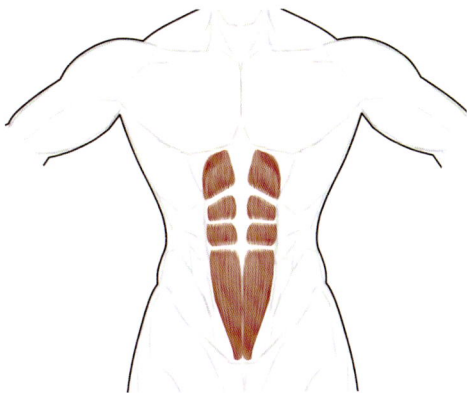

腹肌训练除了可以修整腹肌的形态和外观，让它们看起来更有型之外，还决定着你的体态健康程度和力量传递水平。不过，想要练好腹肌，首先要了解几个关于腹肌的真相。

● 真相一：腹肌显形靠练腹?

腹肌的显露与否，与体脂高低密切相关。如果体脂含量不够低，你的腹肌就永远出不来，而体脂足够低的时候，可能不用练就可以看到它。

另外，人体不能局部减脂，至少减脂不是指哪儿减哪儿。为瘦腰而去练腹肌

1M²
硬派健身
TOUGH
WORKOUT

9
Chapter

320

者，一开始逻辑就错了！

而且腹直肌的生长潜力非常低，好好训练它虽然可以修正形态和美化外观，但是不足以让它的围度和规模增加。所以要想秀腹肌，运动减脂（详见第三章）可能比腹肌训练更有效。

● 真相二：腹肌数量谁来定？

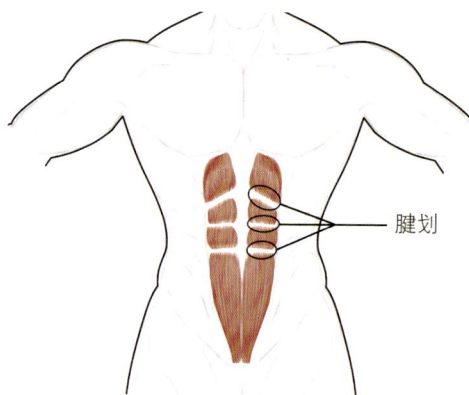

腱划

前段时间，阿拉伯IFBB（国际健美联合会）职业赛手穆罕默德·阿里，凭着自己的十块腹肌，一秀而红。很多人看后都问，怎样才能练出十块腹肌啊？

事实上，腹肌数量是你出生时已经注定的，如果你天生六块腹肌，无论多么刻苦训练，也不可能练成八块。（当然，也不排除你本身就有八块腹肌，只不过一开始下腹部肥肉太多，藏住了两块的情况。）

同样，腹肌的形状也是由天生的生理结构决定的，天生腹肌不对称的同学，靠后天训练也不能矫正和改变。

Tips

决定腹肌数量和形状的关键——腱划。

腱划是一种结缔组织，没有收缩能力，主要作用是负责肌肉的附着和固定。

腱划的结构有助于加强肌肉力量，防止剧烈运动时腹肌撕裂。

腱划数量决定了腹肌数量，腱划位置决定了腹肌形态与对称度，都是不可更改的因素。

另外，腱划虽然决定了腹肌的数量和形状，但腱划并没有完全割裂肌肉，所以运动时腹直肌还是一起动的，腹肌也不能按块训练。

● **真相三：练腹为何会粗腰？**

除了拼命练腹却没出腹肌，还有一种情况是，腹肌没练出来不说，腰还越来越粗。这是因为你练错地方了！

很多朋友为了练人鱼线（腹外斜肌和腹内斜肌）、马甲线（腹直肌），在腹部训练里加入了哑铃体侧屈等各种负重的提拉或者旋转动作，希望全方位、无遗漏地训练腹部肌群。结果人鱼线、马甲线还没练出来，腰围却日益增长。

这是为什么？其实，你看到的性感人鱼线，并不完全是练腹肌练出来的。和马甲线一样，如果没有足够低的体脂，多好的人鱼线也不会显露！另外，想要拥有性感纤细的腰腹，日常生活中一定要少练，而且最好不要专项训练你的腹斜肌！

标准仰卧起坐对不同肌群的刺激

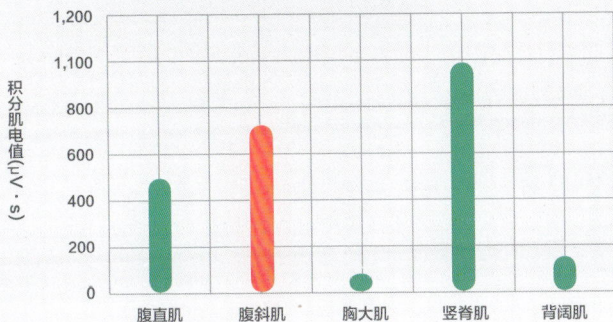

1M²
硬派健身
TOUGH
WORKOUT

9
Chapter

322

在仰卧起坐动作中，腹斜肌已经得到不小的刺激，对于一般人群来讲，没有必要再对其进行专项训练。

腹斜肌和腹直肌不太一样。腹直肌生长潜力较小，所以很难把腰练粗，腹斜肌却有着很强大的围度生长潜力，一练就容易出效果，让你在很短的时间内腰围暴涨。

而且日常在其他的大肌群大重量训练中（比如深蹲、硬拉，甚至传统的仰卧起坐等），腹斜肌就已经参与其中，并得到了较好的刺激[5]。这时如果你还额外增加大负荷的专项训练，那你不粗腰谁粗腰？！

你说你粗的是肌肉？穿上了衣服，谁能看出来你的粗腰是脂肪还是肌肉？辛辛苦苦练出来，依旧被人当成个胖子（当然肯定健康多了）。

所以，不想腰变粗，就不要刻意去练腹斜肌！

另外，在第二章我们也说过，腹肌训练一般放在大肌群训练后，主要目的是在力量训练后，深度刺激一下腹部肌群，雕塑细节。所以专项的腹肌训练、小重量、多次数、多组数就是关键了。

Tips

核心肌群训练要点

小重量、多次数、多组数；动作准确、深度刺激。

悬腿卷腹（仰卧起坐）

1 双手轻扶头后或耳朵，仰卧在瑜伽垫上；膝盖弯曲，双脚不固定。

2 腹肌收缩发力，拉动双腿和上半身向内贴近，上半身脊柱弯曲呈 "C" 字形；手放在脑后时不要用力拽脑袋，也可以将手置于体侧，交叉至胸前，或者上举。

>>>>>> 替换动作

反向卷腹

　　要问腹肌到底应该怎么练，大家首先想到的，十有八九就是仰卧起坐了。它应该算是大多数人最熟悉的腹肌训练动作，优点在于不用器械，随时随地都能做，在做对的情况下对腹肌有很好的刺激效果。

　　但是仰卧起坐也是健身训练中，大家错得最多的动作之一！接下来大家可以回顾、思考一下，你真的会做仰卧起坐吗？在训练中，你到底错在哪儿了？

● **仰卧起坐脖子疼？**

　　很多人做仰卧起坐，腰没感觉，却觉得脖子疼。这可能是因为你采取了错误

1M²
硬派健身
TOUGH
WORKOUT

9
Chapter

324

的仰卧起坐姿势。

颈椎有一个正常的生理曲线（颈曲），强行掰它，很容易导致脖子疼痛，甚至颈椎损伤！做仰卧起坐时手抱头，以手拉动头部来带动上半身，或者为了省力拼命向前伸脖子，都会使颈椎处于一个很不健康的姿势，这是做仰卧起坐时脖子疼的主要原因。

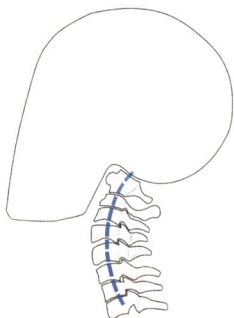

颈椎有一个正常的生理曲线——颈曲

● 仰卧起坐腰疼？

正确的仰卧起坐，坐起阶段腹肌向心收缩，而作为拮抗肌群的后背竖脊肌则是离心收缩（导致运动后肌肉酸疼的主要形式），所以仰卧起坐本身就会因为刺激到后背而引起腰部酸疼。

卷腹仰卧起坐　　　　　　　直腰仰卧起坐

另外，腹肌生理上负责卷曲躯干，所以有效的腹肌训练本应该是保证腹部卷曲的。但很多人在做仰卧起坐时，并没有卷曲腹部，而是腰背僵硬，直起直下，结果练到的不是腹，而是屈髋肌群和下背部肌群，自然也会让你腰酸背痛。

● 仰卧起坐直腿做？

屈腿仰卧起坐　　　　　　　　直腿仰卧起坐

很多人也习惯做膝盖伸直的直腿仰卧起坐，但问题在于，在直腿动作的过程中，由于力学和生理的原因，身体会更多地用髂腰肌等屈胯肌群把自己拉起来，这样对腹肌的训练效果就会差很多（直腿动作也是腰疼的另一个原因）。

屈腿与直腿对仰卧起坐训练效果的影响

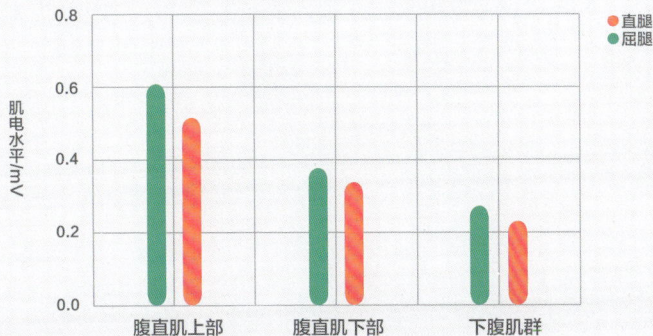

从图中可以看出屈膝的仰卧起坐对腹肌训练效果更好。

从上图可以看到，屈腿仰卧起坐对腹肌各部位的训练效果，都明显高于直腿仰卧起坐[6]。

所以，为了更高效地刺激腹肌，仰卧起坐最好用屈腿的姿势做哦！

● 仰卧起坐双脚固定？

固定双脚   未固定双脚

大家比较熟悉的传统仰卧起坐姿势，一般双脚都是固定的。记得小时候上体育课，老师还会专门让小伙伴两人一组，一个人做的时候另一个人专门负责帮忙固定双脚。

健身房里常见的腹肌训练凳，也是有用来固定脚的海绵轴的。一些电视购物节目还经常会推荐大家买"家庭床上仰卧起坐腹肌无敌训练神器"（好长的名字），其作用说白了就是把你的双脚固定在床上。

但是我想告诉大家，如果你买了这种"无敌训练神器"，钱可能白花了。因为有研究发现，不固定双脚的动作的腹肌训练动作，比固定双脚的仰卧起坐，对腹肌的刺激水平要高得多。

固定双脚与否对仰卧起坐训练效果的影响

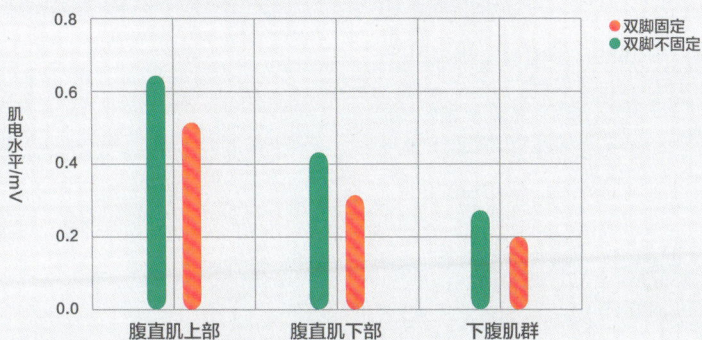

从图中可以看出，不固定双脚的仰卧起坐对腹肌训练效果更好。

研究发现，不固定双脚的仰卧起坐，对腹直肌上部、腹直肌下部和下腹肌群的训练效果，都远好于固定双脚的[6]。

原因在于，如果你固定双脚，强壮的腿部肌群就会来插上一脚，替代腹肌发力，帮你把自己拉起来，腹肌的训练效果自然也就差多了。

固定双脚与否对股直肌训练效果的影响

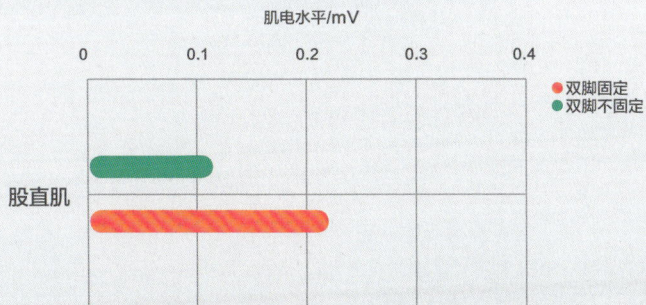

从图中可以看出，固定双脚的仰卧起坐，对股直肌刺激会更大，说明动作过程中会用股直肌借力，对腹肌的刺激因此减小。

1M²
硬派健身
TOUGH
WORKOUT

9
Chapter

328

从上图可以看出，固定双脚的仰卧起坐，对股直肌刺激会更大，说明动作过程中会用股直肌借力，对腹肌的刺激会因此而减少。

综上所述，一个安全且高效的仰卧起坐动作，应当保证屈膝、双脚不固定，避免以手拉动头部，并注意腹部卷曲！

而符合以上条件的，非悬腿卷腹莫属，它可以算是腹肌上部的最优训练动作了[7]。悬腿卷腹要求动作过程中保持双腿屈膝且不固定，相比传统的仰卧起坐，可以更好地刺激腹肌。

不同动作中腹直肌上部肌电水平对比

相对肌电水平

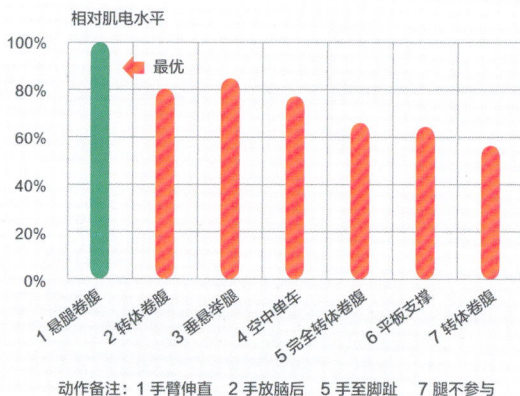

动作备注：1 手臂伸直 2 手放脑后 5 手至脚趾 7 腿不参与

从上图可以看出，悬腿卷腹对腹直肌上部的激活水平最高，是腹直肌上部最优训练动作。

Tips

对于有一定腹肌控制能力的高阶训练者，也可以选择在动作过程中伸直手臂，提升对腹直肌的激活水平。

空中单车

1 仰卧于瑜伽垫上，双手轻扶头部或置于耳朵两侧。

2 腹肌发力，带动上半身卷起；用肘部去碰另一侧膝盖内侧；不要用手发力拉动颈部。

3 双脚交替在空中做蹬自行车动作；动作过程中着重感受腹部的卷缩。

>>>>>> 替换动作

站姿肘击膝

空中单车可谓腹肌整体的最优训练动作，无论对腹直肌上部还是下部，都具有良好的刺激效果，而且不需要借助任何器械。

空中单车之所以具有如此的优越性，是因为它完美符合腹肌自身的生理作用。我们曾经说过，腹肌作为最为重要的核心组成部分，其真正的作用是调节上下肢的发力，使力量的产生、传递和控制达到最优化。

而空中单车除了在动作过程中保持腹部整体的完全卷曲外，还具备协调上下肢的特点，动作过程中的运动轨迹也符合腹直肌的发力方式，可以有效训练腹肌整体。

不同核心肌群训练动作对腹直肌的刺激

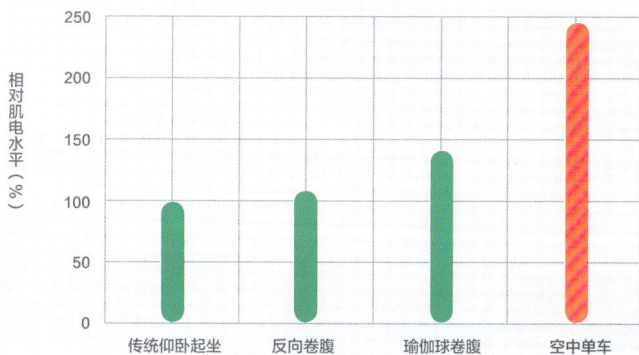

*100%基准为传统仰卧起坐。

从上图可以看出，空中单车是腹肌整体的最优训练动作。

弹力带腹肌轮

1 弹力带一端系于腹肌轮手柄，另一端系于双脚；弯腰握住腹肌轮手柄。

2 向前滚动腹肌轮，腿与身体的夹角逐渐打开；注意用核心肌群发力而不是手臂发力。

3 身体下放至接近地面时停止，坚持1~2秒；缓缓拉回腹肌轮至初始位置。

>>>>>>

替换动作

标准腹肌轮

跪姿腹肌轮

腹肌轮是居家腹肌训练中，我最推荐的一个小器械，腹肌轮训练的特点在于，它不只是一个高效的腹肌训练动作，还能综合训练全身。

腹肌轮训练动作中，参与的肌群涵盖了腹直肌、腹斜肌、竖脊肌等核心肌群，还有胸大肌、背阔肌、肩部、手臂等上背肌群，甚至还可以训练到臀腿等下肢肌肉，是全身高效塑形燃脂训练动作。

作为高效的腹肌训练，在动作过程中，你会有控制地缓慢拉开紧绷的腹肌，强化离心收缩的作用。

Tips

离心收缩，是肌肉形态和力量训练中最需要、最有效的收缩形式。它能保证力量训练的效果和肌肉形态训练的成果。

加强的离心收缩，可以让你更好、更快地找寻到腹肌的训练感觉，不至于想练腹肌结果却只有腰背疼痛。而增加了弹力带的版本，更能让你的整个动作过程缓慢可控。

腹肌轮的训练动作，完全符合腹肌的发力特点，适合作为腹肌的进阶训练。在动作过程中，一定要注意对肌肉的控制。由于腹肌轮的动作比较高阶，女性或者入门者可以采用跪姿腹肌轮，或者采用大磅数的弹力带进行辅助，不要强行尝试挑战，以避免危险。

腹肌轮有许多样式，初阶者和想要专项练腹肌的人，可以采取多轮稳定的样式，增加腹直肌的专项激活。

弹力带卷腹

1 跪坐于瑜伽垫上（也可采用站姿），双手于颈后握住弹力带手柄。

2 腹肌发力卷曲，使身体呈"C"字形，坚持1~2秒。

>>>>>>>

替换动作

悬腿卷腹

反向卷腹

弹力带卷腹最大的特点是帮助你学习腹肌的标准发力姿势，更好地训练腹肌。

要知道，腹肌在生理上最主要的作用，就是通过收缩来使得脊柱前屈、侧屈和旋转。而腹直肌是通过卷曲收缩的，所以在我们日常生活中，只有上半身自然

1M²
硬派健身
TOUGH
WORKOUT

9
Chapter

334

弯曲成 "C" 字形的腹肌动作，才能对其有效刺激。

那种把上半身直直 "抬起来" 的姿势，对腹肌一点用也没有哦。

卷腹仰卧起坐   直腰仰卧起坐

弹力带卷腹，通过弹力带的控制和帮助，能够让你在动作过程中，将腹肌弯曲成 "C" 字形，有助于你感受腹肌的发力，自然也就能对腹肌产生最有效的刺激。

另外，对于初学者来说，由于弹力带提供的负荷和腹肌的发力程度是正相关的，腹肌发力过程中，能全程带来有效刺激，所以训练效果更好。

而当腹肌逐渐恢复初始姿势时，弹力带的负荷也会相应减少，所以对下背竖脊肌等的刺激和损伤更小，不容易导致训练后的酸痛，也更加安全。

健身球卷腹

1 下背部紧贴健身球；
双手置于头部两侧或轻触耳边。

2 腹肌发力，带动上半身向内
收缩去贴近腹部，直至上半
身呈 "C" 字形；
感受腹肌收缩，重复动作。

>>>>>>

替换动作

悬腿卷腹　　　　　　反向卷腹

　　我们前面说过，做仰卧起坐却腰疼的原因，除了动作不准，还和动作过程
中存在着大量的竖脊肌离心运动有关[5]。

标准仰卧起坐对不同肌群的刺激

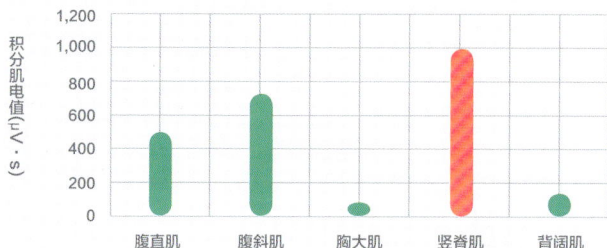

由上图可知，仰卧起坐对竖脊肌有着不容忽视的刺激，这也是做仰卧起坐导致腰疼的原因之一。

而健身球卷腹最大的特点在于动作下落过程中有健身球滚动做缓冲，竖脊肌不用一直处于离心状态，对腰背脊柱的刺激更小，不会引起腰疼，也更安全[5]。

另外，健身球卷腹过程中，躯干的卷曲和健身球不稳定的支点，可以更好地激活和训练到维持腰椎平衡的诸多深层肌群，比如多裂肌等。这样使训练效果更好，还有助于缓解日常生活中的腰痛等问题。

不同姿势仰卧起坐对核心肌群的刺激

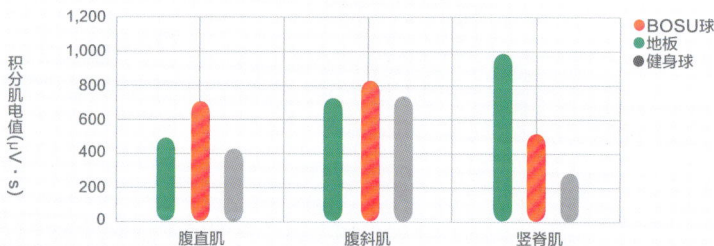

健身球卷腹对竖脊肌的刺激大大减少，可以非常有效地减弱动作过程中对竖脊肌的影响、避免腰疼。

弹力带伏地登山

1 双手撑在瑜伽垫上，身体呈一条直线。

2 腹肌发力，单脚向前，做登山状，再回到起始动作；两脚交替进行。

> > > > > >

替换动作   **伏地登山**

弹力带伏地登山，可以看作俯身版空中单车，对腹肌整体也有很好的刺激，是腹肌整体最优的训练动作之一。

弹力带伏地登山的优势在于，在动作的过程中可以保持背部弓起，让腹肌处于完美的"C"字形发力姿势。同时，俯卧的姿势还可以减少髂腰肌等肌群的借力，能更有针对性，也能更有效地刺激腹肌。

另外，在动作过程中，弹力带提供的阻力还可以全程帮助你更容易找到腹肌的发力感觉，让你的训练效果更好！

如果说空中单车还可能会用到腿部或腰髂肌进行助力，或者动作不容易做标准，而普通的伏地登山，不一定能让你感受到腹直肌的发力，那么有弹力带辅助的伏地登山，可以让所有的初学者都感受到自己的腹肌发力感觉，同时又不会对其他肌群产生过多的刺激，次次精准地打击到你的八块腹肌，绝对值得你训练！

站姿腹直肌拉伸

1°
自然站立，背部挺直，腰腹收紧，双手相握举过头顶。

2°
腹部收紧，身体后仰，感受腹肌被拉伸，保持10~20秒（静态拉伸）；身体后仰，微微弹振，过程中感受腹肌被拉伸（动态拉伸）。

腹直肌拉伸有助于在腹肌训练后，更好地刺激腹直肌的生长，让你的训练效果加倍！

动作过程中注意充分伸直腹直肌哦！

核心整体

除了腹直肌外，腹内外斜肌、下背部的竖脊肌、多裂肌等，作为核心肌群的重要部位，对于控制和保护我们的躯干骨盆稳定，预防各种腰背疼痛，帮助你挺拔优雅身姿，提高运动表现等，也有很重要的作用。

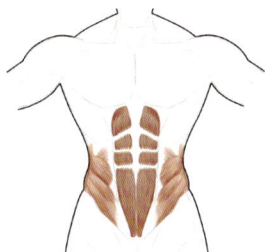 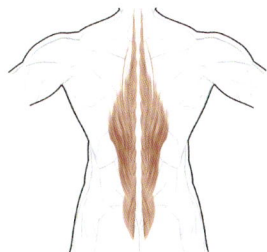

腹直肌、腹内外斜肌等　　　　竖脊肌、多裂肌等

所以，下面我们再介绍一些针对核心整体的最佳训练动作。

平板支撑

脚尖踩地，伸直躯干，头、肩、胯、踝处于同一条直线；
核心肌群收紧，均匀呼吸；
累时可以略微扭动身体，尽量多坚持一段时间；
坚决不要塌腰。

>>>>>>

替换动作

侧向平板支撑

很多人都知道，平板支撑是一个训练腹肌的好动作。

但实际上，它的作用远不止于此，比起它对腹直肌的训练效果，我更愿意称它为"宇宙霹雳无敌核心肌群训练动作"（平板支撑对腹直肌的效果，反而可能不如我们前面介绍的针对动作好）[8]。

不同动作对腹肌的激活水平

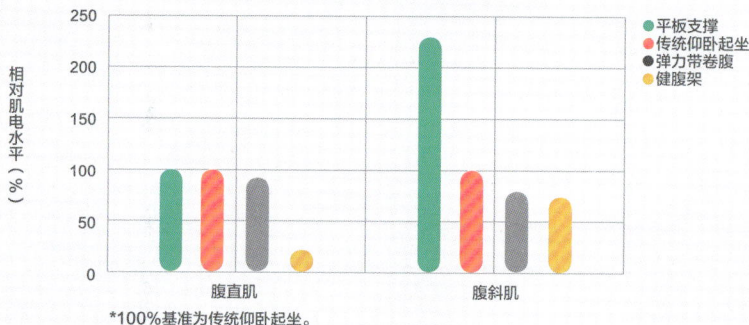

*100%基准为传统仰卧起坐。

与其他动作相比，平板支撑除了刺激腹直肌，对其他核心肌群也有良好的刺激。

平板支撑最大的特点在于：

1.几乎能训练到所有核心区域的肌群；

2.兼顾了稳定和不稳定的训练，深层肌群也能被很好地刺激到；

3.安全、无器械，老少皆宜，上手容易。

事实上，在平板支撑动作中，由于有如此多的核心肌群参与其中，只要你保证核心肌群绷紧，不塌腰、不松腹、不泄臀，无论采用什么样的姿势，都有一个目标核心肌群被重点训练，所以非常高效！

比如你绷着核心肌群向左扭，就会更多地激活左侧的腹内斜肌、腹外斜肌、竖脊肌、多裂肌等，向右扭则反之；重心绷着向前，背部、上背部、肩部肌群被高效激活；而重心向后，腿部、臀部肌群就会被充分锻炼。

所以，平板支撑的重点不在有多"标准"，只要保证核心肌群紧绷不塌腰，怎么训练都高效！

训练建议：

1.每次平板支撑都要做到力竭，一般做3~5组；

2.放在力量训练前可以增加核心肌群的募集，提高力量训练的效果；

3.放在传统力量训练后，对核心肌群的耐力指标训练效果更佳[9]。

十字挺身

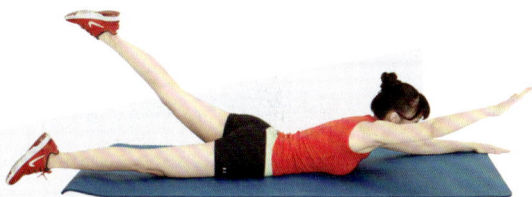

1 两臂向前伸展，俯卧在垫子上。

2 左腿和右臂同时向上抬起；感受下背部的收缩绷紧，坚持2~3秒；放下左腿和右臂，换右腿和左臂。

＞＞＞＞＞＞

替换动作

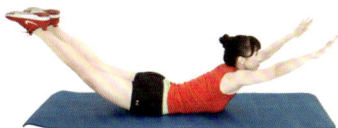

两头起

十字挺身几乎能训练到背部所有的核心肌群，是下背部的最佳训练动作之一，对于挺拔身姿、优美身形、预防闪腰等下背部损伤，都有很好的效果！

Tips ＞

闪腰（急性腰背部扭伤），是最常见的核心部位运动损伤之一，和下背部的强弱密切相关。拥有强而有力的下背部核心肌群，是保证你的脊柱处于正确姿势、预防闪腰的关键。

　　另外，竖脊肌、多裂肌等下背肌群，对于挺拔身姿，改善仪态问题也非常有效，可以更好地矫正驼背、塌腰等问题，让你的身姿更优美、更自信、更挺拔！

　　而对于力量训练来说，练好下背核心肌群，也有助于你在做深蹲、硬拉等动作时，更好地保持背部反弓，帮助身体发力，并防止运动受伤。所以下背部核心肌群很重要，练好十字挺身是关键。

站姿直背体前屈

1° 自然站直，双脚打开与肩同宽，双手置于脑后。

2° 上半身挺直反弓，臀部向后撅，身体前倾至上半身与地面平行；动作过程中，膝盖微屈，手部不要发力拽脖子；感受下背部紧张，顶峰收缩2~3秒。

〉〉〉〉〉〉
替换动作

站姿触地体前屈（侧重拉伸）

　　站姿直背体前屈既是下背肌群和大腿后侧腘绳肌的有效训练动作，也是矫正骨盆前倾的有效训练动作（详见第十章）。

　　日常生活中，我们把太多时间都花在了电脑前，日久天长，自己的身材也走了形，弯腰驼背像个罗锅一样，看起来既不美观也不自信。而站姿直背体前屈这个动作，不仅可以训练到下背部，还可以训练到身体后侧几乎所有和身姿相关的肌群，矫正你的体态，让你站如松，坐如钟！

　　另外要注意，用这个动作训练下背肌群时，双脚间距不用过宽，可以更有效地训练到竖脊肌。

弹力带绳索伐木

1 自然站立，双手握住上前方的弹力带手柄；肘部微微弯曲。

2 身体转动带动手臂向一侧转体90°，换另一侧。

>>>>>>> 替换动作

俄罗斯转体

　　我并不推荐大家（尤其是女性朋友和不想练粗腰的朋友）在日常生活中大量、专项、大负荷地刺激腹内外斜肌，因为这样会更容易粗腰。

　　不过，强大的腹内外斜肌也是强壮核心肌群的重要组成部分，尤其对于很多运动爱好者来说，运动过程中的大量动作，比如拳击出拳、网球抽击、排球扣杀、篮球拉杆上篮等，都需要强大的腹斜肌来配合完成。所以，腹斜肌训练在某种程度上也是很有必要的！

　　弹力带绳索伐木的动作过程中既需要你的核心肌群发力，将下肢的力量（臀

1M²
硬派健身
TOUGH
WORKOUT

9
Chapter

344

腿部）通过核心肌群（腰腹）有效传递到上肢末端（手部），又需要核心肌群来控制躯干的相对稳定，能刺激到相当多的核心肌群，对核心肌群整体有很好的训练效果。

另外，这个动作由于需要转体，能很好地刺激到负责转体的腹直肌、腹内外斜肌。所以对于想要稍微强化一下腹斜肌的朋友来说，也是很好的选择。

对于运动爱好者来说，这个动作也很好地模拟了运动场上的实际情景，是很多运动项目和运动明星的必备训练！

仰卧竖脊肌拉伸

1°
仰卧在瑜伽垫上，双腿伸直举起。

2°
手臂将双腿向身体下压靠拢，感受竖脊肌被拉伸，保持10~20秒（静态拉伸）；
双手下压双腿，微微弹振，过程中感受竖脊肌被拉伸（动态拉伸）；
切忌将重力压于颈部。

>>>>>>
替换动作

站姿触地体前屈（侧重拉伸）

竖脊肌拉伸有助于在训练后加强竖脊肌的刺激，从而达到更好的训练效果。

另外，在日常生活中，很多人由于坐姿体态问题，竖脊肌长期处于紧张状态。多做竖脊肌拉伸，也有助于更好地放松和舒缓相关肌群，强化核心，挺拔身姿，避免骨盆不正、闪腰等身姿问题。

五、核心训练计划：男性版&男性进阶版&女性版

核心部位的训练可放在大多数训练日的主要部位后进行。

男性计划

八块腹肌打造计划

扫描二维码即刻开始训练

以塑造最坚硬、最强壮、最清晰的腹直肌为主，以雕刻腹肌形状为辅。			
动作	个数/时间	组数	组间休息（s）
标准腹肌轮	10个	3	30~90
弹力带卷腹	12个	3	30~90
十字挺身	12个	2	30~90
空中单车	1min	2	30~90
弹力带伏地登山	12个	2	30~90

超强核心打造计划

扫描二维码即刻开始训练

打造超强核心，提升运动表现。			
动作	个数/时间	组数	组间休息（s）
标准腹肌轮	10个	3	30~90
平板支撑	力竭	3	30~90
空中单车	1min	3	30~90
十字挺身	12个	3	30~90
弹力带绳索伐木	12个	3	30~90

女性计划

川字腹肌打造计划

扫描二维码即刻开始训练

塑造清晰的腹肌轮廓，优雅体态。			
动作	个数/时间	组数	组间休息（s）
悬腿卷腹	10个	3	30~90
空中单车	1min	3	30~90
十字挺身	12个	3	30~90
弹力带卷腹	12个	3	30~90

参考文献

[1] Swami, V., & Tovée, M. J. (2006). Male physical attractiveness in britain and malaysia: a cross-cultural study.. Body Image, 2(2)：115-128.

[2] Berry, D. S. (2000). Attractiveness, attraction, and sexual selection: evolutionary perspectives on the form and function of physical attractiveness. Advances in Experimental Social Psychology, 32(00)：273-342.

[3] Caroline,D.(2007).Metabolic syndrome, or what you will: definitions and epidemiology. Diabetes & Vascular Disease Research Official Journal of the International Society of Diabetes & Vascular Disease, 4(1)：32-38.

[4] Elliott, B. C., Marshall, R. N., & Noffal, G. J. (1995). Contributions of upper limb segment rotations during the power serve in tennis. Journal of Applied Biomechanics, 11(4)：433-442.

[5] 岳建军, 龚俊丽,周燕. (2015). 不同支撑面上徒手练习动作核心区肌肉肌电分析. 北京体育大学学报(09).

[6] Parfrey, K. C., Docherty, D., Workman, R. C., & Behm, D. G. (2008). The effects of different sit- and curl-up positions on activation of abdominal and hip flexor musculature. Applied Physiology Nutrition & Metabolism, 33(5), 888-895(8).

[7] 7Boeckh-Behrens, W. U., Beier, P., & Buskies, W. (2001). Fitness-Krafttraining: die besten   bungen und Methoden für Sport und Gesundheit. Rowohlt-Taschenbuch-Verlag.

[8] Anders, M. (2001) .New Study Puts the Crunch on Ineffective Ab Exercises.

[9] 李月, &米靖. (2013). 核心力量训练在力量训练课中安排顺序的研究. 山东体育学院学报, 29(6)：94-99.

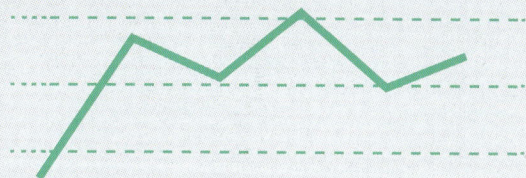

探颈：低头族，拿什么拯救你？

圆肩：不自信？都是胸大惹的祸！

驼背：越来越矮？练好再高五厘米！

高低肩：想要优雅端正？矫正高低肩！

骨盆前倾：小腹突出？可能是骨盆前倾！

骨盆后倾：平地摔？你的麻烦大了！

O形腿：外八字？罗圈腿？当然不能忍！

X形腿：萌萌的内八？不，是丑丑的X腿……

鼠标手：手腕酸痛僵硬？鼠标手拜拜！

身姿矫正——挺拔端正，无懈可击！

Chapter 10

一、身姿矫正训练重点

		表现	原因	推荐动作	说明
探颈		脖子向前伸，颈曲大于5cm。	久坐办公、学习，长时间弯腰低头等。	哑铃俯身外旋侧平举 两头起	本章所说的矫正，仅指后天形成的、因不良生活、工作习惯引起的一定程度的仪态问题，先天原因与后天事故造成的病理性后遗症不在讨论范围。
圆肩		肩膀打不开，含胸。	生活习惯或健身不恰当导致胸部和背部肌力不平衡。	弹力带俯身交叉内旋侧平举 弹力带高位对握划船 哑铃L侧平举	
驼背		背部不够挺拔，弯着、驼着的一种状态。	不正确的姿势或健身训练习惯，下背部力量弱。	十字挺身 健身球直腿臀桥	
高低肩		自然站立时两边肩膀不一样高。	先天脊柱发育异常，脊柱侧弯等，后天生活习惯。	哑铃俯身内旋侧平举 肩部单侧拉伸 跪姿伏地背部拉伸	
骨盆前倾		骨盆向前病态地偏移，造成腰椎不正常的生理前凸。	肌力不平衡，不正常的站姿、坐姿。	反向卷腹 站姿触地体前屈 站姿直背体前屈	
骨盆后倾		骨盆向后病态地偏移，由此造成腰椎不正常的生理后凸。	屈髋肌群较弱等。	弹力带原地跑 站姿肘击膝	
O形腿		膝内翻，膝盖无法靠拢。	不正常坐姿等导致臀中肌和梨状肌僵硬收缩，而大腿内侧肌群松弛无力，内外一拉拽形成了O形腿。	弹力带腿内收 侧卧腿内收 坐姿臀中肌拉伸	
X形腿		膝外翻，膝盖靠拢时，小腿无法靠拢。	大腿内侧的内收、内旋群僵硬，而臀大肌、臀中肌等松弛无力。	自重臀桥 自重单腿臀桥 盘腿伸展	
鼠标手		食指和中指僵硬疼痛、麻木，拇指肌肉有无力感。疼痛症状夜间或清晨加重，白天活动及甩手后减轻。	身体的正中神经以及进入手部的血管，在腕管处受到压迫所产生的症状。	过来过来 让大爷验验货 算了，不要了	

二、探颈：低头族，拿什么拯救你？

话说人类这种生物的发展，也真是神奇，进化了数十万年，才从狩猎时代到农耕社会，再到工业革命，却在短短的几百年内，以火箭般的速度改变着环境和自身的生活条件。

一百多年前，人们还每天都在辛苦劳作来努力解决自己的温饱问题。一百多年后的今天，绝大多数人都不用再被风吹日晒，不用流汗劳动就能轻松吃饱饭了。

这对于人类的发展来说是很幸运的事情。不过，也正是这种飞速创建的人为环境（Build Environment），远远超过了生物进化本身所需要的适应时间，造成了肥胖和不良身姿等诸多"现代病"问题。

尤其是在近十年，准确地说，是近八年，我们又遇到了一个更大的改变。人类的视野，从"向前看"，变成了"向下看"。以iPhone为代表的智能手机，强势占有了都市人群90%的碎片时间，我们也纷纷变身"低头族"。

这当然也不能说是坏事，毕竟智能硬件的发展让大多数人的生活更充实、更高效。

不过，对"低头族"引发的身姿问题，你做好应对工作了吗？

探颈，最常见的身姿问题

很多人会以为，现代社会最普遍的身姿问题应该是驼背、X形腿、O形腿之类的。No，No，No，其实，探颈才是最常见、最普遍的身姿问题。

1M²
硬派健身
TOUGH
WORKOUT

10
Chapter

352

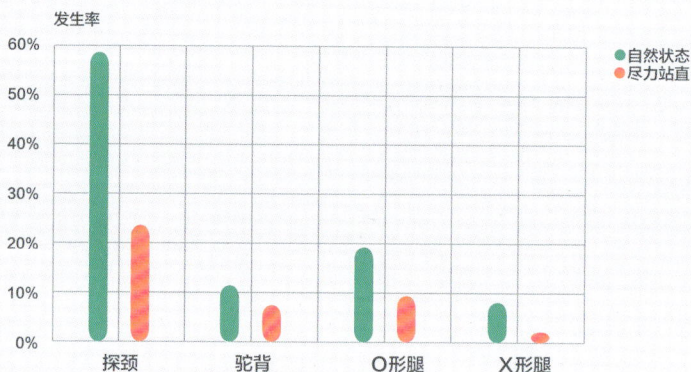

中国不良身姿发生情况

从上图可以看到，在我国青少年中，无论是自然放松状态下，还是尽力站直状态下，探颈都是最多人存在的身姿问题。尤其在自然放松的时候，接近60%的人都有探颈问题[1]。

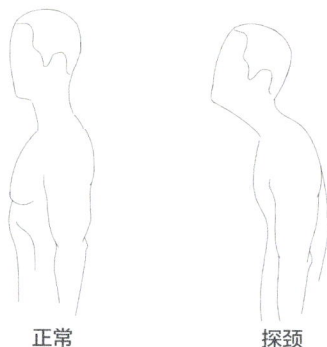

正常　　　　探颈

探颈自测

那么，到底怎样才算是探颈呢？按照我国标准，颈曲大于5厘米，即可认为有探颈问题[2]。

Tips

颈曲

颈椎的生理曲线，有助于增强颈椎弹性，保证颈椎的正常功能。颈曲的改变会导致颈椎的稳定性变差，使颈椎更容易受伤，并诱发颈椎病变。

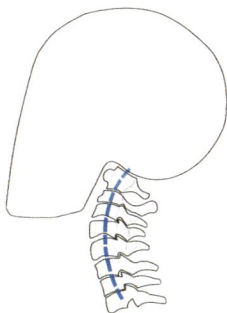

用尺子量颈曲，显然不太现实，不过探颈也有简单的目测方式。如果你坐着或站着的时候，脑袋不是正直的，而是下巴向上扬，同时颈部前探，那么你极有可能就是探颈了。

觉得自己判断不准的同学，也可以让朋友在你放松状态下，给你从侧面拍一张照，可以更好地帮助你判断。

探颈，怎么来的？怎么破？

探颈多发的原因，首要的估计就是乔老爷子的发明和各种不良坐姿了。

本来，我们在日常生活中由于工作和学习的需要，就常常坐着写文案、组代码、画图纸，为了让自己更轻松舒服，就经常弯腰低头，导致脊柱慢慢变形，最后变成了探颈和驼背。

后来，乔老爷子发明了iPhone，又为我们开启了新世界的大门。以前只有在工作和学习的时候才弯腰低头，现在好了，工作之余，我们低头低得更多，走路看手机，吃饭看手机，上个厕所也在看手机……几乎所有时间都处于一个不正常的

1M²
硬派健身
TOUGH
WORKOUT

10
Chapter

354

生理姿势。

除了日常生活，健身锻炼的朋友也有可能会因为过度重视胸肌，忽略背中部的肌群，使前后肌力不平衡，一拉一扯而导致探颈问题。

Tips ▶

探颈的主要原因

·　坐姿不正，弯腰驼背；

·　手机族，永远弯腰低头看手机；

·　肌群发展不均，胸肌过强，背中部过弱。

事实上，长期的不良姿势，如驼背、低头等，本身也会使身体前侧的胸部等肌群处于持续紧张状态，后背相应的肌群则得不到有效训练，也可以看作肌群不平衡的表现之一。

所以，要改善探颈，除了要在日常生活中多多注意姿势，行得正、立得直之外，锻炼和加强相关肌群的肌力平衡也是关键。

说到肌力不平衡导致的身姿问题，探颈和我们稍后要介绍的圆肩、驼背等上半身身姿问题，其实都可以看作上交叉综合征的一种。

Tips ▶

上交叉综合征是二十世纪八十年代的足球前锋詹达提出的一个由于肌肉不平衡导致的上肢形态问题，可能会导致肩关节疼痛、颈椎疼痛、颈椎生理曲度变直、手臂发麻等问题。

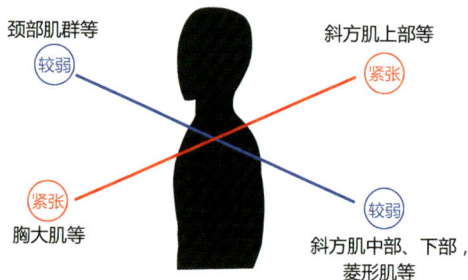

颈部肌群等　　　　　　　　　　斜方肌上部等

较弱　　　　　　　　　　　　紧张

紧张　　　　　　　　　　　　较弱

胸大肌等　　　　　　　　　　斜方肌中部、下部，
　　　　　　　　　　　　　　菱形肌等

从上图中可以看到，上交叉综合征大多是由某些肌群过于紧张，另一些肌群过弱，前后肌力不平衡，一拉一扯导致的。

其改善方式，就是通过放松过于紧张的肌群，强化薄弱肌群，来平衡肌力。

说到探颈的问题，探颈主要是由胸肌过于紧张，而背中部和颈前部的力量不够强导致的。

由于颈前部以小肌群为主，也比较难训练到，所以本身训练意义并不大。而背中部则都是有力量、有潜力的大肌群，可以通过训练达到很明显的效果。

所以，改善探颈的关键在于强化背中部的斜方肌中下部、菱形肌和颈椎深层肌群。

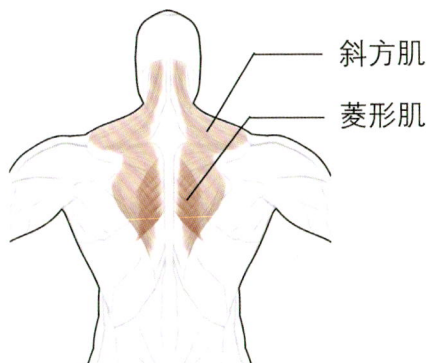

斜方肌

菱形肌

斜方肌及其深层的菱形肌

另外，因为在我们的目标肌群中，菱形肌属于深层肌群，在运动中无法单独刺激，而且菱形肌一般都和更容易被训练到的斜方肌中下部协作运动。所以下面我们介绍的矫正探颈的训练，主要就以针对斜方肌中下部和颈部肌群的居家动作为主。

1M²
硬派健身
TOUGH
WORKOUT

10
Chapter

356

居家探颈改善动作

哑铃俯身外旋侧平举

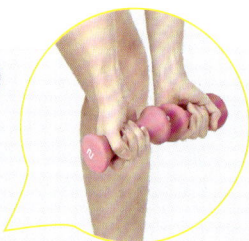

1 双手握住哑铃，掌心向上，手臂自然下垂；
双脚打开，比肩略宽，膝盖微屈，上半身前倾，保持腰腹收紧，背部挺直。

2 控制肌肉发力，打开双臂至最高点，感受背部肌群的紧张，停顿2~3秒；
控制肌肉发力，缓慢还原，重复；
打开双臂时，肘关节不要锁死，肘部微微弯曲。

不同动作对斜方肌下部训练效果的影响

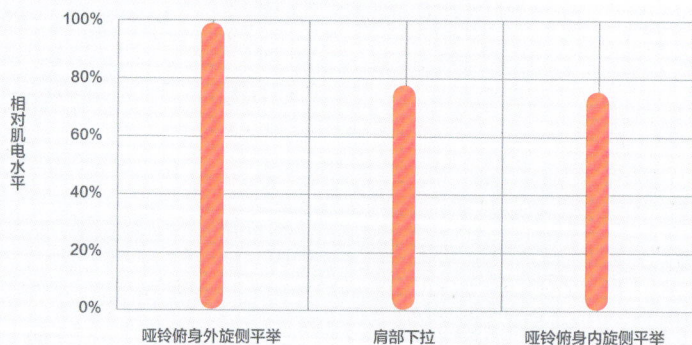

相对肌电水平

| 哑铃俯身外旋侧平举 | 肩部下拉 | 哑铃俯身内旋侧平举 |

手臂外旋的哑铃俯身侧平举（也称哑铃俯身飞鸟）是对斜方肌下部训练较有效的动作。

俯身侧平举是对斜方肌中下部很有效的居家训练动作，无论是内旋还是外旋，都有不错的效果。另外，外旋动作有助于斜方肌下部更好地发力，所以可以起到更好的刺激效果[3]。

内旋和外旋的主要区别在于手腕的方向不同，大家可以参考下面这张图来记住区别。

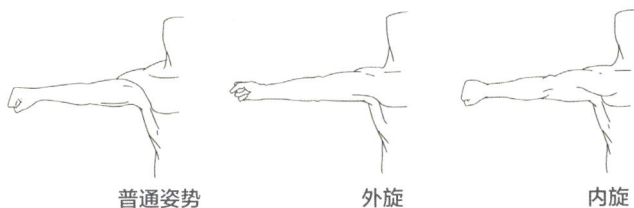

普通姿势　　　　外旋　　　　内旋

两头起

1 俯卧在垫子上，手臂伸直放在身体前方。

2 双手双脚同时向上抬起，至最高点停顿2~3秒，尽可能地拉伸身体；
缓缓恢复至起始动作。

1M²
硬派健身
TOUGH
WORKOUT

10
Chapter

358

　　小燕飞的动作同样可以较好地锻炼颈部肌群，同时还可以有效地锻炼到下背部核心肌群，对改善探颈、缓解腰肌劳损、改善腰椎间盘突出等问题非常有帮助。

　　最后是给大家的一份居家探颈改善计划。针对性地强化背中部肌群和颈部肌群，适合经常觉得脖子酸痛的上班族和低头族有效改善探颈问题。

改善探颈训练计划

改善探颈训练计划

扫描二维码即刻开始训练

针对背部斜方肌中下部、核心、颈部肌群，有效改善探颈问题，建议每周训练2~3次。			
动作	个数/时间	组数	组间休息（s）
哑铃俯身内旋侧平举	10个	3	30~90
哑铃俯身外旋侧平举	12个	3	30~90
十字挺身	15个	3	30~90
两头起	20s	4	30~90
Tips:	矫正计划的哑铃重量不建议选取太重，循序渐进为好。动作过程中感受目标肌群的发力，注意念动一致。		

三、圆肩：不自信，都是胸大惹的祸？

圆肩是什么？

圆肩，也叫含胸，是指双肩向前弯曲向内扣，胸部内缩，肩部这块儿形成一个半圆弧形的生理姿势。

圆肩的人看起来没自信，不挺拔，而且更显老。

要知道，在正常情况下，我们的肩部从头顶向下看时是呈一条直线的。但是圆肩就会导致你的肩膀不能彻底打开，看上去畏畏缩缩，气质很差，没有精气神儿，无论是穿衣还是仪态，都差上那么几分。

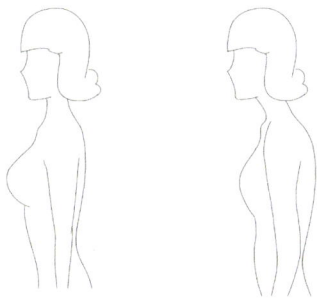

正常与圆肩对比

另外，圆肩除了会导致体态不正，还会影响你上半身的相关训练，直接影响你的健康。

由于肩膀没办法彻底打开，肩部的活动范围也会变得很小，所以你的很多上肢训练，如卧推、划船、颈部臂屈伸等，也都可能无法很好地完成。不能更好地训练肌肉已经不是小事了，万一不小心受了伤，可就更不好玩了！

不过，圆肩虽然既影响形象，又影响健康，但你也不必过于担心。好好锻炼，你照样可以改善圆肩，挺拔身姿！

导致圆肩的原因

圆肩不分男女，多发于久坐不动的都市人群，以及练胸不练背的健身新手。其主要原因和探颈一样，也是前后肌力不平衡。

导致圆肩的具体原因有很多，大致可以分为以下三种：

1. 不良生活习惯！

要知道，我们身体里的肌肉就好比皮筋，是有弹性的。但如果你长期让它处于一个姿势，不常常收缩或舒张，肌肉弹性就会慢慢失去作用，收缩着的肌纤维会变短、变僵硬，而长期绷着的肌纤维则会失去收缩力量。

现代人由于工作和学习的需要，长期伏案，往往一坐就是八个小时，不注意姿势而且不经常活动，所以你的一些肌肉也就长期处于一个不正常的状态。

比如很多人喜欢缩着脖子玩电脑，久而久之就会导致胸前的胸大肌变短，失去弹性，拉动肩膀朝内侧挤压。而背后的菱形肌则刚好相反，由于长时间处于拉伸状态，变得很长，最后力量变弱，无法拉动肩胛骨朝脊椎方向收缩。

这一紧一松，你的肩膀自然而然就向前窝得更严重，也就是所谓的圆肩了。

2．女性心理原因

第二个原因大部分时候出现在女性身上。很多女性在青春期开始发育的时候，因为害羞或尴尬，一直缩着肩膀，含着胸。

长期处于这种不良姿势，前强后弱的肌肉已成定局，等待成年后肩膀已经彻底习惯缩成一团，想打都打不开了。这样不仅肩膀看起来会窄，还会导致溜肩，撑不起风衣等漂亮的衣服。

当然，不仅仅是女性，比较内向、害羞的男性朋友，有时也会因此而导致圆肩。在女性身上，圆肩有时会被认为可爱，而在男性身上，人们经常说圆肩的人"猥琐"。

3. 练胸不练背！

的确，在我国健身房，人们健身都是从练胸开始的。你在健身房里永远能看到一大堆正在狂练哑铃卧推、杠铃卧推、拉索夹胸的朋友。

毫不夸张地说，这也正是导致圆肩的罪魁祸首之一！

我见过太多人，健身训练时只练胸不练背，有着相当发达的胸肌，背肌却很薄弱。前后肌力的严重不平衡，导致强大的胸肌牵引着肩胛骨向前收缩，久而久之，整个肩膀向前、向内变成了半圆形，自然就造成了圆肩。

健身原本是为了身材更好，结果越练反而体态越糟，想必你一定很不甘心吧。所以这也是我们一直强调人体是一个整体的系统，一定要均衡训练，不要留下短板的原因。

所以总的来看，圆肩还是前后肌力由于各种原因出现不平衡导致的。想改善圆肩，针对性训练是关键！

三个动作让你改善圆肩

想要改善圆肩，首先你需要强化薄弱的背部肌群，其中最主要的就是锻炼肩袖四肌、三角肌后束和菱形肌。

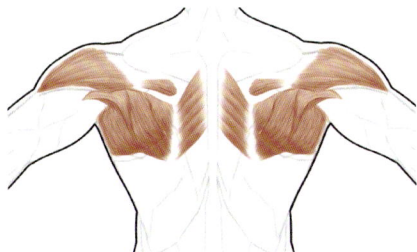

肩袖四肌、菱形肌是我们俗称的上背肌群，它们直接连在肩胛骨等地方，能最有效地改善圆肩的症状。

我们之前说过，肩关节的原动肌是胸大肌、三角肌前束等超强战斗性肌肉。

1M²
硬派健身
TOUGH
WORKOUT

10
Chapter

362

什么卧推200公斤，网球发出200+km/h的ACE球，都是靠这些力量很大的肌肉。

而对抗这几个战斗力爆表的斗士的拮抗肌，就是冈上冈下肌、小圆肌、肩胛下肌这四个毫无存在感的小肌群，统称为肩袖四肌。所以，如不着重训练，就很容易导致前后肌力不平衡，最后变成体态问题。

另外，三角肌后束可以使肩关节向后展开，菱形肌向内拉伸着肩胛骨，也对矫正身姿很有作用。

下面就为大家介绍三个简单却效果超群的动作。

弹力带高位对握划船

1° 腰腹收紧，背部挺直，膝盖微屈；掌心相对，手臂伸直，持弹力带手柄于身体前上方。

2° 上半身不动，双臂尽量紧贴身体，沿体侧下拉弹力带握柄；顶峰收缩1~2秒，感受背部肌群的挤压，缓慢恢复。

弹力带高位划船主要针对斜方肌的中部和下部，可以有效平衡前后肌力。

弹力带俯身交叉内旋侧平举

1°

上半身前倾约90°，腰腹收紧，背部挺直；
肩关节内旋90°，握住弹力带手柄将弹力带抻直；
弹力带交叉可以使得阻力精准作用于目标。

2°

举起双臂至最高点，感受大臂后侧三角肌后束发力；
动作过程中保持躯干稳定，背部挺直，不要弓背借力。

　　弹力带俯身交叉内旋侧平举，是针对肩膀后侧三角肌后束的有效训练方式。在内旋的情况下，其余肌群不容易借力，可以让不熟悉肩膀后侧肌群发力的同学，迅速找到训练的感觉。

1M²
硬派健身
TOUGH
WORKOUT

10
Chapter

364

哑铃L侧平举

1° 手持哑铃，掌心向前，肘关节保持 90°，手臂与身体处于同一平面。

2° 上臂始终保持与肩部呈直线状态，旋转肩关节，直至小臂朝向地面。

这个动作可让你恢复肩袖四肌最主要也是最重要的功能，即内旋和外旋。一开始做这个动作的时候，你会觉得很累，但你的每一个动作都可以让这个肌群得到更有效的训练，久而久之，你的肩膀就能彻底打开，可以考虑后背肌群的训练了。

如果你的肩受过伤，或者肩部肌群比较弱，建议一开始尽量采用小重量哑铃来练习，之后再加大重量，让肩袖四肌更好地生长。

改善圆肩训练计划

改善圆肩训练计划

扫描二维码即刻开始训练

针对肩袖四肌、三角肌后束，有效改善圆肩。			
动作	个数/时间	组数	组间休息（s）
弹力带俯身交叉内旋侧平举	15个	3	30~90
弹力带高位对握划船	12个	3	30~90
哑铃 L 侧平举	15个	3	30~90
Tips:	在训练过程中，保持均匀可控的动作节奏来增加对目标肌群的刺激。 三角肌后束和肩袖肌群是雕塑细节的小肌群，训练重量不必太大，建议每周两次。		

1M²
硬派健身
TOUGH
WORKOUT

10
Chapter

366

四、驼背：越来越矮？练好再高五厘米！

什么是驼背？

驼背，从名字上就可以看出来，是指背部不够挺拔、弯着、驼着的一种状态。

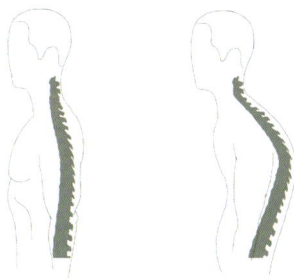

驼背的主要问题出在脊柱。要知道，正常情况下，人类的脊椎是有一个良好的生理弯曲的，它让我们的身姿正直，体态良好。

而驼背的人，由于长期不正确的姿势，或相应肌群薄弱，脊柱渐渐失去了正常的生理弯曲，腰曲附近长度变短。直接就导致了体态不正，使整个人看起来矮了不止五厘米！

Tips：探颈、圆肩、驼背对比			
正常	探颈	圆肩	驼背
健康状态	问题出在脊柱颈椎，颈曲大于5厘米，脖子前探。	问题出在肩部，表现为肩关节前探。	问题出在脊柱腰椎附近，腰椎生理曲线改变，腰曲小于2~3厘米。

而且很多同学经常把驼背和圆肩、探颈搞混，事实上，虽然它们都属于上半身肌力不平衡导致的问题，但在具体成因和表现上，还是有很多区别的哦。

另外，因为这些身姿问题绝大多数都是由不良坐姿、站姿造成的，所以一个人也可以同时有多个身姿问题。

驼背产生的原因

和其他身姿问题一样，驼背产生的主要原因，也是不正确的姿势或训练习惯，导致的相关肌群肌力不平衡。

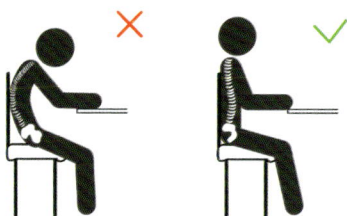

现代社会，很多人由于天天窝在电脑前办公或者玩游戏，弯着腰，弓着背，渐渐地就影响了脊椎曲线。

再加上日常生活中，我们又很少训练到下背部的肌群，而这些肌群发展不足，导致不能撑起正常的腰椎曲线，从而形成驼背。

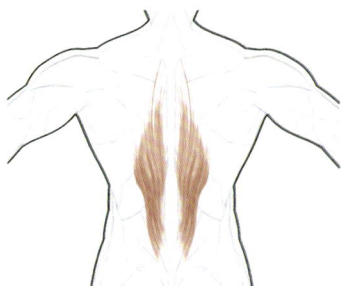

竖脊肌

如果你是因为不良姿势导致的驼背，那么改善姿势，坐得正、站得直是首要的。

另外，对于下背部肌群薄弱，没有办法保持身姿挺拔的同学，针对性地强化一下背部肌群，就是改善驼背、挺拔身姿的关键了！

下背部负责支撑脊柱、稳定核心的肌肉有很多。其中竖脊肌可以使脊柱后伸，是维持人体直立姿势的重要肌肉，所以想要身姿挺拔、看起来更自信，就从强化竖脊肌开始吧！

三个动作挺拔身姿

竖脊肌的生理作用是让脊柱后伸，所以要想锻炼它，一定要从这方面入手。

另外，由于身体结构和力矩的关系，训练时的支撑位置也对竖脊肌和其深层的多裂肌有很大影响。

如何区分近支点和远支点？简单说，把支点放在脚那里是远支点，放得离躯干近则是近支点。

近支点和远支点

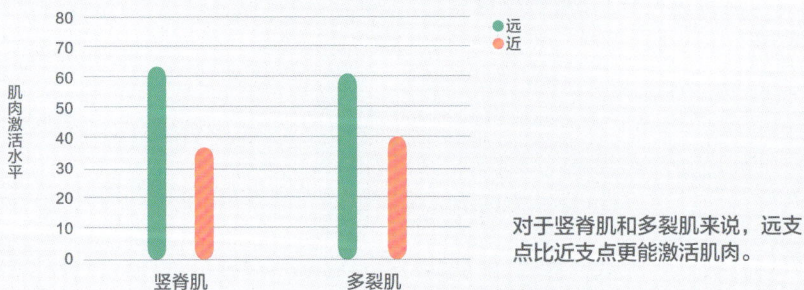

不同支点位置对下背部肌群的激活水平影响

对于竖脊肌和多裂肌来说，远支点比近支点更能激活肌肉。

研究发现，远支点对竖脊肌和多裂肌的激活效果明显更好[4]。

结合这些原则，我们给大家选择了三个简单的竖脊肌针对动作，只要能坚持做好这三个动作，你的驼背问题一定会得到很好的改善。

十字挺身

1 两臂向前伸展，俯卧在垫子上。

2 左腿和右臂同时向上抬起；
感受下背部的收缩绷紧，坚持2~3秒；
放下左腿和右臂，换右腿和左臂。

>>>>>> 替换动作

两头起

十字挺身是一个居家徒手就能做的动作，可以有效地挺拔身姿，防止闪腰。

同时，十字挺身也是入门者锻炼下背肌群的好动作。它的动作很容易做得规范，即使是初学者，也能很好地找到竖脊肌的训练感觉，是非常安全、方便、有效的训练动作。

1M²
硬派健身
TOUGH
WORKOUT

10
Chapter

370

健身球直腿臀桥

1 平躺，将双脚置于健身球上，双腿保持挺直，双手放在身体两侧。

2 臀部发力，向上挺起至身体呈一条直线，感受臀部和下背部的持续收缩，保持2~3秒；控制肌肉收缩，缓慢恢复起始姿势，重复；上挺臀部时，手臂和上背不要下压借力，尽量避免下背部弯曲，避免颈部承受太多压力。

直腿臀桥是一个远支点动作，对下背肌群有很好的激活效果，加上健身球增加了动作的不稳定性，可以很好地强化竖脊肌和多裂肌。

有人肯定要问啦："斌卡，你不是说臀桥是训练臀部的吗？怎么又训练下背了呢？"

之前我们介绍的臀桥都是屈腿的，就是刚才说的近支点，对竖脊肌的激活效果不大。直腿臀桥则是远支点，对下背部肌群的训练效果几乎增强了一倍，当然是一个训练下背的好动作啦！

如果一开始找不到训练的感觉，可以在最顶峰的时候停住，想着下背部的收缩，默念3秒，就可以帮助你找到感觉。

改善驼背训练计划

　　想要改善自己的身姿，让身姿更挺拔，每周进行两到三次竖脊肌的训练，一个月左右就能有所改善，之后再进行常规背部和核心肌群的训练，就能让脊椎恢复到健康的形态了。

挺拔身姿训练计划

扫描二维码即刻开始训练

动作	个数/时间	组数	组间休息（s）
十字挺身	12个	3	30~90
健身球直腿臀桥	15个	3	30~90
两头起	20s	3	30~90
Tips:	改善驼背的训练动作可以单独做，也可以放在日常抗阻训练的核心训练计划内。		

1M²
硬派健身
TOUGH
WORKOUT

10
Chapter

372

五、高低肩：想要优雅端正？矫正高低肩！

高低肩，影响美观还损害健康，你是吗？

高低肩，简单说就是肩膀高低不平，影响美观，也有叫斜肩的。

高低肩多出现在常年伏案、久坐不动的上班族（没错，上班族再次中枪）、学生群体以及女性朋友身上。

测一测，你是不是高低肩？

视觉自测

自然站立，两肩放松，看看镜子中的自己肩膀是否一样平；或背靠墙站立（两腿并拢，肩部放松，下巴微收），然后找个人帮你看看，肩膀高度是否一样，肩峰是不是在同一条线上。高低肩的人，视觉上两边高度明显不一样。

动作自测

两手在背后握住，努力往髋骨腰部的位置上抬，如果握住的双手无法上抬至髋骨高度，那也有可能是高低肩。

高低肩是怎么形成的?

造成高低肩的原因有很多，先天后天都有可能。

先天性的，比如脊柱发育异常、脊柱侧弯等，表现形式之一就是高低肩。

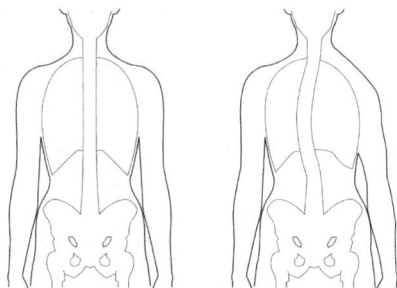

Tips

如何判断脊柱侧弯

正常脊柱从后面看是一条直线，并且躯干两侧对称；

如果你的后背左右不平，躯干两侧不对称，则可能是脊柱侧弯。

脊柱侧弯导致的高低肩还伴随着长短脚、骨盆倾斜等问题。解决这些问题的根本在于脊柱。

后天因素导致的高低肩，原因有很多，不过基本上都可以看作因为错误的姿势和不良习惯导致的肌肉力量不平衡。

比如长期错误的坐姿，学生党趴着看书写字，习惯性地单边负重背包等，都会让一侧背后的肩颈肌肉持续处于过度紧张收缩的状态，从而导致两边肌肉受力不平衡，形成高低肩。

另外，即使是后天因素导致的高低肩，时间久了，也会连带影响到肩胛肌群，甚至造成脊柱侧弯，导致其他体态的连锁反应，绝不可轻视！

Tips ▶

高低肩成因

先天性：脊柱侧弯→高低肩；

后天性：不良仪态→菱形肌、斜方肌等肌力不平衡→高低肩→脊柱侧弯→高低肩更严重。

高低肩，怎么破？

前面说了，后天高低肩的主要原因，与单侧肩胛肌群薄弱和紧张有关，所以要想矫正高低肩，强化薄弱肌群，放松紧张肌群就是关键了。

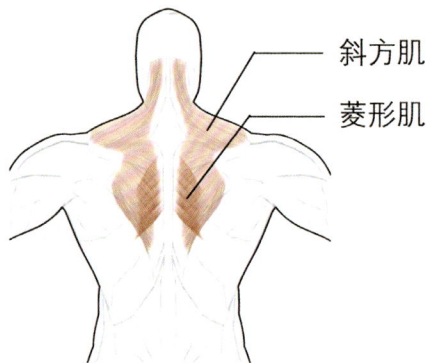

斜方肌
菱形肌

　　而和高低肩密切相关的肌群，主要就是斜方肌中下部以及深层的菱形肌了。此外，训练下背部脊柱两侧的竖脊肌、多裂肌，也有很好的效果。

　　菱形肌位于斜方肌的中下部深层，一般与斜方肌协作运动。

　　高低肩的训练重点在于强化斜方肌和菱形肌，并放松单边紧张的肌群。下面介绍几个有效的改善高低肩的动作。

哑铃俯身内旋侧平举

1 上半身前倾约90°，腰腹收紧，背部挺直；
肩关节内旋90°，手握哑铃。

2 举起双臂至最高点，感受大臂后侧三角肌后束发力；
动作过程中保持躯干稳定，背部挺直，不要弓背借力。

不同动作对斜方肌中部训练效果的影响

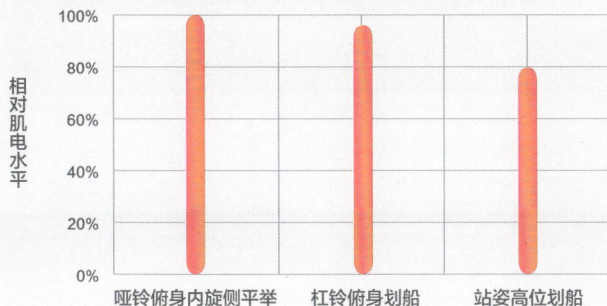

相对肌电水平

100%
80%
60%
40%
20%
0%

哑铃俯身内旋侧平举　　杠铃俯身划船　　站姿高位划船

手臂内旋的俯身侧平举是训练斜方肌中部很有效的动作。

1M²
硬派健身
TOUGH
WORKOUT

10
Chapter

376

从上图中可以看出，哑铃俯身内旋侧平举对斜方肌中部有很好的刺激效果[3]，其效果甚至比需要在健身房训练的杠铃俯身划船和站姿高位划船还要好，是高效的居家经典斜方肌训练动作。

肩部单侧拉伸

1 自然站立，腰背挺直；一条手臂弯曲钩住另一条伸直的手臂（与肩部的三角肌拉伸是同一个动作）。

2 弯曲的手臂向后侧抻直另一条手臂，后者感受被拉伸。

肩部单侧拉伸可以有效改善肩部单侧紧张的情况，而且单侧动作更有针对性，随时随地都可以完成。

跪姿伏地背部拉伸

1 ☽
跪姿俯卧在瑜伽垫上，双手伸直撑地。

2 ❮
手臂伸直，手掌位置不动，身体向后坐，匍匐于瑜伽垫上，感受背部肌群被拉伸。

　　跪姿上背部拉伸，也是瑜伽里面很常见的一个动作了，可以有效拉伸到背部上方的整体肌群，有利于放松平时紧张的肩胛部位。

　　平时在办公室，没有条件做这个动作的，也可以坐在椅子上，整个人向前倾至背部有拉伸感，来做椅子上的背部拉伸。

改善高低肩训练计划

高低肩的矫正训练可以在日常单独进行，或者在肩背训练后，加上几种强化和拉伸动作。重量不宜过大，小重量、多次数、多组数，以追求泵感为主。

改善高低肩训练计划

扫描二维码即刻开始训练

动作	个数/时间	组数	组间休息（s）
哑铃俯身内旋侧平举	15个	3	30~90
弹力带俯身交叉内旋侧平举	15个	3	30~90
健身球直腿臀桥	15个	3	30~90
肩部单侧拉伸	12个	3	30~90
跪姿伏地背部拉伸	20s	3	30~90

六、骨盆前倾：小腹突出？可能是骨盆前倾！

什么是骨盆前倾？

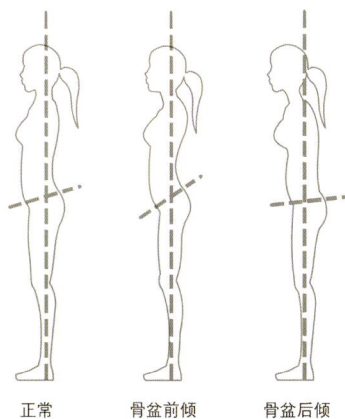

正常　　　　骨盆前倾　　　　骨盆后倾

　　骨盆前倾是指骨盆向前病态地偏移，造成腰椎不正常地生理前凸。最常见的就是感觉自己臀部后凸，腹部向前顶，前挺后撅。

骨盆前倾有什么危害？

　　首先，骨盆前倾对身材外观最大的危害就是会让人小腹前凸，导致臀部横向发展和下垂等难看的身材问题。

　　其次，腰椎前凸，病理性姿势不正确，必然会导致腰酸背痛以及肩颈酸胀。此外，骨盆承托着腹部内脏，如果骨盆倾斜，也会导致内脏的运转不畅。

骨盆前倾自测

其实人们对骨盆前倾的感受比较强烈。如果自己的小腹前凸、臀部后撅，一般就是骨盆前倾了。倘若自己拿不准，可以试试贴墙站立，上背和臀部都贴紧墙壁。如果背后能放入一掌，基本上身姿还是比较正常的，如果能放入一个拳头，那一般就是骨盆前倾了。

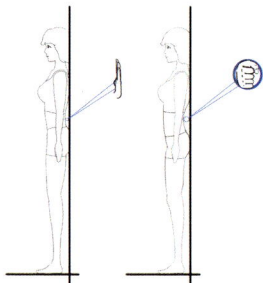

骨盆前倾的原因

骨盆前倾的原因有很多种，用一张图来说，就是前后肌力的不平衡！

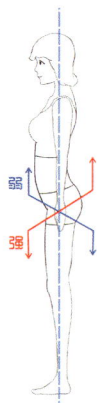

从上图中我们可以看到，骨盆前倾大多数情况下是由右上和左下的竖脊肌和髋部屈肌（髂腰肌、股直肌等）过强，或者左上和右下的腹肌、腘绳肌过弱造成的。

在日常生活中，训练比较少或腹肌较弱者会产生骨盆前倾。另外也有人认为，不正常的站、坐、行动姿势，甚至常穿高跟鞋也有可能导致骨盆前倾。

对于健美者而言，过多练习硬拉、深蹲，较少练腹部和伸展很容易产生"健美腰"，也就是骨盆前倾。

骨盆前倾，怎么破？

产生后天性骨盆前倾的原因就是前后的肌力不平衡，要解决它，就要从这方面入手。

由于骨盆前倾主要和腹肌以及大腿后侧肌群过于薄弱有关，所以加强这两个部位的训练是关键。

改善骨盆前倾，对健康很重要。另外，对很多女性来说，骨盆矫正了以后可以让身姿变得更苗条好看，尤其是你的臀部会正常挺翘，小肚子也不会凸出来。

反向卷腹

1 仰卧在瑜伽垫上，可以直腿，也可以微屈腿，双手放在耳侧。

2 使用腹肌的力量卷曲身体，慢慢将大腿举起；
缓慢放下，越慢越好，重复动作。
Tips：重点不是大腿的运动，而是腹肌带动躯干的卷曲。

反向卷腹是解决骨盆前倾问题的一个腹肌训练动作，这个动作可以较好地防止因为腹肌较弱导致的骨盆前倾。

在做反向卷腹时，不是大腿的运动，而是腹肌带动躯干的卷曲，所以，要尽量保持腿和躯干的角度不变。

大腿后部的腘绳肌也是非常重要的肌群。有实验发现，大腿后部腘绳肌训练，比常规的矫正训练对骨盆前倾更有效果[5]。

1M²
硬派健身
TOUGH
WORKOUT

10
Chapter

382

腘绳肌训练治疗骨盆前倾的效果

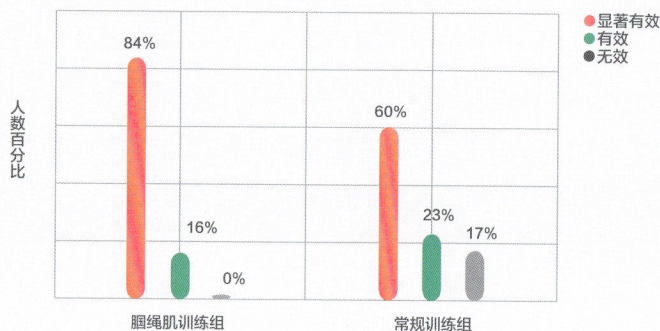

- ● 显著有效
- ● 有效
- ● 无效

人数百分比

84%

16%

0%

60%

23%

17%

腘绳肌训练组

常规训练组

与常规训练相比，腘绳肌训练具有一定的矫正骨盆前倾的作用。

站姿触地体前屈

身体自然站直，双脚并拢，双膝挺直；
弯腰，两手手掌尽力去碰触地板；
动作过程中感受大腿后侧腘绳肌被拉伸。

这个动作可以有效拉伸你的腘绳肌，帮助你更好地感受到它。另外，单纯的拉伸也有助于腘绳肌的本体感觉恢复，使你在日常生活中更好地利用到它。

站姿直背体前屈

1 自然站直，双脚打开与肩同宽，双手置于脑后。

2 上半身挺直反弓，臀部向后撅，身体前倾至上半身与地面平行；
动作过程中，膝盖微屈，手部不要发力拽脖子；
感受下背部紧张，顶峰收缩2~3秒。

> > > > > > **替换动作**

站姿触地体前屈（侧重拉伸）

站姿触地体前屈与站姿直背体前屈

  站姿直背体前屈，除了可以有效锻炼到大腿后部的腘绳肌外，还可以较好地训练到触地式训练不好的腘绳肌上半部。

Tips

触地体前屈与直背体前屈

触地体前屈：更多地拉伸腘绳肌，动作过程中背部弯曲，双脚并起；

直背体前屈：更多地训练腘绳肌肌力，动作过程中背部反弓，双脚分开。

1M²
硬派健身
TOUGH
WORKOUT

10
Chapter

384

改善骨盆前倾训练计划

骨盆前倾比较严重的人，建议每周进行2~3次体前屈，反向卷腹则可以每日进行。没有骨盆前倾问题的人，也可以每周进行2~3次该计划来预防。

改善骨盆前倾训练计划

扫描二维码即刻开始训练

动作	个数	组数	组间休息（s）
站姿触地体前屈	12个	3	30~90
站姿直背体前屈	12个	3	30~90
反向卷腹	15个	4	30~90

七、骨盆后倾：平地摔？你的麻烦大了！

骨盆后倾，是相对于骨盆前倾的另一种出在骨盆处的不良身体姿态问题。

骨盆后倾自测

当你站直身姿，背靠墙壁，上背部与臀部紧贴在墙壁上，如果下背部能放入一掌，基本上身姿还是正常的；如果能放入一个拳头，就很有可能是骨盆前倾；如果一掌都放不进去，那应该就是骨盆后倾了。

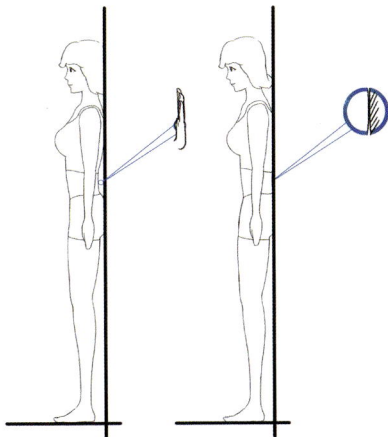

什么是骨盆后倾？有什么危害？

骨盆后倾，顾名思义，与骨盆前倾相反，是指骨盆向后病态地偏移，由此造成腰椎不正常地生理后凸。

如果说骨盆前倾大多是由健美、健身爱好者不正常的锻炼导致的，那骨盆后

1M²
硬派健身
TOUGH
WORKOUT

10
Chapter

386

倾就是由缺乏训练引起的。

骨盆后倾涉及的屈髋肌群和竖脊肌等是对抗重力的肌群，意思就是如果你平时有正常的行动坐卧，对抗正常的重力活动，那么这类肌群本身应该不会太弱，更不会弱到导致生理病变。

但是由于现代人的生活姿态与自然姿态的差距实在是太大了。自然设计的我们是站着、走着、跑着。我们自己是窝着、坐着、蜷缩着，所以长此以往，就导致了骨盆后倾。

骨盆后倾最常见的症状是弯腰驼背、小腹堆积、臀部塌陷。很多骨盆后倾的同学还伴随有内八字等步态的问题。

这种姿态会导致重心向前，让你的膝关节承重更多，最终可能导致受伤概率增加，磨损严重。

另外，由于骨盆部位是承载生殖功能和撑托脏器的重要位置，所以骨盆后倾还会影响你的内分泌和生理循环！

骨盆后倾的原因

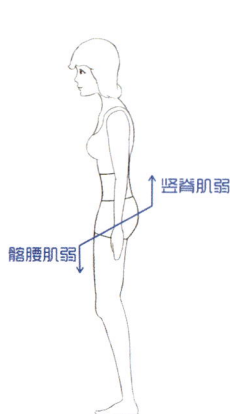

从上图我们可以看到，骨盆后倾最有可能出现问题的肌群是屈髋肌群和下背部肌群。但如果你是单纯竖脊肌虚弱，一般不会导致严重的骨盆问题，所以真正的骨盆后倾，很多都是由屈髋肌群的薄弱导致的。

如果是屈髋肌群薄弱，有什么征兆呢？你日常生活中，会很容易平地摔，上台阶的时候，还很容易磕到台阶，一不小心就是一个趔趄。

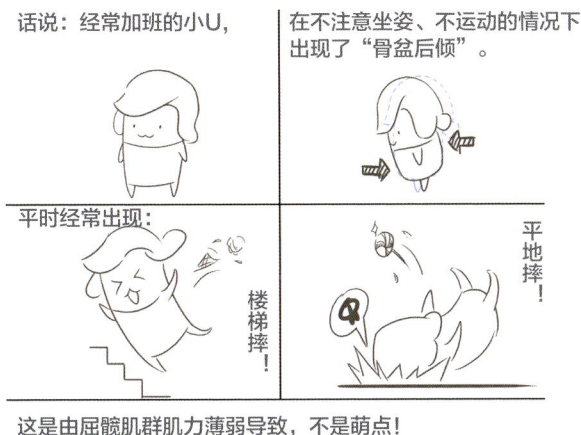

话说：经常加班的小U，

在不注意坐姿、不运动的情况下出现了"骨盆后倾"。

平时经常出现：

楼梯摔！

平地摔！

这是由屈髋肌群肌力薄弱导致，不是萌点！

骨盆后倾的日常表现

如果上述情况你都有，那你基本就是由屈髋肌群薄弱导致的骨盆后倾。若再判断不准，你可以试试单腿穿袜子的姿势，如果自己的腿很难抬上来，或抬到一半大腿深层就酸软，那就是屈髋肌群无力了！

骨盆后倾，怎么破？

与大多数身姿问题一样，骨盆后倾的解决也要从矫正肌力不平衡入手。骨盆后倾着重要解决的就是屈髋肌群，其次是下背部肌群。

1M²
硬派健身
TOUGH
WORKOUT

10
Chapter

388

弹力带原地跑

♩

双臂前后摆动，在原地跑步；
躯干微向前倾，下落时前脚掌先着地。

原地跑动作过程中一定要尽可能地抬高双腿！屈髋肌群很重要的作用是让大腿靠近躯体，抬高腿的原地跑就是最好的训练动作之一。经常做这个动作可以使屈髋肌群变强，不再薄弱，也就能有效地改善骨盆后倾了。

同时，这个动作燃脂效率高，还能有效地减肥，让你拥有更紧致的大腿，矫正塑形两不误！

站姿肘击膝

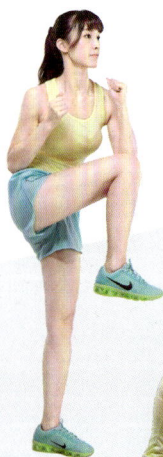

1 ♩

自然站立，双手握拳置于胸前。

2 ♩

抬起右脚，同时扭转腹部，
用左手肘部碰触右腿膝盖。

3 ♩

回到起始位置，交替重复。

在训练中，注意要收紧核心，这样才能更好地刺激到屈髋肌群，并更好地训练到它，以改善肌力不平衡产生的骨盆后倾状况。

改善骨盆后倾训练计划

改善骨盆后倾训练计划

扫描二维码即刻开始训练

建议有骨盆后倾症状的人，每周训练2~3次。			
动作	个数/时间	组数	组间休息（s）
原地跑	30s	3	30~90
站姿肘击膝	20个	3	30~90
十字挺身	15个	3	30~90
健身球直腿臀桥	15个	3	30~90

八、O形腿：腿形不正，如何拥有笔直的大长腿?

美丽的大长直白细腿，是所有男神女神的必要条件。其中，如何让腿看起来紧致和纤长，我们已经在讲臀腿的章节讲过。然而，这一切都有一个前提，就是腿直。

腿不直，细又有何用？照样身材差，腿难看。腿不直，长又有何用？依旧显矮！

所以这一节，我们就着重来讲讲如何拥有笔直的大长腿！

什么是O形腿?

O形腿，俗称罗圈腿，在医学上又叫"膝内翻"。一般而言，生理性的居多，很多是过去常见的佝偻病后遗症，也有遗传或肿瘤等情况，这类都属于病理性的。如果需要矫正，通常情况下，需要找医生开刀做手术。

然而，我们今天要谈的O形腿，大多是由日常的不正常走路、站立姿势造成的。

比如，站立时，长期使用将重量全部压在一条腿上的"稍息"姿势，还有穿高跟鞋、走路外八字脚，或者跪坐、盘坐等，也比较容易造成O形腿。很多人觉得叉着腿走路酷酷的，走着走着就变成了O形腿，还有日本妹子很多都有轻微的O形腿，比如新垣结衣。另外，男同学爱踢足球，也很容易造成O形腿，也就是常说的罗圈腿。

O形腿自测

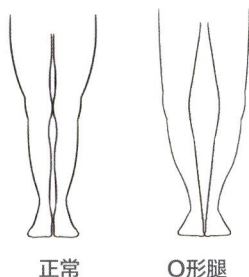

正常　　　O形腿

请先将双腿合并，自然站直，主要观察自己的脚踝和膝盖。

如果在这种站姿下，踝关节内侧和膝关节内侧能相互靠拢、接触，就是正常的身姿，没有腿形问题。

如果是踝关节靠拢在一起，而膝关节中间不能靠拢，双膝向外张，则很可能是O形腿。

O形腿成因及危害

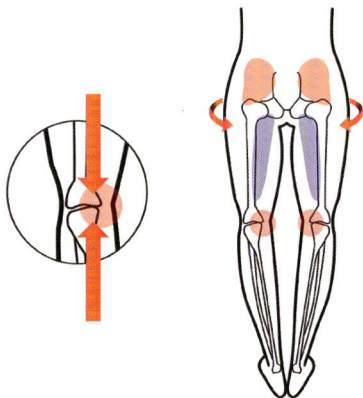

正常情况下，双腿可以将行动、跑跳形成的冲击，平均分布于膝关节整体。但是O形腿由于股骨外侧的旋转，很容易将压力集中于膝盖内侧，从而形成膝关节疼痛或者关节炎[6]。

O形腿对膝关节炎发病率的影响

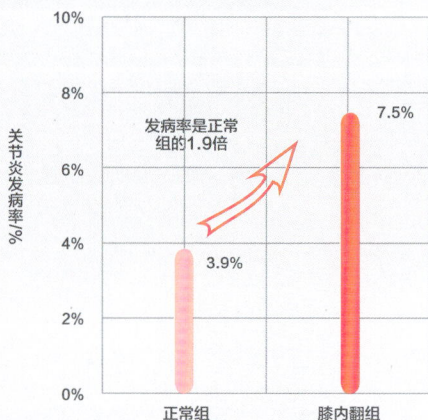

膝内翻组比正常组具有更高的膝关节炎发病率。

仔细分析O形腿，和其他的体态问题一样，很多情况下依旧是由肌力不平衡导致的。其中不少人是由长期的不正常坐姿，导致臀中肌和梨状肌僵硬收缩，而大腿内侧肌群松弛无力，最后内外一拉拽，渐渐形成了O形腿。

这一点对于经常久坐不动的白领女性更重要，如果长时间采用不正确的坐姿，除了臀中肌僵硬导致O形腿外，还会导致坐骨神经痛等一系列问题。

非病理性的O形腿，目前非手术的矫正方法，除了一些矫正器械外，就是平衡身体肌力，恢复膝关节内外侧的稳定结构，从而达到改善O形腿的目的。

矫正的具体目标，就是舒缓臀中肌、梨状肌和强化大腿内侧肌群！

O形腿矫正

侧卧腿内收

1

身体侧卧在垫子上，单臂屈肘撑
住上半身；
两腿之间夹一个足够大、弹性足
够强的枕头作为阻力。
Tips： 也可以使用2~3个枕头叠
起来。

2

训练腿向内夹紧，停顿1~2秒，
感受腿内侧肌肉完全收紧；
动作过程中保持身体稳定，腰腹
收紧。

　　侧卧腿内收适合没有条件去健身房，在家训练的同学。利用枕头作为阻力，可以较好地训练大腿内侧肌群，在家随时来上几组，能很好地改善O形腿。

弹力带腿内收

1

自然站立，弹力带
系于训练腿外侧。

2

支撑腿站稳，训练腿向内合拢
直至两腿并拢，感受大腿内侧
肌肉收缩，坚持2~3秒；
缓慢有控制地恢复初始位置，
重复动作。
Tips： 如果站不稳可以扶墙，
不会影响动作效果。

1M²
硬派健身
TOUGH
WORKOUT

10
Chapter

394

　　弹力带腿内收与侧卧腿内收一样，能针对大腿内侧肌群，有效改善O形腿，可以通过不同弹性系数的弹力带来进行负荷的调节，使用较为灵活。

坐姿臀中肌拉伸

1 坐在椅子上，右脚踝关节抬起放置在左腿大腿，双手放在小腿上保持固定。

2 上身下压，使胸部靠近大腿处；
感受臀部明显的拉伸感，保持拉伸动作30~60秒；
一侧拉伸完换另一侧，重复动作。

　　前面我们说到，O形腿很多情况下是由臀中肌和梨状肌绷直僵硬导致的，所以拉伸这些肌群可以很好地改善O形腿。坐姿臀中肌拉伸可以有效地针对臀中肌和梨状肌，而且只要坐在凳子上就可以完成，很适合在办公室久坐的大家。

O形腿矫正训练计划

O形腿矫正训练计划

扫描二维码即刻开始训练

可以选择在每次臀腿训练日后进行，一周1~2次即可，也可单独作为日常的O形腿矫正训练。			
动作	个数/时间	组数	组间休息（s）
弹力带腿内收	12个	3	60~90
侧卧腿内收	15个	3	60~90
坐姿臀中肌拉伸	30s	3	60~90

1M²
硬派健身
TOUGH
WORKOUT

10
Chapter

396

九、X形腿：腿形不正，如何拥有笔直的大长腿?

什么是X形腿及XO形腿?

X形腿，又叫"膝外翻"。如果说O形腿是男女兼有，那么X形腿真的是多发于女性了。要说元凶，各种萌系动漫和影视作品绝对是罪魁祸首之一！

相信不少女生都尝试过把双膝并拢，双脚内八字走路，以为看起来萌萌的、羞羞的，很卡哇伊。还有人走路、跑步都是用这种内八字的姿势，为了凸显自己的少女情怀。殊不知，正是这样的跑步姿势导致了你的X形腿。此外，一些外伤、肌力不平衡、坐姿不正确等也很容易造成X形腿的问题。这时就要通过纠正肌力不平衡，强化薄弱肌群，来改善你的体形问题啦。另外，XO形腿，其实也算是X形腿的一种。不过XO形腿的问题，不只出在膝关节，还出在踝关节。

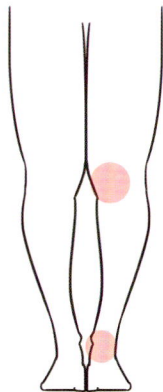

由于不正常姿势，胫骨在膝关节位置有外翻的情况，而在踝关节又出现了轻微的足外翻，两项一叠加，看起来膝关节是直的了，但是整个小腿却呈现O形状态，也就是所谓的XO形腿了。

X形腿自测

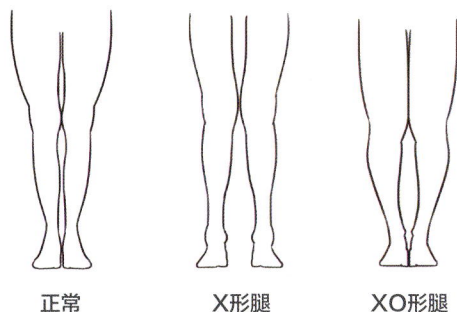

正常　　　　　　X形腿　　　　　XO形腿

　　请对照前面对O形腿的论述，以一样的方式来判断一下你是不是X形腿。请先将双腿合并，自然站直，观察一下自己的脚踝和膝盖位置。

　　如果踝关节内侧和膝关节内侧能在这种站姿下靠拢、接触，则是正常的身姿，没有腿形问题；如果膝盖可以靠拢，而踝关节中间不能靠拢，双膝可并，而双脚向外张，则很可能为X形腿；如果你的双膝双脚都没有问题，只是小腿（胫骨）分得很开，那么你就可能是XO形腿。

X形腿有什么危害？

X形腿对膝关节炎发病率的影响

关节炎发病率

6%

5%

发病率是正常组的1.4倍

5.5%

4%

3.9%

3%

2%

正常组　　　　　　　膝外翻组

膝外翻组比正常组具有更高的膝关节炎发病率。

1M²
硬派健身
TOUGH
WORKOUT

10
Chapter

398

膝外翻组比正常组具有更高的膝关节炎发病率。

和O形腿一样，X形腿和XO形腿也会导致人体冲击力的不平均。由于股骨和胫骨位置的不平衡，很容易将压力集中于膝盖外侧，从而造成膝关节疼痛或关节炎[6]。

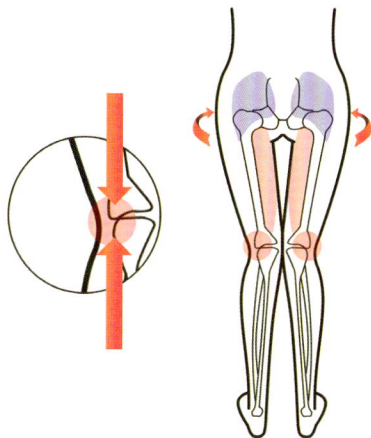

X形腿的肌力不平衡与O形腿相反，是由大腿内侧的内收、内旋肌群僵硬，而臀大肌、臀中肌等松弛无力导致的。

所以，X形腿不仅会导致你的腿形不好看，而且会影响你的臀形哦！X形腿的同学很多臀部都不够挺翘，形状也不是很完美。想要优美的身体曲线，就一定要从臀肌训练，从内侧肌群拉伸和胫骨矫正开始做起！

X形腿和XO形腿的矫正

X形腿更多的问题出现在大腿股骨方面。所以训练更倾向于锻炼臀部肌群，让强壮的臀肌拉伸股骨，从而调整整体的腿形和关节位置；XO形腿更多的是膝关节、踝关节的问题，所以更倾向于矫正膝关节和踝关节的角度，以及拉伸大腿内侧肌肉。

矫正X形腿：自重臀桥和单腿臀桥

臀桥是非常好的训练臀部的动作，因为在这个动作中，除了髋关节，没有其他关节有明显运动，是只针对臀部的高效动作，能让你充分感受臀部发力，比较推荐不容易找到臀部训练感觉的同学来做。

此外，由于臀桥只有髋关节动作，不用担心粗腿和其他的臀腿动作对膝关节造成压力。

自重臀桥

1° 屈膝仰卧，脚掌着地。

2° 收缩臀大肌，向上挺起臀部，直到膝、臀、肩在一条直线上，稍停片刻，感受臀大肌的顶峰收缩；保持臀部紧张状态，缓慢有控制地还原，重复动作。

自重单腿臀桥

1° 仰卧，双手放在身体两侧，单腿膝盖弯曲，脚部撑地，另一腿伸直悬空（弯曲亦可）。

2° 向上挺起臀部，直到支撑腿的膝、臀、肩呈一条直线，保持2~3秒，感受臀部肌群发力；缓缓下放臀部，在靠近地面时停住不挨地，继续下一个动作，一侧做完换另一侧；上挺臀部时，手臂和上背不要下压借力，尽量避免弓下背部，确保后脚跟着地，不要跷脚。

1M²
硬派健身
TOUGH
WORKOUT

10
Chapter

400

盘腿伸展

1 坐在垫子上，腰腹收紧，背部挺直；
双脚脚底贴紧，膝盖向外。

2 双手抓住双脚脚踝，上半身
尽量下压；
感受大腿内侧明显的拉伸
感，保持姿势15~30秒，放
松，重复动作。

盘腿伸展可以很好地拉伸大腿内侧肌群，从而矫正因为大腿内侧肌群绷直僵硬导致的胫骨、踝关节的外翻，能使胫骨向内正常，改善XO形腿。

X形腿矫正训练计划

最后是为大家准备的强化臀部肌群，矫正X形腿的训练计划。计划主要以臀部肌群的针对动作为主，结合大腿内侧的拉伸动作，对膝盖的压力较少，可以有效强化臀部肌群，改善X形腿和XO形腿等问题。

X形腿矫正训练计划

扫描二维码即刻开始训练

可以选择在每次臀腿训练日后进行，一周1~2次即可，也可单独作为日常的X形腿矫正训练。

动作	个数/时间	组数	组间休息（s）
弹力带侧向行走	15个	3	30~90
弹力带腿外展	12个	3	30~90
弹力带站姿腿后踢	12个	3	30~90
自重臀桥	15个	3	30~90
自重单腿臀桥	15个	3	30~90
盘腿伸展	30s	3	30~90

1M²
硬派健身
TOUGH
WORKOUT

10
Chapter

402

十、手腕酸痛僵硬？不要鼠标手！

我们小时候，都有很多的梦想。比如我小时候想当作家，拿着笔在格子里写出自己的心声。嗯，长大后，我算是实现了自己的梦想，却是坐在了电脑前。

说实话，在现代社会，无论你是科学家、作家，还是工程师，工作时最主要的伙伴就是桌子了。坐在电脑前，经常一坐就是4小时以上，有时忙起来，一坐就是12个小时也很平常。

更糟的是，往电脑前一坐，浑身哪儿都不带动的，只有手和手指在操作鼠标和键盘。所以，小臂手腕的各种毛病、鼠标手等职业疾病也就出现了。

手腕酸痛僵硬？可能是鼠标手！

鼠标手，顾名思义，广义上是指一切因为使用鼠标导致的手臂前臂不适；狭义上来说，就是"腕管综合征"。

Tips

腕管综合征

原因：人体的正中神经以及进入手部的血管，在腕管处受到压迫所产生的症状。

表现：食指和中指僵硬、疼痛、麻木，拇指肌肉有无力感。疼痛症状夜间或清晨加重，白天活动及甩手后减轻。

不过腕管综合征和长时间操作鼠标是否直接有关，目前尚没有定论。

常见的鼠标手，主要和手腕关节长期密集、反复和过度的活动方式有关。

鼠标手表现为手腕、前臂的疲劳、僵硬、酸涩，严重时疼痛还会延伸到胳膊、后背以及脖子上，会严重影响工作状态，不可轻视！

老用鼠标，肌肉疲劳，握力大减！

研究人员通过观察实验对象在一次长时间使用鼠标时，测试使用前后的握力变化、前臂血流速度的变化等指标，分析了使用鼠标可能导致的肌肉疲劳情况[7]。

10名实验对象进行160分钟的连续鼠标点击游戏《植物大战僵尸》。受试者均为右利手，每位受试者完成的游戏关卡一样，点击动作主要由食指和中指完成，鼠标点击强度平均为179.47次/分钟。

实验前后左右手握力对比

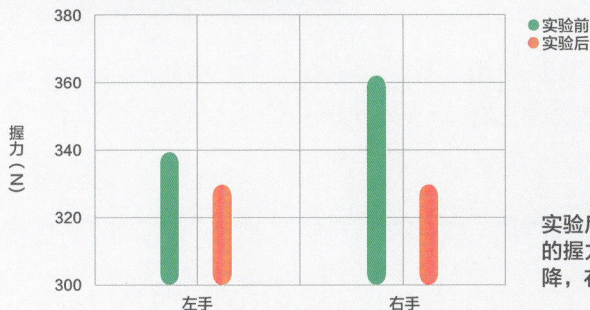

实验后相比实验前，左右手的握力均有了不同程度的下降，右手更为明显。

从上图可以看到，160分钟实验后，实验对象的右手握力明显下降了8.63%。

实验中前臂桡动脉收缩期血流速峰值变化

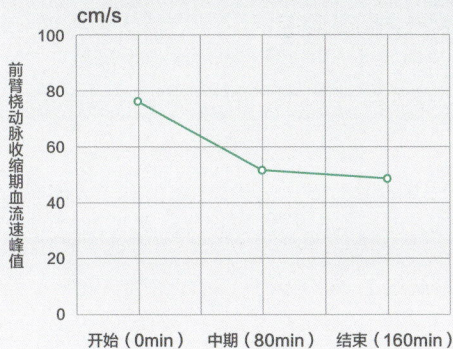

实验中，随着操作鼠标的时间增多，前臂桡动脉的血流速度显著下降。

1M²
硬派健身
TOUGH
WORKOUT

10
Chapter
404

另外，前臂桡动脉的血流速度，也随着操作鼠标的时间增多而显著下降。

这说明，长时间使用鼠标会造成前臂局部血流量减少，血液里携带的氧气含量也减少，能源减少，同时使代谢垃圾堆积，从而导致肌肉产生疲劳积累。

握力下降也是肌肉疲劳的表现之一哦。

一个半小时，手臂最累！

既然鼠标手和手臂肌群的过度疲劳有关，那么鼠标用多久，可能导致过度疲劳呢？研究人员接着对比了前臂前后肌群的肌电水平变化。

实验中前臂肌群MF变化

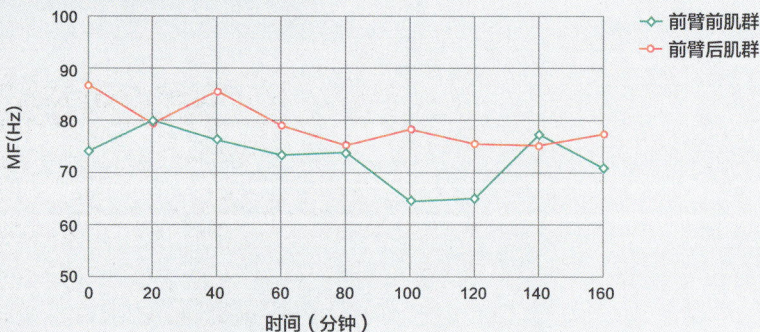

*MF：sEMG 的中位频率

实验中前臂肌群MPF变化

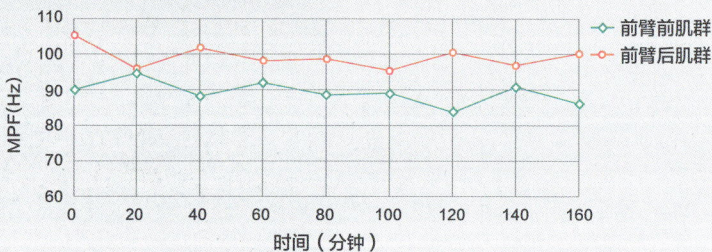

*MPF：sEMG 的平均功率频率

从图中可以看到，实验过程中，前臂前后肌群的 MF 和 MPF 值总体呈减小趋势。另外，前臂前肌群的下降程度大于前臂后群肌，在100~120分钟阶段，到达最小值。

前臂前肌群主要是负责按压鼠标的屈指肌群，后肌群则是负责手指抬起的伸指肌群。所以在长时间使用鼠标中，手指按压鼠标比手指抬起的用力要大。也就是说，小臂前部比后部累，而且在100~120分钟阶段最累，这个时候，就该做操了！

Tips

使用鼠标小贴士

一次长时间使用鼠标不要超过100~120分钟，以避免出现较大的肌肉疲劳与疲劳积累！

三个动作，鼠标手拜拜！

前臂肌群主要是负责按压鼠标的屈指肌群和负责手指抬起来的伸指肌群。

所以下面介绍三个动作，好做又好记，让你全面锻炼和强化前臂相关肌群，告别鼠标手！

过来过来

伸展手腕、手掌，手指上下摆动。

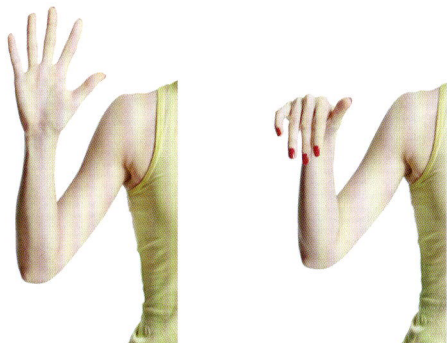

目的：活动前臂尺侧腕屈肌、腕伸肌等。

1M²
硬派健身
TOUGH
WORKOUT

10
Chapter

406

让大爷验验货

五指伸开，做抓握状攥成拳头，
重复动作。

目的：活动手指的指浅屈肌、指伸肌等。

算了，不要了

伸展手腕、手指，做拜拜状，左
右摆动。

目的：综合活动尺侧、桡侧的屈肌和伸肌等。

鼠标手改善计划

工作时，每隔1~1.5小时，用我们前面介绍的动作活动手腕，每个动作1~2分钟即可。

参考文献

[1] 蒋玉梅.(2010).青少年异常身体姿势现状的特征分析.北京体育大学学报,(10):61-64.

[2] 邢文华.(1982).体育测量与评价.北京体育大学出版社:221-230.

[3] Boeckh-Behrens, W. U., Beier, P., & Buskies, W. (2001). Fitness-Krafttraining: die besten bungen und Methoden f ü r Sport und Gesundheit. Rowohlt-Taschenbuch-Verlag.

[4] 胡斌, 吴飞, 田丹丹, &王健. (2010). 24种瑞士球练习对腰部竖脊肌和多裂肌激活程度的影响. 中国运动医学杂志, 29(5):525-529.

[5] 赵娜, & 万凯. (2013). 腘绳肌训练纠正骨盆前倾疗效观察. 临床医学, 33(11):97-97.

[6] 王涛, 王坤正, 王磊, &王春生. (2010). 膝内翻外翻与膝骨性关节炎发生和发展的关系. 广东医学, 31(8):1038-1040.

[7] 刘建婷. (2013). 长时间使用电脑鼠标时肌肉的疲劳分析. (Doctoral dissertation, 西安体育学院).

我的故事

"硬派健身"系列作为一个运动科普书籍与媒体，已经陪伴大家两年了。不过这两年，几乎没有人知道这个系列的作者"斌卡"长什么样子，除了在《硬派健身·你的第一本健身书》的封底露过一个背部。当然，也没有人知道那是我。

很多人都会想知道，斌卡是个什么样的人？是什么让他决定开始健身？又是什么让他开始研究健身？

这本书，将会给大家一个答案。

很多人可能想不到，我曾经是一个200多斤的小胖子。小时候，我父母本身也比较胖，生活习惯也不是很健康，七八岁的时候，我就能吃下2~3份麦当劳套餐，我父母还会笑眯眯地看着我，觉得孩子能吃真是好。

转变发生在小学、初中阶段，我父母因为身体的原因，先后住进了医院，父亲还因为严重的胰腺炎，昏迷不醒长达一个月之久。医生给我家发了病危通知书，觉得很可能抢救不过来了。

从那个时候开始，白色的病床、透明的吊瓶、消毒水的味道就充满了我的生活，我几乎每天都要去父母住院的地方探望。看着曾经慈爱的脸庞，在病床上毫无生气，父亲甚至很久都认不出我，他睁着无神的眼睛，呆滞地看着我。我记得当时我哭了。

也许是因为恐惧，也许是认识到了健康对于一个人的重要性，从那时起我就渐

渐开始了运动健身。我花了一年的时间，通过力量训练加打篮球减脂瘦身到140斤，这就是我决定开始健身的故事。

接下来，是我为什么想研究健身。我用一年减掉了80斤体重，后来又用了10年，从140斤增肌到190斤（本书拍摄时的模样）。在这条路上，遇到的问题，远比我在减脂时遇到的多。

我不是一个有运动天赋的人，从小不擅长任何体育运动。在我健身的第一年，连一个标准俯卧撑都做不好。我想增肌塑造线条和形态，可是肌肉就是不长；我的身材虽然已经不胖了，却依然不好看。

于是，我开始阅读健身书籍和杂志。但是过不了多久，我就发现市面上的健身信息噪音太大，甚至存在不少人云亦云的谣言。我是个很懒的人，本着宁可正确训练10分钟，也不错误训练1小时的信念，我开始从谷歌学术、知网等渠道下载运动科学的论文阅读，并跟随训练。渐渐地，身体的塑造也有了起色。

有时候我会想，如果我是一个天赋很好的训练者，也许后面的一切事情就都不会发生了。我的健身历程走到今天，可以算是久病成良医吧。

最后我想说，我不是什么健身导师，我愿自己成为健身运动的标杆，我只希望能站在正确的道路上，有无数人超越我，向更远的目标进发！

图书在版编目（CIP）数据

一平米健身：硬派健身 / 斌卡著. — 长沙: 湖南文艺出版社, 2016.5
ISBN 978-7-5404-7546-8
Ⅰ. ①一⋯ Ⅱ. ①斌⋯ Ⅲ. ①健身运动—基本知识Ⅳ. ①G883

中国版本图书馆CIP数据核字（2016）第061615号

© 中南博集天卷文化传媒有限公司。本书版权受法律保护。未经权利人许可，任何人不得以任何方式使用本书包括正文、插图、封面、版式等任何部分内容，违者将受到法律制裁。

上架建议：畅销书·运动健身

YI PINGMI JIANSHEN YINGPAI JIANSHEN
一平米健身: 硬派健身

作　　者：斌　卡
出 版 人：刘清华
责任编辑：薛　健　刘诗哲
监　　制：毛闽峰　李　娜
特约策划：郑中莉
特约编辑：王　静
统筹编辑：叶莉莎　石珍珍
项目支持：沈可成
营销编辑：杜　莎　好　红
封面设计：熊琼工作室
版式设计：利　锐
插　　图：唐思淼
摄影支持：小象馆
出版发行：湖南文艺出版社
　　　　　（长沙市雨花区东二环一段508号　邮编：410014）
网　　址：www.hnwy.net
印　　刷：北京尚唐印刷包装有限公司
经　　销：新华书店
开　　本：787mm×1092 mm　1/16
字　　数：408千字
印　　张：26.5
版　　次：2016年5月第1版
印　　次：2016年5月第1次印刷
书　　号：ISBN 978-7-5404-7546-8
定　　价：58.00元

质量监督电话：010-59096394　　团购电话：010-59320018

1M²
硬派健身
TOUGH
WORKOUT